경계를 너머,

예술적 발상과 기술

Beyond the Boundary, Artistic Insight & Technology

이정은 · 김상욱 · 박연숙 지음

도서출판 홍릉

저자소개

이정은

서울대학교 미술대학에서 서양화를 전공으로 학사와 석사학위를 받았으며, Southern California대학교 Cinematic Arts대학원에서 Film&CG Animation 석사를 취득하고, 연세대학교 커뮤니케이션 대학원 영상예술학박사 학위를 받았다. 현재 경북대학교 예술대학 미술학과 교수로 재직 중이다. 회화, 영상설치 및 미디어 스터디를 통해 작품창작과 이론 연구를 함께 진행하고 있다.

김상욱

경북대학교 전자계산기공학을 전공으로 졸업하고, 서울대학교에서 컴퓨터과학으로 석사학위와 박사학위를 받았다. 1988부터 경북대학교 컴퓨터학부 교수로 재직했으며, 현재 명예교수의 신분으로 '인간과 컴퓨터 상호작용,' '디지털 미디어아트'와 관련된 연구를 이어가고 있다.

박연숙

경북대학교에서 미술학 박사를, 영남대학교에서 미학미술사학을 전공으로 문학박사를 받았다. 현재 대구 한의대학교와 경북대학교에 출강하고 있다. 인터렉티브 아트의 상호작용성과 새로운 기계환경에서 시각예술의 특성을 주제로 연구하고 있다.

경계를 너머,

예술적 발상과 기술

Beyond the Boundary, Artistic Insight & Technology

인 쇄: 2024년 2월 19일 초판 1쇄
발 행: 2024년 2월 26일 초판 1쇄

저 자: 이정은 · 김상욱 · 박연숙
발행인: 송 준
발행처: 도서출판 홍릉
주 소: 01093 서울시 강북구 인수봉로 50길 10
등 록: 1976년 10월 21일 제5-66호

전 화: 02-999-2274~5, 903-7037
팩 스: 02-905-6729
e-mail: hongpub@hongpub.co.kr
http://www.hongpub.co.kr
ISBN: 979-11-5600-166-9(93600)

정 가: 19,000원

단순히 기술만으로는 충분하지 않다. 기술이 인문학과 시너지를 낼 때 비로소 우리 심장은 뛰기 시작한다. 인간의 가치가 녹아 있는 기술이야말로 인류 진보를 가능케 한다.

2017년 MIT 졸업식 연설에서 애플의 CEO 팀 쿡(Tim Cook)은 기술의 발달과 인류 진보의 핵심은 인간연대이며 전체로서 인간에 봉사하는 기술을 만들기 위해 기계적 인간이 아닌 인간적 기계를 지향해야 한다고 말했다.

산업화와 도시화가 이끈 인간 모든 분야의 전문화는 통합적 존재인 인간을 분야별 전문가로 양성하며 기술과 인문학 사이 간격을 넓혔다. 기술 진보가 자본의 풍요를 의미하게 되면서 교육, 정책, 경제, 문화와 같은 인류의 전체 삶의 방향은 기술 개발을 향하도록 기울어져 왔다. 21세기 인공지능이 인간의 삶을 관통하자 떠올린 것은 다시 인간학으로 시선을 모아 보자는 자성이었다. 기술 속에 인간의 가치로서 예술적 시각을 더하여 본 교재는 예술과 기술의 융합은 물론 그 교집합을 탐구하여 새로운 가치를 추구하고자 한다.

예술과 기술이 서로의 간격을 좁히고 그 관계를 밀착하기 위해서는 창의성이라는 중재물이 필요하다. 기술과 예술이 만났던 과거에서 이제는 이들이 융합하고 융성하기 위해 그 중재의 매개가 되는 창조성의 원천을 밝히고, 우리의 현대적 삶 속에서 그 본래의 기능을 회복시킴으로써, 새로운 삶의 방식을 실현하기 위한 동력으로 부각하고자 한다. 결국 예술과 과학이 두 개의 상호 배제하는 세계에 속하는가, 또는 인간의 창조성이라고 하는 동일한 지평 가운데 있는 두 개의 표현형식인가는 인간의 선택이 된다. 의의는 예술과 기술의 상호관계라고 하는 특정한 테마에 한정되는 것이 아니라, 그 유효 범위 영역이 인간의 본질에 관한 문제와 같은 한 층 더 일반적인 문제, 즉 인지(認知)라거나 인간의 창조성, 심적 메커니즘, 그것들을 작동시키고 있는 정신과 신체의 본질에 관한 문제에 이르기까지 미치고 있다.

기술과 예술이 동반된 진보가 본 교재가 지향하는 최종점이며 그 저변에 있는 창의적 발상은 양 분야 모두에 새로운 시도를 위한 디딤돌을 제공해 줄 것이다. 인간의 풍부한 예술적 상상력이 작품의 형태로 생산되는 데는 기술이 필요하며, 우리는 최첨단 기술력이 적용된 예술작품에서 다시 미래를 상상하게 되는 사고의 순환 고리를 만들 수 있다. 기술은 인간이 물리적 환경이나 신체적 한계를 넘는 새로운 세계를 경험할 수 있게 돕는다. 디지털 기술의 도입은 예술가의 작품 제작방식뿐만 아니라 감상자의 역할을 역동적인 참여자로 바꾸어 놓았고, 일상의 많은 부분에 기술을 응용하는 것을 자연스럽게 만들었다.

본 교재에서 언급하는 예술의 변화는 기술을 바탕으로 한 새로운 문화의 흐름으로 수용해야 할 것이다. 인터렉티브 아트는 작품에 공동 참여하는 인간-인간, 인간-매체의 상호 참여와 소통의 범위를 확장하였다. 인터넷 기술의 발전으로 확장된 새로운 경험의 공간은 물리적 공간이 아니라 추상적 공간이지만, 이 가상의 공간은 현실 공간에서 우리의 삶에 직접적인 영향력을 지닌다. 사이버스페이스에서 일어나는 논의는 우리의 생활환경에 변화를 초래한다. 현대의 예술과 미학은 이러한 디지털 환경의 변화와 더불어 가상환경 속에서 현실감을 느끼면서 상호작용하는 새로운 형태의 예술을 추구한다.

인문학적 발상과 기술의 구현은 예술로 시각화하여 새로운 문화를 열어 주는 열쇠로 작용하고 있다. 이 책은 인간의 삶에서 예술로 승화된 기술과 인문학의 연대를 학습하고 한 차원 높은 단계로 나아갈 수 있는 지표를 제공하고자 한다.

끝으로 이 책이 출판되도록 도와주신 출판사와 관련된 여러분께 감사드린다.

2024. 02

지은이

I. 예술이 과학을 만날때

제1장
새로운 아이디어

1.1 시각 미디어가 된 과학 4

❶ 테크네(techne) VS 아르스(Ars) 4

❷ 매체의 발달과 인식의 변화 6

1.2 기계 매체의 응용 12

❶ 망막의 빛 경험과 사진기 12

❷ 비인간적 형상의 예술 형식 15

제2장
기술발달과 새로운 예술

2.1 기계에 대한 찬미와 저항 19

❶ 기하학적 추상에서 옵아트 21

❷ 장치로서의 예술 : 키네틱 아트 23

❸ 진화하는 기술 그리고 예술실험 26

2.2 생명을 불어 넣은 기계 29

❶ 움직이는 기계 30

❷ 물리학자의 기계 예술 33

II. 경계를 넘어선 감각의 확장

제3장

아트 시네마

3.1 움직이는 그림 42

① 기계장치의 발명 42

② 애니메이션 기법 47

③ 애니메이션의 12원칙 50

3.2 실험 애니메이션 53

① 전전 유럽의 추상 필름 54

② 전후 북미의 실험 필름 58

제4장

감각을 초월하는 세계

4.1 기계적 확장의 경험 66

① 비가시적인 것의 가시화 66

② 바이오 아트(Bio Art) 70

4.2 미시 세계 74

① 나노 아트(Nano Art) 74

② 나노 아트의 사례 77

III. 디지털 혁명이 만든 예술과 환경

제5장

함께 만드는 작품, 인터렉티브 아트

5.1 상호작용의 범주와 진화 84

❶ 상호작용 방식 86

❷ 멀티모달리티(Mutimodality) 88

❸ 사용자 인터페이스 관리 시스템 94

5.2 공동 참여: 다양한 상호작용 구상 96

❶ 인간 상호작용 사례 98

❷ 진화하는 인터렉티브 아트 사례 104

제6장

우리의 일상 속 가상공간

6.1 공유의 공간과 디지털 설치 107

❶ 인터렉티브 설치(Interactive installations)와 장소특수성 107

❷ 빛으로 형성되는 몰입 공간 110

6.2 유비쿼터스와 네트워크 113

❶ 웹 아트의 네트워크화: 네트워크 아트(Network Art) 114

❷ 스마트 기기의 발전과 네트워크 아트 119

IV. 인간의 기계화 기계의 인간화

제7장

소통공간의 확장과 인간의 삶

7.1 메타버스 공간에서의 새로운 문화 132

1. 초월의 지형, 메타 공간 132
2. 몰입(immersion)으로 완성되는 현실과 가상의 상호작용 136

7.2 가상현실과 가상의 연속체(VR/AR) 139

1. 증강현실(Augmented Reality, AR) 143
2. 가상현실과 혼합현실의 상호작용 145
3. 메타버스 공간의 새로운 문화 147

제8장

인공지능과 인간의 공존

8.1 인간의 집단 지성: 인공지능 151

1. 인공지능의 유형 153
2. 창작하는 인공지능 155

8.1 인간과 인공지능의 공동 창의성 162

1. 인공지능의 정보조합 163
2. 뇌와 컴퓨터의 공조가 만든 예술 167
3. 유동하는 뇌파의 포착 170

V. 미디어 소프트웨어

제9장
소프트웨어로 그리기

9.1 3차원 컴퓨터 그래픽스(3D Computer Graphics) 186

❶ 3D 모델링 구성 186

❷ 3D 애니메이션과 렌더링 190

9.2 3차원 CG 프로그램 195

❶ 스케치업(SketchUp) 195

❷ 지브러쉬(Z-brush) 202

❸ 블렌더(Blender) 206

❹ 시네마 4D(Cinema4D/C4D) 214

❺ 언리얼엔진(Unreal Engine) 222

제10장
코드화된 감성

10.1 코딩언어 227

❶ 프로세싱(processing) 언어 227

❷ 프로세싱 그림 229

10.2 오픈소스 플랫폼 236

❶ 아두이노(aduino) 236

❷ 인터랙션 구현 239

경계를 너머,

예술적 발상과 기술

Beyond the Boundary, Artistic Insight & Technology

PART I

과학은 합리적 이해를 목적으로 수행되는 지적 탐구활동과 그 결과물을 일상생활에 응용하여 인간의 삶에 근본 변화를 불러오는 학문이다. 과학은 크게 순수과학과 응용과학으로 나눠지는데, 순수과학은 진리 탐구가 목적이며, 응용과학은 순수과학의 내용을 실생활에 적용하여 삶의 질 향상을 수행한다.[1] 현재의 기술력은 인간의 상상과 꿈을 눈앞에 재현하고 그대로 구조해내는 능력이 있다고 해도 과언이 아니다. 이러한 시대에 인간 문화의 더 나아간 발전을 위해 중요한 것은 상상력이 된다.

우리는 인간의 풍부하고 다소 기괴한 상상력을 예술 속에서 만날 수 있는데, 우리의 상상력을 자극하는 예술작품을 생산하기 위해서는 기술력이 필요하며 최첨단 기술력이 적용된 예술작품에서 우리는 다시 미래를 상상하게 되는 사고의 순환 고리를 만들 수 있는 것이다. 따라서 예술과 기술은 분리될 수 없는 관계라 할 수 있다. 비록 기술력이 배제되고 인간의 무의식이나 감정만을 재료로 작품에 임할지라도 관객의 눈앞에 하나의 작품이나 혹은 아이디어로 나타나기 위해 작품은 사소한 기술에라도 의존해야 하기 때문이다.

이러한 기술과 예술작품 생산의 상생 관계를 살펴보자면 우리는 예술의 기원에서부터 그 조짐을 발견할 수 있다. 오늘날에는 과학과 미술이 만나 상상력과 시각화의 원리를 활용한 작품이 탄생하고 있으며 과학적 발견이 예술

예술이 과학을 만날때

When Art Meets Science

작품의 소재가 되고 있다. 기술이 진화하듯 오늘날의 세계에서는 예술의 진화도 끊임없이 일어나고 있다. 기술 진화를 위한 발명기법을 이용하여 예술가는 지금보다 더 창의적이고 색다른 작품을 만들고 있으며 기술자도 예술의 속성을 이용해 더 경쟁력 있는 기술을 개발하고 있다.

과학과 예술이 각 분야의 특질을 이해하고 자신의 분야에 창의적으로 적용할 때 나은 결과물을 얻을 수 있음을 보여주는 예다. 과학기술은 그저 편리성을 높이는 수단을 넘어 인간의 감성적 욕구를 충족시켜야 하기에 예술의 특질을 가질 필요성이 높아졌으며, 예술은 표현 영역을 넓히기 위해 고도로 발달한 과학기술이 필요하게 되었다. 따라서 과학기술과 예술은 공통의 속성을 바탕으로 양자간 상호보완적으로 고유의 특질을 발현할 필요성이 절실하다.

CHAPTER 01

New Ideas

새로운 아이디어

1.1. 시각 미디어가 된 과학

1 테크네(techne) VS 아르스(Ars)

고대 그리스어인 테크네는 법칙에 입각한 합리적인 제작 활동으로 미적기술(예술) 과 과학적 기술로 설명될 수 있다. 라틴어 아르스는 오늘날 아트(art)가 된다. 테크네와 아르스는 서로 반대되는 개념으로 여겨지기도 했지만, 르네상스 이후 동일한 차원에서, 예술은 과학적 성과를 바탕으로 과학은 예술가적 상상력과 미적 창조의 원리를 바탕으로 발전해 왔다. 예술(Art)은 다양한 인간의 활동과 그 활동의 결과물을 포함한다. 여기서 예술은 문화의 일부이자 창작, 감상과 같은 예술활동 및 그 성과물인 예술작품을 총칭한다. 예술에는 회화, 조각, 사진 등의 창조적인 비주얼 아트를 비롯해 음악, 연극, 영화, 춤, 행위예술, 문학 등 다양한 장르가 포함된다.

예술(Art)은 17세기까지 미적인 창작능력이나 그 결과물뿐만 아니라 수공예나 과학의 구분 없이 특정 분야에 고도로 단련된 능력 또는 기술의 의미를 포괄했다. Art는 라틴어가 어원으로 '조립하다, 고안하다'라는 의미를 가진 단어에서 파생되었다. 다시 말해 특수한 문제 해결 기술을 일컬었다. 그래서 수공예품을 만들 수 있는 능력이나 실용적인 다양한 기술을 의미하고, 오늘날에도 넓은 의미로 기술을 총칭하는데 'art'를 사용하기도 한다. 예술(Art)에서 오늘날의 순수예술로서의 의미와 과학 기술적 의미를 구분한 건 아리스토텔레스다. 그는 예술을 효용성을 기준으로 두 측면으로 나누면서 생활의 필요성을 위한 기술과 쾌락을 위한 기술로 구분했다. 지금의 기술과 예술의 개념을 가리키는 것이지만 대부분 예술과 기술의 구분을 굳이 하지 않은 채로 예술(Art)이라는 표현을 사용했다.

예술(Art)이 미적인 정의로 재정립되면서 한정된 예술의 범위를 나타내기 시작한 것은 17~18세기 들어서다. 순수예술 분야가 확립되어가는 과정에서 일반적인 기술과 오늘날의 예술의 개념이 분리되었다. 기존의 예술(Art)과 구분하기 위해 순수예술(Fine Art)이라는 표현을 사용하기 시작했는데, 지금은 음악이나 문학, 연극, 무용 등의 분야를 전반적으로 포함하며 미적인 가치를 실현하는 것을 목적으로 하는 전문적인 기술 활동을 가리킨다. 이러한 의미에서 특히 예술의 중심은 '아름다움'이며 이 아름다움은 특정한 형상으로 표현되어야만 한다. 예술은 아름다움을 형상화하는 표현도구, 표현방식이나 감상 방식에 따라 세부 항목이 분류된다.

기술은 이성과 합리성에 뿌리를 두고 자연을 탐구하며 각종 실용적인 도구를 전문적으로 생산하는 능력을 말한다. 기술은 **아트(Art)**로 표현되기도 하지만 **테크놀로지(technology)**로도 불린다. 이 단어는 고대 그리스어 테크네(techne)에서 탄생했는데, 인간의 목적 달성을 위해 필요한 도구를 생산하는 일련의 능력을 뜻했다. 기술을 유용한 인간의 '도구'로 바라보는 시각은 역사적으로 처음 기술을 바라봤던 **테크네(techne)**의 관점과 같다.

기술과 예술은 각각의 특징적인 속성이 있다. 기술은 논리적인 학습이 가능하며 반복적인 연마를 통해 기술적 능력을 향상할 수 있다. 또한 경험과 실전, 사례를 통해서 습득이 가능한 속성을 지니고 있다. 이에 반해 예술은 창조의 영역에 근간을 두고 있다. 예술의 근원이자 예술의 속성에는 상상력, 모방 충동, 표출 충동, 유희적인 면모가 있다.

과학기술과 예술은 서로 차별화되는 속성을 가진 것으로 보이지만 이들은 뿌리가 같았던 만큼 다양한 공통의 속성도 함께 지니고 있다. 그렇기에 과학기술 분야 중에 예술적인 특질과 유사한 분야가 있기 마련이며 예술 분야 또한 더욱 과학적인 특질을 가진 분야가 있다. 과학기술의 상상력과 예술적인 상상력 그리고 창의성은 매우 닮았다. 과학기술과 예술의 사조는 르네상스 이후 거시세계의 사실주의적 성격에서 미시세계의 추상주의적 성격으로 바뀌었다.

19세기 말과 20세기 초에 등장한 근대주의의 사조는 과학기술 분야와 예술 분야에 모두 영향을 미쳐 르네상스 시대의 자연주의 사조를 추상주의로 변화시켰다. 과학기술 분야는 거시세계를 다루는 뉴턴의 고전 역학에서 미시세계를 다루는 양자역학으로 바뀌었으며, 예술 분야는 19세기 이전 현실의 사물을 가능한 보이는 그대로 표현하는 사실주의에서 미지의 심상을 표현하는 추상주의로 변화했다.

인문적 개성을 중심으로 한 개인의 창조적 역할이 근대 과학적인 연구 활동과 예술작업에서 공통으로 부각 되었지만, 이제는 공동작업의 형태로 작업방식이 바뀌고 있다. 각자의 분야에서 분리되어 활동하던 과학자와 예술가는 눈부시게 발달하는 기기와 기술 문명을 바탕으로 공동작업을 통해 집단 지성의 시너지를 일으키면서 자신들의 작업방식을 변화시키고 있다. 세상의 변혁에 맞춰 자신들의 작업방식을 바꿔나가고 자신들의 작업 결과로 세상을 변혁시키는 일련의 과정이 과학기술 분야와 예술 분야에서 공통으로 확립되었다.

2 매체의 발달과 인식의 변화

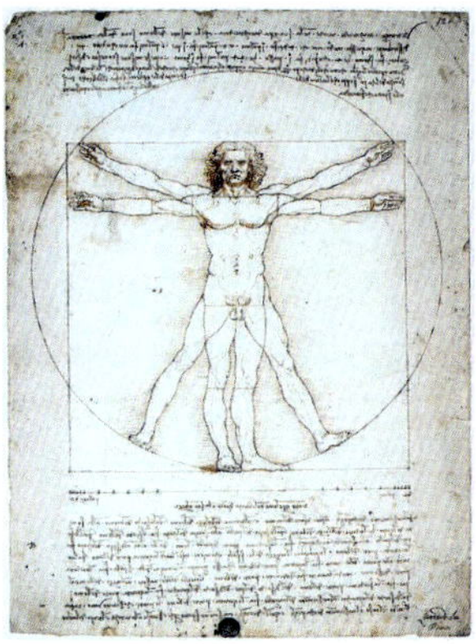

그림 1-1. Leonardo da Vinci, 〈Vitruvian Man〉, 1490
(Source: https://wikipedia.org/wikipile/Vitruvian_Man)

오늘날 미술과 과학의 관계는 과거보다 훨씬 더 밀접하게 발전했다. 이 변화의 원인은 물론 디지털 테크놀로지가 야기한 패러다임 변동이다. 미디어 철학자 빌렘 플루서(Vilém Flusser)에 따르면, 디지털 시대에 인간은 상상을 기술로 실현한다. 이른바 '기술적 상상력'(techno-imagination)이 시대의 새로운 상징형식으로 떠오른 것이다.[2] 예술에서 기술적 상상력은 주로 '뉴미디어 아트'를 통해 발현되고 있다. 예술이 그 시대의 삶과 시대정신을 담는 시대의 거울이라고 가정한다면 테크놀로지가 모든 삶을 지배하는 오늘날 과학이 배제된 예술이란 상상조차 불가능하기 때문이다. 디지털 기술의 발달로 컴퓨터 아트, 비디오 아트를 비롯한 미디어아트가 새로운 흐름을 만들어가고 있다.

특히 최근의 소셜네트워크서비스(SNS)에서 볼 수 있는 양방향관계의 일상화는 예술과 과학의 관계를 숙명적으로 만들어버렸다. 갈수록 영역을 넓혀 가고 있는 인터랙티브 아트(Interactive art) 혹은 관객 참여에 주된 관심을 두는 미술에서처럼 이제 예술도 작가의 일방적 전달이 아니라 감상자와 상호 소통하며 작품을 완성해 나가는 쪽으로 나아가고 있다. 과학기술의 산물인 기성의 산업제품을 미술품의 전부 혹은 일부로 그대로 사용하는 미술 개념의 변화 역시 과학과 미술의 관계를 직접적인 것으로 만드는 데 큰 역할을 했다.

새로운 매체의 등장 혹은 새로운 사고체계의 소개는 여러 학자와 예술가들의 상상력을 자극했다. 미술과 과학의 상생에서 보자면 과학기술의 발달은 회화의 표현 수준을 올렸으며, 예술은 과학을 실현 가능한 무엇으로 변환시켰다. 서양 미술사의 역사상 가장 획기적인 전환점은 투시도법과 원근법이라 할 수 있다. 고정된 하나의 시선으로 대상을 관찰할 때 거리에 따라 사물의 크기가 달라진다. 이는 건축물을 설계할 때 쓰던 건축 투시도법이지만 이러한 과학적 기술 원리가 회화에 녹아들면서 2차원의 평면에 3차원의 세상을 표현할 수 있게 되었다.

비례 개념은 시각 예술뿐 아니라 음악과 시에도 규범을 제공하는 중요한 개념이다. 시각적으로 보아 우리에게 아름다움을 느끼도록 하는 가장 근본적 역할을 하는 것이 바로 이 비례미가 되기 때문에 시각 예술에서 비례는 작품의 완성도를 결정하는 중요한 요소가 된다. 인체의 각 부분의 비례에 대한 수학적 관계를 결정하는 체계가 '**비례체계**'인데, 인체의 비례를 시각 예술에서 기본이 되는 비례 개념의 근거로 생각되었다. 즉 비례 개념은 인간을 소우주로 보고, 소우주인 인체를 통해 선(Virtue)과 미(Beauty)의 증거인 우주를 탐구한다는 것이다. 인체 척도를 소우주적 상징으로 여긴 비례 개념은 모든 사물의 구조와 진행 과정의 기본적인 유사성을 암시한 피타고라스의 수 이론에서 출발한다.

그 원인은 우주 형태와 인체형태를 결합할 수 있는 특정 원리의 탐구에서 가장 기본적인 것은 비례 탐구 이전에 '수' 자체였다. 또한 그리스인들은 인체가 사각형 내에 그려질 수 있다고 생각했는데, 이것이 '정방형 인간' 이론이며, 인체 비례연구의 초석이 되었다. 인체를 정방형으로 간주한다는 것은 숫자 '4'의 중요성을 암시하고 있다. 피타고라스에 의하면, 4는 '정의(justice)'이며, 수의 본질인 **우주 질서**의 상징이었다. 정방형의 인간은 또한 5각형인데, 인체의 말단을 직선으로 연결하면 5각형을 형성하기 때문이다. 피타고라스주의자들은 펜타그램(별표모양)을 인식의 상징으로 숫자 5와 5각형을 중요하게 생각했다. 중세에 숫자 5는 신비와 미적 완벽성을 상징하기도 했다.[3)]

인체의 비례를 말할 때 함께 연상되는 것이 바로 황금분할일 것이다. 황금비율은 1을 전체의 길이로 보았을 때, 0.382 : 0.618의 **분할**되는 것을 기본 법칙으로 삼는다. 이것은 **피보나치수열(fibonacci sequence)** 그림 (1-2)에 의한 근접한 황금분할을 설명하기 위한 방식으로 보편적으로 조개껍질에 나타나는 나선형태에서 분할의 법칙을 발견한다. 조개껍질의 나선은 형태가 점점 커지면서도 동일한 형태를 유지하고 있는데, 유기체의 몸체가 등각이면서 대수 함수적인 나선 경로로 자라기 때문에 그 형태는 결코 변하지 않는다.

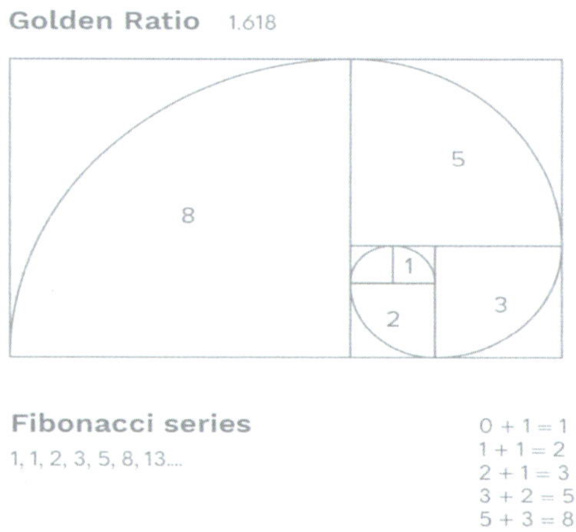

그림 1-2. 파보나치 수열과 그 예

(Source: https://symbolsage.com/golden-spiral-meaning/)

일반적으로 이러한 형태의 아름다움을 '황금나선(golden spiral)'이라 부른다.

이러한 수학적 황금나선은 허리케인, 나선형 씨앗들, 토네이도, 나선 은하들, 등 다양한 자연현상에서 나타난다. 인간의 눈에는 불규칙적이고 변화무쌍해 보이는 자연의 현상이 사실은 정확한 수학적 패턴을 따르고 있다. 이것이 바로 피보나치 수열인데 이러한 숫자 패턴은 전 자연계에 걸쳐서 다양한 방법으로 나타나고 있다. 이 패턴에서 큰 수를 인접해 있는 작은 수로 나누면, 그 비는 항상 대략 1.618이 된다. 이 비율은 역사적으로 '신의 비율(Divine Proportion)' 또는 '황금률(Golden Ratio)'로 불렸다.

그림 1-3. Masaccio, 〈Trinity with the Virgin, The Evangelist, and donors〉, 1428

(Source: https://masaccioatthemet.weebly.com/holy-trinity.html)

원근법은 사람의 눈에 보이는 3차원 공간의 물체나 공간을 2차원 평면 위에 **거리감과 깊이감**을 주어 입체적으로 표현하는 방법이다. 원근법은 주로 풍경화 등 넓은 공간을 표현할 때 사용한다. 1417년 무렵 건축가 브루넬레스키(Filippo Brunelleschi)가 최초의 실험적 시도로써 투시 원근법과 소실점에 대한 과학적 접근을 완성한 이후, 회화에서는 마사초(Masaccio)의 <삼위일체>(그림 1-3)에서 최초로 실현되었다.[4] 르네상스 미술가들은 광학과 기하학적 지식에 근거한 원근법을 이용하여 미적 아름다움을 추구하기보다 대상의 사실적인 측면을 강조하고자 했다. 마사초는 브루넬레스키가 발명한 투시 원근법을 이 작품에 응용하는 창의성을 발휘하게 된다. (그림 1-3)에서 보는 바와 같이 원근법을 사용해 후면의 벽면과 천장이 깊어 보이는 입체감을 주는 공간구성 방식을 창조해낸 것이다. 원근법은 **투시 원근법과 대기원근법**으로 나눠진다.

투시 원근법은 일정한 비율이나 법칙이 없이 단순히 멀리 있는 것을 위에 겹치거나 작게 그리거나 사선을 사용하여 배경을 표현하는 초보적인 원근 표현방식을 탈피하여 기하학적인 기초 위에서 과학적인 방법으로 체계화시킨 일종의 공식이다. 투시 원근법은 삼차원의 대상물들을 입체적으로 표현하고 대상들이 이루는 공간 내에서의 원근을 표현하기 위해 소실점을 도입했다. 소실점의 개수에 따라서 1점 투시, 2점 투시, 3점 투시로 나눌 수 있다.

해부학과 골상학 역시 화면에 극적인 사실감을 구성해 준 주된 요소이다. 해부학은 인체의 구조를 연구하는 학문으로 어원은 그리스어 아나토미아(ἀνατομία)에서 유래했다. 아나토미아는 해체와 구조의 의미를 동시에 가지고 있으며, 해부학을 중요하게 여기는 의료문화는 그리스의 알렉산드리아에서 절정을 이루었다가 쇠퇴했고, 르네상스 시기에 부활했다가 19세기에 또다시 절정을 이루었다.

해부학의 역사에서 무엇보다 시각 예술은 해부학적 지식을 표현하고 설명하는 도구로 중요한 위치를 차지하였으며, 인체 해부 도해(Anatomical Illustration)가 삽입된 해부서는 해부학과 미술이 만나는 접점이기도 하다.[5] 해부학은 기원전 500년 무렵 남부 이탈리아에서 동물을 해부한 크로토니아의 알크메온(Alcmaeon of Croton)에 의해 시작되었으며, 이후에도 히포크라테스 학파의 의학서에서 해부를 통한 의학적 진술이 발견되기도 한다.[6] 중세를 지배하던 신학 중심의 견해가 흔들리면서 14세기 이탈리아 볼로냐 대학에서 의학자 몬디노(Mondino de Liuzzi)가 최초로 공개적인 해부를 시작했다.

이 당시 해부는 이발사의 칼솜씨를 빌려 시행되었으며, 의학자들은 의학서를 읽으며 이발사의 손을 통해 펼쳐지는 광경을 눈으로 목격하는 식의 수업을 진행했다.[7] 해부학의 측면에서 볼 때 해부학 도해가 문자의 기능을 발휘하며 의학의 이해에 도움을 주었다면, 시각 예술의 측면에서 해부학의 도움은 더욱 **생동감 있는 인체의 표현, 살아있는 몸을 재현**하도록 도왔다.

레오나르도 다빈치는 15세기 의학과 예술의 융합을 실천한 대표적인 사람이라 할 수 있으며, 화가와 조각가로서 작품을 향상하기 위해 의사와의 협업을 통해 해부학을 연구하였을 뿐만 아니라 자신의 뛰어난 예술적 관찰력과 묘사력을 통해 200여 쪽의 해부 드로잉과 원고를 남김으로써 해부학 분야에도 역시 크게 공헌했다(그림 1-4).

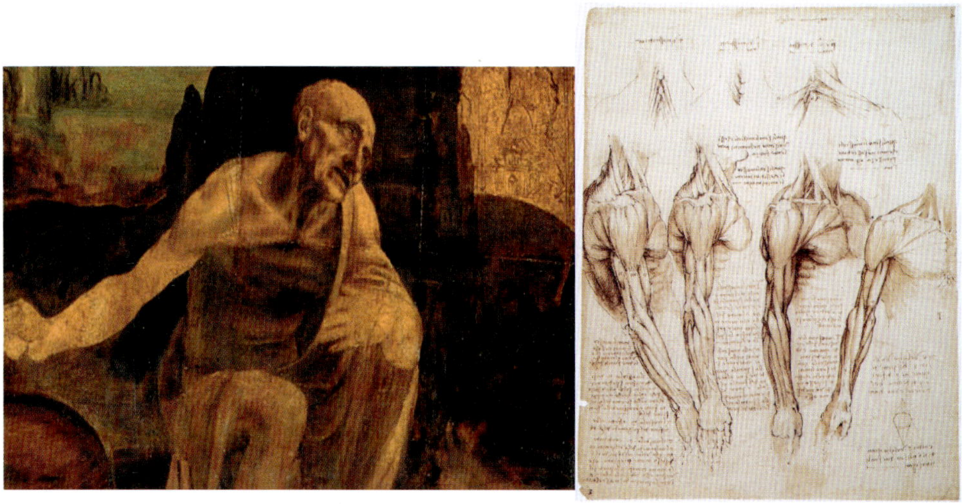

그림 1-4. L) Lonardo da Vinci, 〈Saint Jerome praying in the wildness〉, 1480

(Source: L) https://www.posterazzi.com R)http://www.dailyartmagazine.com)

원근법과 투시도법과 같은 이론들은 대부분 수학 체계를 기본으로 한 계산을 바탕으로 하는 법칙이다. 우리가 회화를 떠올릴 때 형태와 더불어 색채도 함께 생각하게 되는데 이러한 색채와 관련된 법칙에 대해 말하자면 독일 문호 괴테 (Johann Wolfgang von Goethe)의 『**색채론**』을 들 수 있다. 이것은 괴테가 당시 이미 존재했던 색채와 관련된 연구에 비해 더욱 전문적으로 색을 연구했기 때문이다. 이에 반해 고대부터 학자들은 색채에 대한 독립적 관심이라기보다는 빛과 관련된 연구를 이어 왔다. 괴테의 앞 시대를 살았던 뉴턴(Isaac Newton) 역시 1704년『광학 optics』(그림 1-5)를 통해 빛을 연구하면서 이것을 색채와 연관시키게 된다.

뉴턴의 광학에 대한 또 다른 의견을 주장하기 위해 괴테는 20여년(1790-1810) 동안의 자신의 색채 실험과 연구를『색채론』을 통해 밝혔다. 괴테는 주로 보색 및 잔상 현상에 주목하고 과학자가 아닌 예술가의 눈으로 색채의 다양한 모습을 관찰했다. 괴테의 연구는 기본적으로 색에 대한 심리적, 감정적 연구였다. 예를 들어 황색은 밝음의 성질을 수반하여 명랑하고 활발하며 부드럽게 매혹하는 속성을 유지한다. 청색은 어두운 것을 내포하며, 황색과 청색은 높고 고상한 적색을 증강시킨다.

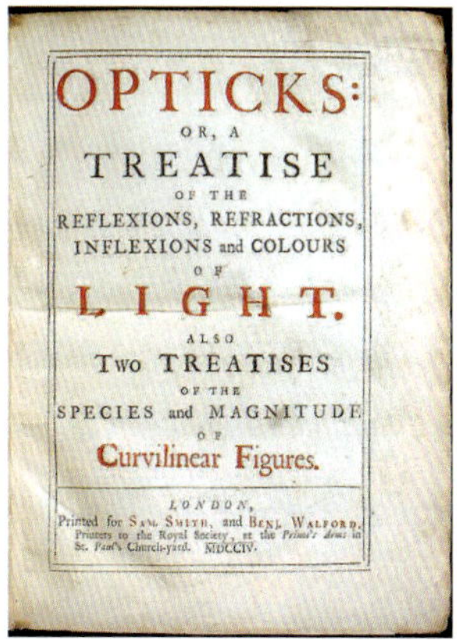

그림 1-5. Isacc Newton의 논문 Optics의 표지, 1704

(Source:https://en.wikipedia.org/wiki/optics)

괴테가 관찰한 보색 현상이 나타나는 것은 주로 망막 세포의 피로 때문이다. 적색을 오래 바라보다 보면 적색 수용체가 피로해져 적색의 보색이 강하게 느껴진다. 두 색채를 가까이 두고 동시에 대조할 때 보색이 출현하는 현상도 같은 이유로 설명할 수 있다. 이렇듯 우리의 감각 기관은 느낌의 차이를 과장하는 경향이 있다. 시각은 빛의 불연속에는 민감하고 점진적인 변화에는 둔감하다. 이것은 크기, 밝기, 색 등에 모두 적용된다. 우리의 시각 체계는 다른 두 요소를 크게 과장하여 코드화한 뒤 이를 재구성하는 것을 기반으로 하고 있다.

과학적으로는 빛이 물체에 닿았을 때 어떤 파장을 흡수하고 어떤 파장을 반사하는가에 따라 물체의 색깔이 정해진다. 그러니까 색채는 **물리적이고 객관적**인 현상이다. 그러나 색채를 **감지하는 것은 매우 주관적**인 현상이기도 하다, 똑같은 붉은색을 사람에 따라 다르게 느끼는 것이다. 색채와 관련된 법칙의 다양한 진화과정은 회화 화면에 영향을 주었다. 일반적으로 색채는 19세기까지 디세뇨(disegno), 즉 지금의 데생은 작품 제작의 밑그림이라는 단순한 의미를 넘어 예술가에게 더 큰 능력과 성과를 준다는 의미에서 좋은 예술의 기초로 역할 했다. 이 때문에 예술가는 물론 그 감상자들까지도 회화에서 선과 소묘를 색채보다 더 중요한 요소로 생각했다. 20세기에 들어와서야 색채는 데생의 종속에서 벗어날 수 있었다.

1.2. 기계 매체의 응용

1 망막의 빛 경험과 사진기

대중의 사랑을 받는 인상주의 화가들은 19세기 말에서 20세기로 접어드는 과도기에 빛을 발한 화풍이다. 이들의 작품 속에 나타나는 빛과 이를 표현하기 위한 색채의 향연은 이를 음미하는 감상자를 매료시켜 왔다. 인상주의 화가들의 색채기법을 이해하기에 앞서서 색을 구성하고 있는 요소를 살펴봐야 할 듯하다. 소리가 음의 길이, 높낮이와 어울림으로 이뤄져 있듯 색도 무슨 색인지를 나타내는 색조, **색의 밝기**를 표현하는 **명도**, 색의 맑고 탁함의 정도를 나타내는 **채도**로 구성돼 있다.

인상주의 화가들의 공통적 특성은 명도와 채도가 높은 색을 사용하고 명도 대비를 사용하는 경우가 많다는 점이다. 인상주의자들은 태양광이 다양한 사물과 이루는 시각적 특성을 화면에 그대로 옮겨보려 시도했다. 시간에 따라 그림자와 전체적 빛의 강도가 변화하고 인간이 인지하는 색감도 함께 변화하기 때문에 절대적 색감이 아닌 시시각각 변화하는 양상을 인상주의자들은 그대로 빠르게 옮겨 그린 작품들이 대부분이었다.[8] 모네(Claude Monet)는 이들 중 대표적 작가로 프랑스 파리의 루앙 대성당의 정면부를 각기 다른 시간에 그리면서 **태양광의 다양한 색감**을 표현했다(그림 1-6).

그림 1-6. Claude Monet, 〈Rouen Church〉, 1893

(Source:https://lacamaradelarte.com/)

시리즈 작품을 통해 같은 주제에 집중함으로써, 모네는 시각적인 감각을 기록하는 데 집중할 수 있었다.[9] 그리는 대상은 변하지 않았지만, 시각적인 감각은 빛 조건의 변화로 인해 끊임없이 변화했고 모네는 이를 기록한 것이다.

인상주의는 빛의 양에 따라 변하는 사물의 모습과 인상을 재빠르게 잡아두려고 했지만 쇠라(Georges Pierre Seurat)는 그 과정 중에 색이 혼색되면서 탁해진다는 사실을 발견하고 그것을 방지하기 위해 원색의 물감을 점으로 찍어 여러 빛깔로 보이게 하는 새로운 기법을 만들어냈다(그림 1-7). 주황을 쓰려고 할 때 빨강과 노랑을 섞어 쓰지만 쇠라는 빨간색 점을 여러 개 찍어놓고 그 옆에 노란색 점을 군데군데 찍어놓으면 주황색으로 보인다는 사실을 과학적으로 입증했다.[10] 이같이 빛깔을 분할했기 때문에 분할주의, 또는 빛의 성질과 느낌을 깊이 있게 연구해서 활용했기 때문에 과학적 인상주의라 불렸고 점으로 묘사했기 때문에 점묘파 혹은 새로운 인상주의라는 뜻으로 신인상주의라 한다.

그림 1-7. Georgesss Seurat, 〈Circus Sideshow(detail)〉, 1888.
(Source:https://en.wikipedia.org/wikiGeorges_Seurat#/)

신인상주의자들은 체계적인 계산과 과학이론을 이용하여 미리 정해진 시각효과를 얻고자 했다. 인상주의 화가들이 빛과 색채의 순간적인 효과를 좇아 자연을 임의로 묘사한 것에 반해 신인상주의자들은 과학적인 광학 이론에 따른 색채 구사를 통해 엄격한 형식의 그림들을 그렸다.

분할주의와 점묘파라는 용어는 대조적인 **색채의 물감**을 화폭에 점점이 찍는 쇠라의 기법을 설명하기 위해 만들어졌다. 이 색 점들은 멀리서 바라보면 1가지 색채로 어우러지도록 과학적으로 선택되었다. 이 점들의 일정한 크기는 그림의 전체 크기와 조화를 이루도록 치밀하게 계산되었다. 쇠라는 색채와 형태의 표현적 특성을 과학적 공식으로 바꾸는 등 그림과 기법에 관한 다양한 문제를 연구하는 이론적인 시도를 계속했다.

색채에 대한 과학적 접근방식은 색다른 형식의 회화 세계를 열었다. 새롭게 개척한 회화방식은 우리의 눈이 전해주는 정보를 넘어선 또 다른 재현양상을 제시한 것이다. 당시 독창성을 추구하는 몇몇 화가들은 눈이 관찰한 것을 평면에 담아내는 것을 넘어 무엇을 달성하고자 했다. 이러한 움직임은 사진기의 출현과 어느 정도 관련된 것 같다. 왜냐하면 사진기는 그야말로 기계적으로 대상을 복사해 놓았고 회화가 가진 특성이자 무기의 하나였던 허상(illusion)은 이제 사진기를 가지고도 가능하게 되었기 때문이다.

그림 1-8. 쉬스 프레르(Susse Freres)가 제작한 다게오타이프 카메라, 1839

(Source:https://en.wikipedia.org/wiki/)

카메라의 원형인 **카메라 옵스큐러**(Camera Obscura)라는 어둠상자를 의미한다. 즉 캄캄한 암실 한 곳에 작은 구멍이 뚫려 있으면 반대 측면에 외부 정경이 역향(逆向)으로 찍혀 나오는 원리를 응용하여 바깥의 대상을 찍어, 거울과 렌즈를 사용하여 그것을 묘사하기 위해 작은 구멍을 뚫어 놓은 상자이다. 일반적으로 1569년에 이탈리아의 조반니 바티스타 델라 포르타(Giovanni Battista della Porta)가 처음으로 이것을 만들었다고 하나 그 원리는 이미 르네상스 초기부터 알려져 있었다. 외부의 대상을 있는 그대로 옮겨오고자 하는 인간의 욕망은 다양한 과학적 시도를 거쳐 옵스큐러에 나타나는 영상을 정착시키게 되면서 사진이 발명되게 되었다.

사진 출현 이후의 정확한 사물의 기록은 미술에도 큰 변화를 가져오게 된다. 19세기 전반 등장한 사진술로 화가들이 위협을 느끼기도 했다. 사진의 등장이 미술과 과학의 긴장을 유발했지만 새로운 **실험정신**을 키워냄으로써 다양한 미술표현도 가능해졌다. 회화는 **사진이**

담을 수 없는 효과를 내는 여러 가지 화법을 개발하게 되고 20세기 다양한 형식주의 미술 계보를 낳는다. 사진과 미술은 그 출생부터 상호 밀접한 관련성이 있다. 사실 사진술은 좀 더 정확한 회화를 생산하기 위한 부수적 도구의 신분에서 출발한다. 그러나 20세기에 들어서 사진이 독립된 예술의 한 장르로 인정받게 되는데, 단순히 장면을 베껴내는 것에 머물지 않고 작가의 느낌과 영혼을 담아내는 카메라의 각도와 순간적으로 프레임 내에 담고 삭제되는 작가의 직관이 예술로 인식되었기 때문이다.

그림 1-9. Édouard Manet, 〈A Bar at the Folies–Bergère〉, 1881

(Source:https://en.wikipedia.org/wiki/)

현재 발전된 사진술에 비교되는 19세기 열악했던 사진술의 한계를 이용하여 몇몇 화가들은 회화의 독창성을 두드러지게 하기도 했다. 야외에서 자연을 배경으로 인물이 서 있는 모습을 찍을 때 인물에 초점을 맞추면 사진에 잡히는 배경이 좁아질 수밖에 없는데 이것은 줌 렌즈가 발명되기 이전이기 때문이다. 마네가 그린 <폴리 베르제르의 술집,1881년>(그림 1-9)는 당시 사진 기술로는 불가능한 구도를 그리고 있다는 점에서 그의 독창성을 잘 드러내고 있다. 마네는 좀 더 넓은 배경을 화면에 포착하기 위해 거울에 비치는 고객들을 그려 넣었다. 당시 화가들은 사진술의 약점에서 착안해 '기계적 눈인 사진이 보지 못하는 사물을 사람의 눈으로 보는 새로운 회화적 기법'을 탄생시켰다. 이것은 과학기술에 상응하거나 이에 반항하며 발전하게 되는 예술의 한 예가 되는 대목이다.

2 비인간적 형상의 예술 형식

20세기 초 혁신에 가까운 화면의 변화가 유럽 대륙에 발생했다. 아른하임(Rudolph Arnheim)은 추상미술을 일러 대상의 구체적인 형상을 나타낸 것이 아니라 점, 선, 면, 색과 같은 **순수한 조형 요소로 표현**한 미술의 한 가지 흐름이라고 정의했다.[11] 형이나 색은 각각의 고유한 의미와 느낌이 있어 형과 색의 어울림만으로도 그리는 사람의 생각과 느낌을 표현할 수 있다. 이와 같은 추상미술의 원동력은 아름다운 재현의 미술에서 벗어나 세계를 조형적으로 정의하려는 움직임이다. 19세기 말까지 많은 예술가는 기술, 과학 그리고 철학에서 일어나는 근본적인 변화를 포함하는 새로운 종류의 예술을 창조할 필요성을 느꼈다. 각 예술가의 서로 다른 이론적 개념의 원천은 다양했고, 당시 서구 문화의 모든 영역에서 사회적, 지적인 선입견이 반영되었다.[12] 추상미술을 의미하는 다른 용어로는 **비구상미술**(non-figurative art), **비사실미술**(non-objective art), **비표상미술**(non-representative art)등이 있으며, 이들이 서로 유사한 의미가 있지만, 서로 같지 않다.[13] 추상화는 예술의 이미지 묘사에서 현실로부터의 이탈을 의미한다. 이러한 정확한 표현으로부터의 이탈은 소극적이거나 부분적으로 묘사되거나 전체가 적극적인 변화를 보일 수도 있다. 사실 그림으로 묘사된다는 것 자체가 추상적 상황의 전개로 볼 수 있다.

그림 1-10. Henri Matisse, 〈Woman with hat (La femme au chapeau)〉, 1905

(Source:https://en.wikipedia.org/wiki/)

완벽한 묘사의 사실화일지라도 사물 자체가 아니라 이미지일 뿐이기 때문이다. 이러한 이유로 최소한 이론적으로는 추상적이라고 말할 수 있다. 예를 들어 눈에 띄는 방식으로 색이나 형태를 바꾸는 등 자유로운 예술혼을 발산하는 예술작품은 부분적으로 추상적이라고 할 수 있다. 마티스(Henri Matisse)의 <모자를 쓴 여인>(그림 1-10)에서 볼 수 있듯이 여인과 모자 그녀의 옷의 모양에 관한 흥미는 찾아볼 수 없이 색의 혼합으로 뭉쳐진 화면을 볼 수 있다. 그는 여인의 사실적 묘사를 통해 인간적 인물의 묘사보다 **색의 표현 수단**으로 그의 아내를 선택하고 하나의 대상으로 생동감 있는 색의 조화와 대조를 보여주고자 했다.[14] 마티스는 드로잉 중심의 이성적 미술에서 색 중심의 감성적 미술의 시작을 야수주의(Fauvism)의 회화 방식으로 열어 놓았다. 또한 사실적 재현보다 화면에서 **색의 배치에 더 중**점을 두고 전체적 구도를 해결하고자 했다.

정확한 형태 묘사를 바탕으로 한 서구 아카데미즘은 20세기 다양한 역사적 아방가르드 운동과 함께 그 힘을 잃게 되었다. 완벽한 형태 구현을 통해 이상적 인간의 형상을 추구했던 과거와 달리 새로운 세기의 미술은 색감이 형태로부터 자율적으로 의미를 가질 수 있는 계기가 되었다. 그러나 20세기 초 형태에 대한 현대적 시각으로 접근한 미술운동이 있다. 이들은 급진적으로 **형태를 분할하고 재조합하여 화면을 구성**하고자 한 입체주의(Cubism)의 신봉자들이며, 그 등장과 함께 인간 형태의 분절과 파편화는 더욱 극대화된다. 인간의 아름다운 표현이나 인간 존재가 만물의 척도로 규준이 되어야 하는 과정 모두에서 벗어나 각 예술가의 자유로운 표현의 도구가 되었다.

입체주의는 화면에 대상을 묘사하기 위해 대상을 분석하고 분해하고 추상적인 형태로 재조립하는 과정을 거쳤다. 한 시점에서 대상을 묘사하는 것에서 더 나아가 더 큰 맥락에서 주제를 표현하기 위해 다양한 시점으로 대상 묘사를 한 화면에 시도했다.[15] 입체주의를 이끈 주요한 영향 중 하나는 세잔(Paul Cézanne)의 후기 작품에서 입체적인 형태 표현에서 출발한다.[16] 입체주의자들은 모든 대상을 원뿔, 원추, 원통과 같은 입방체로 전환하여 묘사하였는데, 이들 중 한 명인 매칭거(Jean Metzinger) 역시 입체주의적 시선으로 작품을 생산했다. 그러나 우리가 주목해 볼 것은 그의 작품 <체스를 두는 군인>(그림 1-11)이다. 이 작품은 두 개의 버전인데, 하나는 유화 작품이며, 다른 하나는 엑스레이 필름 위에 유화를 덧입혀 작업한 것이다.

그림 1-11. Jean Metzinger, 〈Solider at a game of Chess〉, 1915
(Source:https://en.wikipedia.org/wiki/)

뢴트겐(Wilhelm Konrad Röntgen)에 의해 1895년 발견된 X선은 입체주의자들의 활동 시기인 19세기 말에서 20세기 초에 대중에게도 사용되기 시작하면서 몇몇 입체주의자의 관심을 끌었다. 이들이 매체로 사용한 엑스레이 이미지는 표면을 뚫고 들어가 인간의 내부 구조를 전개하는 모습이다.[17] 입체주의가 외피를 관통하고 그 내면 형태의 재조합을 추구한다고 본다면 그의 실험은 입체주의가 추구하는 목적과 맞아들어간다. 이러한 실험은 인간의 외형을 사실적 묘사를 넘어 이상적 미를 추구하는 도구로 사용하던 고전의 입장에서 벗어나 있다. 인간의 모습은 객관적인 형상에서 **주관적이며 비인간적인 형상** 역시 미술의 형식으로 수용되었다.

CHAPTER 02

New Technology & New Art

기술발달과 새로운 예술

산업혁명 이후 기계 기술은 인간의 삶에 자연보다 더 밀착되어 발전해 왔다. 이러한 기술의 발달은 인간의 타고난 신체적 한계를 점진적으로 넘어서도록 도왔으며 자연의 일부인 신분보다 기계적 태도로 세계를 바라보도록 유도했다. 시각 예술 역시 기계 기술의 적극적 응용을 바탕으로 예술가의 상상력을 시각화했다. 이러한 입장은 예술과 과학의 경계를 더욱 좁히고 과학 분야의 종사자나 예술가 모두 창의적으로 일반인들이 감상할 대상을 제작하게 되었다. 과학의 적극적 도입이 일어나기 시작한 시기에는 새로움에 대한 찬반의 엇갈린 태도가 있었으나 오늘날 과학은 시각 예술 실현을 위해 빼놓을 수 없는 도구의 하나가 되었다. 본 장에서는 디지털 기술력으로 향해 가는 길목에 나타난 다양한 **자연과학과 응용과학이 예술과 접목**되는 방식에 대해 주목해 보도록 하자.

2.1. 기계에 대한 찬미와 저항

인간의 감성과 사고를 시각화하는 데는 이를 위한 기술과 도구가 필요하고 예술가들 혹은 장인들은 이러한 필요성을 당대의 과학적 실행에서 빌려오곤 한다. 새로운 것에 민감한 예술가에게 독자적 사고, 새로운 이론의 발표는 이들의 예술에 다양한 자극을 주었다. 궁극적으로 과학 그 자체가 예술 텍스트의 진화에 미친 영향은 멀게는 르네상스의 원근법과 해부학으로까지 거슬러 올라간다.[18] 우리는 이들의 과학적 응용이 화면에 거대한 변화를 불러오고 허상(illusion)의 미학과 기술의 최고점에 도달한 사실을 알고 있다. 예술작품의 배후에 있는 양식적 원천은 아주 다른 종류이며 과학적 이론의 기원보다도 추적하기가 어렵다.

예술과 과학의 만남에 속도를 더한 것은 기계 기술의 급속한 발전이 인간에게 '**움직임**'을 **시각적**으로 재현하고자 하는 도구가 된 이후부터이다. 이전의 예술과 과학의 공생이 그 재료나 화면에 응용으로 발달해 온 것이라면, 20세기 기계 기술력은 기술력 그 자체를 예술의 영역으로 옮겨온 적극적인 과정이라 하겠다. 20세기 미술은 기계문명을 대하는 관점에 따라 기술의 진보와 기계의 합리성에 낙관하는 태도와 이를 비판하는 태도로 양분된다. 즉 전자에 속하는 화파로는 기계의 속도감을 찬양한 이탈리아의 미래주의(Futurism), 디자인적 감각으로 원색 위주의 색면 구성에 초점을 둔 네덜란드의 데 스틸(Futurism), 이차원적 색채의 형상을 지닌 구상들로 순수한 색감들의 절대성을 강조한 러시아의 절대주의(Suprematism)와 러시아 아방가르드에 속하는 구성주의(Constructivism) 등이 속한다.[19] 이들의 성향은 일반적으로 기하학적이거나 구축적이며 기계를 구성요소로 수용하는 경향을 보인다.

이탈리아의 미래주의 작가들은 기계가 표상하는 역동성과 속도에 대한 열광을 통해 예술과 과학의 통합 혹은 기계와 예술의 융합을 지향했다. 이들이 프랑스 입체주의의 입장에서 출발하여 사물이 분화되고 분산되는 여러 개의 입방체 조각으로 잘게 나누는 화면에 기계적 속도감을 추가하여 미래주의 특유의 화면을 구성한다. 기계를 향한 긍정된 입장은 극적으로 전쟁에 대한 찬양으로까지 확장되어 벤야민(Walter Benjamin)이 이를 공산주의 예술의 정치화로 비판하기도 했다. 러시아 구성주의 역시 예술과 기술을 통해 사회를 개혁할 수 있다는 유토피아적 신념을 가지고 있었다. 이들은 예술과 사회의 통합을 지향하면서 실용적인 예술을 목표로 두었으며, 과거의 예술가들과 달리 사회적 공리주의, 과학과 기술에 바탕을 둔 생산을 구성주의의 첫째 원칙으로 삼았다. 구성주의는 예술 자체가 아니라 예술의 핵심을 이루는 기계적 생산과 건축공학, 그래픽과 사진을 사용함으로 사회 전체의 물리적 지적 요구의 질을 향상시킬 수 있었다.

건축가이자 산업디자이너인 발터 그로피우스(Walter Gropius. 1883-1969)는 1919년 독일의 디자인대학인 바우하우스(Bauhaus)를 설립했다. 바우하우스는 '총체예술(Gesamtkunstwerk)'의 이념에 따라 회화와 조각, 건축으로 분리된 근대 조형예술 체계를 비판하고, 건축(bau)중심으로 모든 창조적 예술을 통합하였다. 이를 위해 예술가들은 기술과 장인정신을 강조하고 실용성을 기초로 한 예술과 기술의 새로운 통합을 모색했다. 바우하우스는 이러한 예술 이념을 전

세계적으로 파급되어 '국제적 양식'으로 발전했다.[20] 미술에서 반기계적 성향은 다다(Dada)나 초현실주의(Surrealism)를 들 수 있겠다. 이들은 반기하학적인 형태의 변형과 왜곡을 작품에 사용하면서 기계문명의 부조리와 과학기술을 비판했다.

당시 다다는 1차 세계대전을 겪으며 이성과 과학의 소산으로 생산된 기계가 무기로 발전되어 인간과 인간문화를 파괴하는 것을 경험했다. 이러한 경험은 기계문명뿐만 아니라 도덕과 철학, 예술을 아우르는 정신문명 전체에 대한 제고를 요청한다. 당시 유럽 각지에서 모인 젊은 예술가는 중립국인 스위스 취리히에 모여 다다 운동을 도모한다. 다다는 전통적이고 이성적이며 과학적인 모든 인간 활동과 사고 자체를 부정하며 새로운 정신으로 대변되는 아방가르드적 예술운동을 그리고 예술의 자유 정신을 강조했다.[21] 과학기술과 새로운 매체의 생산은 새로움을 추구하는 예술가에게 전환의 분기점을 마련하는 초석이 될 수 있다. 과학기술은 종래와 유사하고 이를 답습하는 것이 아니라, 기성과 답습을 뛰어넘어 새로운 단계로 접어들기 위한 전환이라는 중간지점이다. 과학기술의 새로운 진보 없이 문화의 새로운 진보는 상상하기 어렵다. 예술은 이러한 맥락에서 과학기술과 밀접하게 관련되어 있다. 예술가들 모두가 새로운 기계 기술력과 과학의 진취성에 즉각 반응하며 다른 방식의 예술작품을 생산하는 것은 아니다.

1 기하학적 추상에서 옵아트

19세기 말에 유럽의 화단에서 회화에 나타난 추상은 화면에 현실의 재현을 거부하고 화면 자체를 구조하려는 조형 창작을 목표로 삼았다. 기하학적 추상의 본격적인 출현은 1906년경 스웨덴의 힐마 아프 클린트(Hilma Af Klint. 1862~1944)의 작품으로 추정할 수 있다(그림 2-1).[22] 이후 추상회화는 1910년대에 미술사적 양식을 형성하여 본격적으로 발전하고 진화되기 시작한다. 1915년 말레비치(Kasimir Malewitsch)는 절대주의를 표방하며 <검은 정방형(Black Square)>이라는 회화 작품을 내놓았다. 모방과 재현을 철저히 져버린 채 그려진 사각의 기하학적 형태는 그 **단순함과 얽매이지 않는 묘사의 자율성**으로 새로운 창작의 길을 제시했다.

기하학적 추상은 실질적이거나 관념적인 대상이 기하학적인 모습으로 화폭에 옮겨지며 추상의 이미지는 무정형이 특징이다. 이것은 형태를 보고 무엇을 상징하는지를 감상자가 바로 인식할 수 있는 조형적이거나 구상적인 형태와 차이를 두는데, 20세기 초에 나타난 기하학적 추상을 포함한 추상미술은 변화와 변혁의 새로운 시대가 요구하는 새로운 예술의 방향성뿐 아니라 예술의 지적인 사유의 가능성까지 제시하고자 했다. 기하학적 추상회화는 주로 사각이나 삼각형과 같은 기본 형태를 이용하여 작품 전개와 구성의 강조를 위해 같은 이미지를 반복했다. 반복을 통한 형태의 증감은 새로운 분위기의 화면을 구성했다.

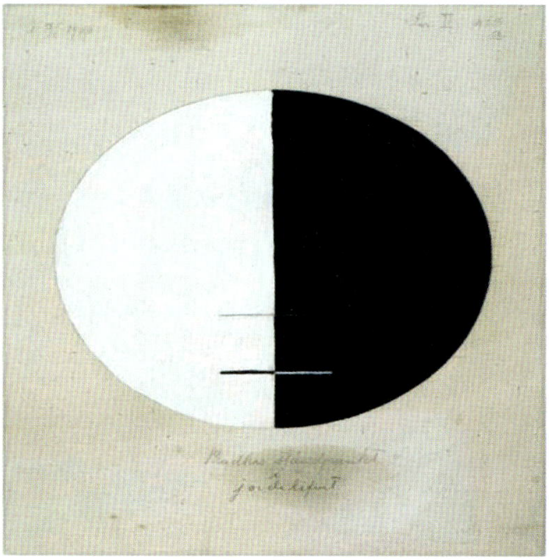

그림 2-1. Hillma Af Klint, 〈Buddha's Standpoint in the Earthly Life〉, 1920
(Source: https://dearsam.eu/poster-print)

기하학적 추상에 나타나는 반복 이미지 효과가 극대화된 형식을 옵아트(Op Art)라 할 수 있다. 옵아트는 '광학의'라는 옵티컬(Optical)의 줄임말에 예술을 붙인 용어이다. 이것은 우리의 의식을 일깨우는 지각과정의 한 부분을 이용한 것이다.[23] 옵아트의 그림은 단색 톤으로 된 선이나 사각형 또는 점이 특정한 비율로 반복되는 화면으로 구성되어 이를 바라보는 감상자의 시선에서 이미지들이 유동하고 분해되는 것을 경험할 수 있다. 엄밀히 옵아트는 과학과 수학적 연산이 필요하며 정확한 계산과 과학적 가설을 바탕으로 작품을 전개해 나간다. 이들 작품은 눈과 뇌의 작용을 이해하고 이들의 조합을 비껴가거나 속임수를 사용하여 2차원의 고정된 이미지에 운동감과 팽창의 느낌을 만들거나 돌출되고 수축하는 3차원의 공간을 만든다. 이 이미지들은 감상하는 순간 여전히 유동하고 있는 것 같은 **착시현상**을 일으키며 감상자의 시선을 끌어들인다.

그림 2-2. Victor Vasarely, 〈Vega〉, 1956

(Source: https://www.bbc.com/culture/article/)

옵아트의 대표적 작가인 바사리(Victor Vasarely)와 릴리(Bridget Riley)의 작품들은 망막의 잔상작용, 보색대비 등의 시각적 현상을 사용하여 움직임을 고조시키고 깊이감 또한 형성한다. 옵아트 화가들은 캔버스 위에 일어나는 현상들을 사전에 철저하게 계획하여 그 계획한 효과를 극적으로 만들 수 있는 한 상황을 화면에 설정해 놓는 것이다(그림 2-2).[24] 이에 관해 비평가 윌리엄 사이츠(William Seitz)는 옵아트의 의의는 단지 선, 점, 면과 같은 단순한 형태를 개성적으로 구성되는 것이 아니라 감상자의 지각에 적극적인 반응을 유도하도록 구성하는 것에 있다고 언급했다. 옵아트의 소재는 자연적인 대상에서 오는 것이 아니라 순수한 광선이나 구체적 형태가 없는 색채, 그리고 물감이라는 질료가 가지는 아름다움을 인간의 눈앞에 구성하여 이들이 어우러져 유동하는 물결과 빛의 에너지로 받아들이도록 하는 것이다. 사실 이들의 출발점은 구체적 대상, 즉 자연물에서 시작되는 것은 아니다.

2 장치로서의 예술 : 키네틱 아트

20세기 중반 당시의 기술과학 매체가 예술에 사용되면서 새로운 유형의 설치미술이 등장하게 되었다. 이것은 미술의 조형적 요소를 정적인 상태에서 동적인 상태로 옮겨가도록 도왔으며, 물질과 정신의 고도성장은 최첨단 과학적 수단과 현대의 다양한 복합매체를 통해 예술적 시점을 전환했다. 이러한 과학적 기술을 활용한 예술형식의 하나가 키네틱 아트(Kinetic Art)이다. **움직이는 예술작품**을 뜻하는 키네틱 아트는 그리스어로 움직임을 뜻하는 Kinesis와 Kinetic에서 유래했다. 1920년 러시아 미술가인 가보(Naum Gabo)와 페브스너(Antoine Pevsner)에 의해 시작된 것으로 알려져 있다. 이들은 "움직이는 리듬이 조각과 회화예술에 있어 새로운 요소"가 된다고 선언했는데, 이 발언이 계기가 되어 여러 예술가가 움직이는 작품을 제작하는 데 영향을 미쳤다.[25] 키네틱 아트는 운동과 움직임을 중심으로 하는 예술을 의미하며, 이 경우 움직임이 일루젼만을 주는 것이 아니라 작품의 전체 또는 일부가 실제로 움직이는 것이다.

그림 2-3. Marcel Duchamp, 〈Rptary Glass Plates〉, 1920

(Source: https://medium.com/signifier/it/)

이미지를 두고 인간의 착시현상을 이용하여 움직임을 불러오는 효과에서 예술가들은 실제로 작품이 움직이도록 하는데 관심을 돌렸다. 키네틱 아트의 탄생은 빛의 에너지를 이용한 광학적인 것과 전기에너지를 동원력으로 하는 물리적인 것으로 이루어져 있다. 이는 또 다른 면에서 시각 예술의 발전 방향과 움직이는 조형으로서의 발전 방향을 제시하는 계기가 되었다. 무엇보다 20세기 초 키네틱 아트의 주요 목표가 인간의 지각체험과 관련된 빛의 운동감을 광학적 일루전으로 표현하려고 했던 것은 주목할 만하다.

1920년대 키네틱 아트의 특징은 하나의 대상물의 이미지에서 떨어져 빛의 즉물성과 빛의 운동 변화 과정을 즉시 기록하고 재현하는 수단에 흥미를 두었던 점이다. 무엇보다 다다 운동가의 한 사람이었던 뒤샹(Marcel Duchamp)은 회전 유리판이라는 기계를 만들어 발표했다. 여러 개의 가늘고 긴 유리판 위에 소라 모양을 나누어 그린 것으로 이 유리판이 하나의 축에 의해 입체적으로 보이고, 이 장치가 모터에 의해 회전하면 여러 개의 소라 모양이 하나의 평면적인 소용돌이 형태로 보인다(그림 2-3). 이것은 달리 말해, 예술 기계라 할 수 있으며, 당대 여러 작가가 사진이나 포토그램 영화를 통해 동적인 이미지를 보였다면 뒤샹은 하나의 물체로서 운동하는 형태의 일루젼을 작품으로 보여주었다.

이러한 움직이는 구조체로 주목을 얻은 작가로 알렉산더 콜더(Alexander Calder)가 있다. 서커스의 코믹하고 동적인 이미지에서 움직이는 조각의 아이디어를 얻은 그는 몬드리안의 회화에서 발견되는 **회화의 동적 균형**의 원리를 직관적으로 그의 작품에 받아들였다. 우리에게 그것은 모빌(mobile)이라는 명칭으로 이미 하나의 예술 형태가 되었다(그림 2-4).[26] 미국적인 밝은 색채와 오락 문화를 바탕으로 인간의 신체감각을 그 보편적 특징으로 제작했다.

즉 균형의 원리는 양 끝에 매달린 조각의 무게를 다르게 하는 것으로 중심점의 위치를 달리하는 각각의 단위를 계속 연결하여 서로 반복적으로 움직이는 연쇄반응을 볼 수 있다. 균형의 물리적인 원리로부터 콜더는 모빌 예술을 개발하고 모터와 같은 구동장치 없이도 자체 에너지를 생산하는 키네틱 아트의 선구적 선례를 남겼다.[27)]

그림 2-4. Alexander Calder, 〈Untitled〉, 1946

(Source: https://www.sothebys.com/)

키네틱아트가 움직임과 관련된 큰 의미로 예술을 지칭한다면 광선을 투영한 물체의 형상과 광대한 공간 체험을 예술의 하나로 끌어들인 라이트아트(Light Art)가 있다. 라이트아트는 빛을 장식적으로 보지 않고 빛을 매개로 과학과 예술의 결합을 추구한다.

빛의 사전적 의미는 "빛을 내는 에너지나 물체를 보이게 하는 조명이나 광학 같은 것으로 물체를 감지할 수 있게 해주는 것"이다.[28)] 19세기까지 예술가들은 빛의 지각적 효과와 표면적인 특성에 주목해 왔으나 20세기에 이르러 인지심리와 관련하여 빛의 특성이 이론적으로 연구되어 온 바를 바탕으로 빛의 심리적 구조적 작용에 초점을 맞추어 빛을 탐구하기 시작했다. 이들은 빛을 단순히 재현한다는 차원에서가 아니라 빛 자체를 그대로 작품 속에 도입함으로써 현대미술은 새로운 장을 개척하였다. 이러한 움직임은 과학, 기계, 기술의 발전과 깊은 관련을 맺으며 현대 테크놀러지와 미술의 결합이라는 형식으로 자리 잡았다. 테크놀러지의 가장 큰 특징은 **움직임과 빛의 도입**이라 할 수 있으며 이를 확대해서 이해하면 비디오, 텔레비전, 컴퓨터, 레이저, 전기 등을 언급할 수 있다.

1950년대 이후 전자 전기 및 디지털 기술과 더 나아가 나노 과학, 바이오 생명과학, 첨단 의학 등 현대에 새롭게 발견되고 연구되기 시작했다. 이러한 첨단과학의 시도는 당시 우주선과 지구 이외의 행성에 관한 관심, 컴퓨터 기계의 도입 등이 시작되면서 새롭게 형성되는 사회적 분위기의 응답이라 할 수 있다. '80~90년대 이후 디지털 및 통신기술의 발전에 힘입어 인터넷 아트, 로보틱스, 바이오아트, 인공생명 등을 이용한 다양한 범주의 예술이 등장한다.

이러한 예술의 다양한 성향을 형성하는 하나의 미디어가 생성되기 위해 과학과 기술은 중추적 역할을 하며, 이를 기점으로 예술은 다양한 형태의 근육과 살이 되어 그 각자의 존재로 나타나는 것이다. 초기 미디어아트 예술가들의 새로운 과학기술에 관한 관심과 수용은 군수산업단지와 연구소 그리고 당시의 소비문화와 관련해서 복잡하고 다양하게 관찰된다.

이러한 예술과 과학의 변화와 발전에서 우리는 양자가 동일한 도구와 재료를 사용한다는 점을 파악할 수 있다. 그들을 이어주는 중요 연결점은 바로 기술력인 것이다. 모든 변화의 중심에는 바로 새로운 매체, 즉 뉴미디어가 있다. 전자매체, 컴퓨터, 멀티미디어, 인터넷, 정보고속도로, 사이버스페이스, 하이퍼미디어, 하이퍼텍스트 등의 수많은 낯선 용어들은 실은 인간의 사고와 생태를 근본적으로 변화시키는 새로운 시대의 도래를 의미한다. 새로운 매체는 그 지칭하는 구체적 항목들을 의미하기보다는 정확히 확정된 것이 아닌 포괄적이고 진행형의 개념들을 의미한다. 그것은 앞으로 다가올 모든 매체혁명과 그것으로 결과할 새로운 인식론, 문화양상, 인간관 등에 대한 전망과 불안을 함축한다.

3 진화하는 기술 그리고 예술실험

20세기 초 사진기나 영사기, 현미경, 망원경과 같은 기술의 발달은 전통적인 세계관에 다양한 이의(異議)가 제기되면서 절대적 일자의 개념들에 관한 인식의 전환을 초래했다. 1900년 프랑크(Max Planck, 1858-1947)의 양자가설은 물질을 구성하고 있는 구조가 불확실하고 불안정하다는 것을 밝혔고, 아이슈타인은 상대성 이론으로 실체 중심의 초월론적 인식에 대한 변화를 가져왔다. 이것은 우리가 눈으로 목격하고 있는 현상이 우리가 경험하고 있는 세계의 전부가 아니며 우리의 신체를 넘어선 현상들을 우리의 신체가 제대로 읽어내지 못한다는 사실을 드러냈다. 새롭게 등장한 과학적 이론들은 생각하는 방식에 변화를 가져왔다. 이러한 근본적인 사상과 개념에 관한 절대적 지식에 관한 흔들림과 함께 우리의 시지각을 직접적으로 자극하는 새로운 과학기술이 대두되었다.

1990년대부터 컴퓨터가 과학의 영역은 물론 인간의 일상에 침입하면서 예술은 이러한 새로운 시대 매체와 어우러져 종래와 다른 예술들을 탄생시켰다. 뉴 미디어아트는 컴퓨터와 알고리즘(algorithm)을 이용하여 과정 지향적이며 시간을 기반으로 하되 관람자의 참여를 통한 실시간적인 상호작용을 중시하는 것이다. 1990년대 이후 디지털 시대가 급속도로 전개되면서 컴퓨터와 멀티미디어, 인터넷, 가상세계, 초고속정보망 등 디지털 테크놀러지에 의한 과학기술은 문화의 논의와 생산에 있어 주도적인 변화를 일으켰으며 실제 우리의 환경을 문화와 기술이 상호 분리될 수 없는 현실이 되었다. 기존의 전통예술이라고 할 수 있는 회화, 조각, 사진 등의 예술 장르와 달리 뉴미디어는 환경적 조건을 매우 중요하게 여기며 차세대 미술로서 하나의 형식으로 확고하게 자리를 잡고 있으며 다양한 매체의 소통에 변화를 주고 있다.

한국 작가 정태섭은 영상 의학 전문의이지만, 엑스선 미술(X-ray Art)이라는 영역의 작품을 생산하여 색다른 화면을 고안해냈다. <와인과 영혼>(그림 2-5)은 그 대표적 작품으로 와인 잔을 입에 대고 있는 모습을 엑스선으로 촬영한 일종의 엑스선 자화상이다. 그는 엑스선 사진을 촬영하고 이를 컴퓨터로 옮겨와 포토샵 작업을 이용해 색을 입힘으로 우리의 상상력을 자극하는 작품을 생산했다. 또 다른 예로 프랑스의 페미니즘 작가 오르랑(Orlan)의 작품을 들 수 있다. 그녀는 성형수술이라는 현대 의료 기술을 작품의 주제로 하여 1990년부터 1993년까지 자신을 피실험자로 하여 아홉 번이나 성형수술을 시행했다.

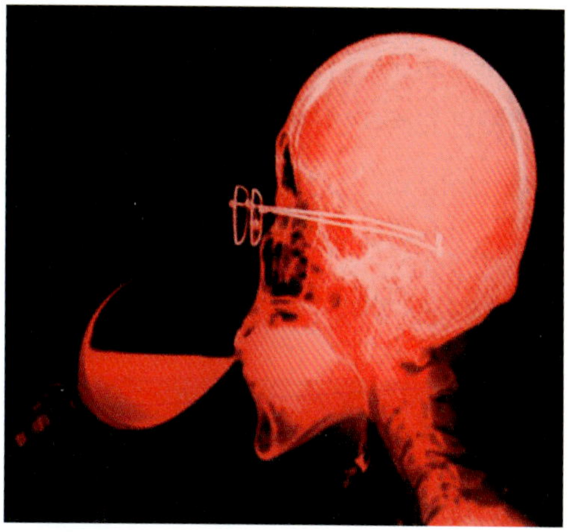

그림 2-5. Jung Taesub, 〈Wine & Soul〉, 2007

(Source: https://m.aaart.co.kr.m//m_article.html/)

오르랑은 수술의 전 과정을 촬영하여 다큐멘터리 작품을 만들었다. 1993년부터는 더이상 수술할 수 없는 상황이 되면서 그녀는 또 다른 돌파구를 발견했다. 오르랑은 실제 성형수술을 시행하는 대신에 디지털 방식으로 여러 이미지를 합성하여 성형수술과 같은 효과를 내는 작업을 시도한 것이다. 작품 <자가교배>(그림 2-6)에서 오르랑은 서양의 고전적 예술 작품의 전형을 이루는 여성들의 이목구비를 컴퓨터로 합성하여 그로테스크한 이미지를 생산하여 서양 남성 중심으로 규정된 미의 기준에 대해 강력한 항의를 표명했다.

영국의 조각가 캐서린 도슨(Katharine Dowson)의 작품은 의학적 관찰을 작품 텍스트로 변화시킨 예를 잘 보여주고 있다. 도슨은 자화상의 일종으로 작품 <염색체 퍼즐

Chromosome Puzzle>을 제작한다. 이것은 23개의 유리 타일에 도슨의 실제 염색체를 프린트한 작품으로 각 타일에 특정한 염색체와 연관된 개인적 특성을 나타내는 번호를 붙였다. 도슨은 자신의 23쌍의 염색체를 투명한 유리판에 배열하여 자신만의 유전자 특성을 외화 했다. 그녀는 유리판에 각 쌍의 염색체들의 특징을 명시해 두었는데 그 방식은 과학영역에서 표본을 명시하는 방법을 연상시킨다. 특정 염색체가 그녀의 머리카락과 관련된 것이라면 도슨은 감상자가 이를 정확하게 이해하도록 정보를 보여준다. 그녀는 자신의 외모를 정밀하게 재현해 주는 초상화보다 자신의 염색체를 타자에게 제시하는 것을 더 명확한 방식의 자기 드러내기라고 주장한다.29)

그림 2-6. Orlan, 〈precolumbian self-hybridizatio no.24〉, 2017
(Source: https://www.artsy.net/)

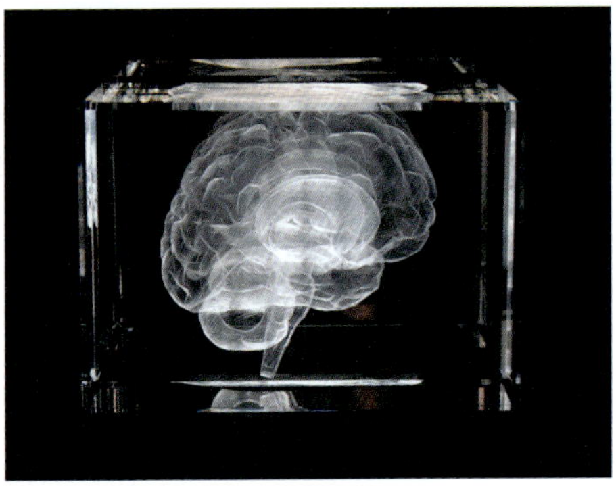

그림 2-7. Katharine Dowson, 〈My soul〉, 2005
(Source: https://katharinedowson.com/dowson-gallery)

또한 작품<나의 영혼>(그림 2-7)을 위해 도슨은 자신의 뇌를 MRI로 스캔하고 레이저를 사용하여 뇌의 형태를 유리블록에 3차원으로 조각했다. 도슨이 조각한 뇌는 의학자들이 이와 관련된 문제를 해결하기 위해 사용할 수 있을 만큼 정확하게 뇌를 스캔한 것이다. 이 기계적으로 정확한 뇌의 묘사는 단순히 정보 그 이상의 것으로 우리에게 전달된다. 도슨이 뇌를 유리블록에 옮겨오기를 선택한 것으로 **과학적 기술(記述)이 예술적 묘사로 전환**된 것이다. 무엇보다도 도슨이 사용한 실재 과학 정보는 미술관이라는 예술계의 권위 속에서 예술화되었으며 우리는 이것을 '감상'하며 인지한다. 그녀의 염색체 도식은 과학적으로 진실의 영역에 속하며 그것에서 이탈하지도 않았다. 도슨은 그녀의 과학적 증거를 유리판이라는 매체에 담거나 그것에 조각할 것을 선택했고, 바로 그러한 매체 선택에서 예술가적 입장, 즉 그녀의 감수성을 융합시킬 수 있게 된다.

2.2. 생명을 불어 넣은 기계

상징적 이미지로 나타났던 기계 생명체는 디지털 시대를 맞아 가상현실 속 인간의 일상에 영향을 미치는 것은 물론 실생활에도 다양한 형태로 나타난다. 고대부터 서양인들은 인간이나 동물처럼 움직이고 말을 하는 인형 혹은 형상을 만드는 꿈을 가졌다. 그러므로 그들은 인간, 동물의 신경, 두뇌 시스템의 생물학적 구조를 기계적 구조로 응용하면서 그들의 꿈의 실현을 위하여 노력하였다.[30] 18세기에서 19세기로 넘어갈 무렵, 자동인형 제작자들은 인간의 노동을 대체할 수 있는 기계를 고안하는 것으로 관심을 돌리기 시작했다. 그때부터 지금까지 인간은 자신의 지위를 찬탈할 물건들을 반복적으로 즉, "기계적으로" 작동시켜야만 했다.

그 대표적인 예가 바로 로봇이다. 대부분의 학자들은 1920년 구 체코슬로바키아의 극작가 카렐 차페크(Karel Čapek)가 쓴 로섬의 유니버설 로봇「(R.U.R-Rossum's Universal Robots)을 '로봇'의 원조로 인정하는데, 이것은 차페크가 비로소 로봇을 의미하는 '로보타(Robota)'라는 단어를 사용했기 때문이다. 중요한 것은 카렐차페크가 "일하다"라는 체코어 동사에서 "로봇"이라는 단어를 만들었다는 것 자체가 인간과 기계가 사람처럼 보이도록 만들어지는 것이 아니라 인간이 좀 더 기계처럼 되어 버린 것이다.[31]

기계 생명체에는 기술력의 발전으로 인하여 기계가 생명체의 성격을 가지게 된 경우, 생명체에 기계 부속물 혹은 보철물이 장착되거나 삽입되는 경우, 생명체의 탄생과 진화의 과정에서 이루어지는 알고리즘을 통해 생명체와 유사한 형태로 '존재하는' 경우 등, 생물과 기계가 경계 없이 하나로 합쳐져 하나의 단일생명체가 되는 모든 경우를 포함한다. 생명의 기원이라는 것은 바로 생명이 태초에 어떻게 만들어졌는가. 또는 어떻게 탄생했는가 하는 문제이고, 그것이 생명의 본질, 나아가서는 인간의 본질을 시사하는 것이기 때문이다. 따라서 기계적 생명체란 생명의 본질을 말하고, 인간이 기계 개체를 바라보며 자신을 인식하게 되는 반어적 성향이 있다. 인간은 자신을 닮은 기계에 생명을 불어넣고자 하는 오래된 욕구를 간직하는 것이다.

이러한 환상은 만화, 애니메이션에서 가장 두드러지게 나타났으며 점차 CG의 발달로 영화에서도 다양한 모습으로 표현된다. 정교해지는 기계 기술과 기계 생명체의 실현 가능성이 드러나면서 이러한 장르에서 등장하는 인간상과 세계관 역시 변화하고 있다. 이전의 만화, 애니메이션 혹은 영화 등의 장르에서 '기계'는 자연적인 생명체와의 대립이 주로 부각

되었다. 기계 생명체는 인간과 대립 되는 존재이거나, 아니면 인간의 동반자로서, 독립적인 생명체가 아닌 기술의 결과물이라는 점이 부각 되어 기계와 생명체 사이에서 자신의 정체성을 찾고자 하는 경향이 많았다.

기계 생명에 관한 연구가 발전하면서 점차 많은 예술가가 인공으로 생명을 창조하는 연구를 다양한 맥락에서 그리고 다양한 목적으로 예술 창작에 활용하게 되었다. 즉 인공생명 기술이 디지털 이미지, 애니메이션, 인터랙티브 설치와 CD-ROM, 오프라인 가상환경, 생물학적 로봇 조각 등과 같은 디지털 매체예술의 전 영역에 활용됨에 따라 살아있는 기계 생명체 표현으로서의 인공생명 예술은 디지털 매체예술의 한 분야로 자리 잡게 되었다. 이처럼 예술 분야에서 인공생명 기술은 '살아있는 예술작품'을 만들기 위한 매체로 사용되고 있다. 이제 미술 속에서의 생명 표현은 과학의 발전과 함께 다양성을 가지게 되었다. 예술가들은 상징이나 단순히 생명체를 제어하는 데에만 만족하지 못하고 이제는 생명체 자체에 영향력을 발휘하려 한다.[32] 또한 **인공생명 예술**은 완결된 상태로 존재하는 것이 아니라 예술가와 예술작품 그리고 **관람객과의 상호작용**을 통한 진화의 과정으로 존재한다.

1 움직이는 기계

최우람은 기계에 생명감을 주는 작품 제작자로 알려진 작가이다. 그는 기본적으로 기계를 친숙하게 생각하고 기계에 매우 호의적이다. 그에게 기계는 인간의 필요로 만들어진 고철 덩어리가 아니라 인간의 친구이며 이웃이자 지구에서 숨 쉬는 생명체들의 일부가 된다. 작가는 기계들이 생명체라는 인상을 주기 위해 공룡의 뼈와 같은 현재에는 존재하지 않지만, 과거에 존재했다고 믿어지는 것들의 연구에 관심을 가지게 된다. 과학자들이 화석의 골격에 근육을 붙이고 색깔을 입혀 공룡들이 어떻게 생겼었고, 어떻게 번식했으며 어떻게 살았는지를 연구하고 생생히 재현해 내는 것처럼 기계 생명체 역시 마치 과거에서부터 존재했다는 가정 아래 고고학적 방식으로 구체적인 이야기를 만들어 감상자를 설득하고자 했다.

최우람은 현재 '우람 생명 기기 종합 연구소 U.R.A.M.(United Research of Anima machine)' 를 운영하면서 예술가인 본인과 프로그래머, 기계공학자를 고용하여 협업을 진행 중이다. 그는 기본적 구조의 동작을 고민하고 드로잉을 통해 구체적으로 작품의 크기, 재료 모양 등을 잡은 후 실제로 구현하는 작품설계에 가장 많이 노력을 기울인다. 드로잉은 오토캐드 프로그램으로 변화하여 작업의 구조로 이룰 철판들을 레이저로 절단하고, 이후

공장에서 잘려 나온 철판을 수작업으로 갈고 설계도에 맞게 용접하여 순서대로 형태를 붙여간다. 최우람은 주로 작품구상과 기계적인 매커니즘 설계에 집중한다. 기계구조를 조형적으로 고안하기 위해 하드웨어 엔지니어링 전문가와 소프트웨어 전문가 그 외 스텝들이 돕는다. 작가는 새로운 작품의 형태를 위해 늘 새로운 학습 과정과 전문가의 도움이 필요하기 때문에 새로운 설계, 재료를 위해 각 분야 전문가들로부터 조언을 구한다고 한다.[33)]

생명 존중과 인간의 윤리적 책임과 존엄성에 대한 가치는 우리가 계속 풀어나가야 할 문제일 것이다. 기계 생명은 인간에 의해 창조된 것이지만. 단순한 생명체의 모방이 아닌. '생명'의 보편적인 개념을 확장 시켜 함께 공존해야 할 '생명 그 자체의 본질이라 할 수 있다. 최우람이 말하고자 하는 바도 이와 같을 것이다. 애정으로 기계 생명체를 탄생시키고 그들의 삶을 지켜보면서 강력한 생명의 은유를 구사하는 것이다. 작가의 석사학위 졸업 전시로 <170개의 박스 로봇>(그림 2-8)이라는 전시하였다. 그것은 물방울 속의 미생물들을 재현하는 느낌으로 만든 작품으로 가로, 세로, 높이가 각각 10cm인 정육면체 모양의 작은 상자에 두 개의 모터와 네 개의 센서를 달아서, 뭔가 접근하면 반대 방향으로 도망가도록 프로그래밍 했다. 그는 물방울 속에 보이지 않는 수억의 미생물을 시각화하고 물질화한 작품으로, 작품에 움직임을 부여하여 수시로 작품이 돌아다니도록 설계하여 감상자에게 **살아있는 유기체**가 달아나는 인상을 유발한다. 170개의 상자를 만들어 의도적으로 좁은 전시장에 모아놓고, 상자들이 어떻게 서로 도망치는지 지켜보는 작업으로 미생물에 대한 관찰과 기계 제작이라는 두 요소를 합쳐서 만든 전시였다.

그림 2-8. Uram Choe, 〈170 Box Robots〉, 1998

(Source: https:/cafe.naver.come/artinvest)

기술력을 예술에 도입시키면서 예술은 첨단과 결합하게 되었다. 기계는 상상으로만 존재하였던 것을 실체와 시킬 수 있는 표현 확장의 계기가 되었다. 예술에 움직임을 부여하는데 사용되었던 기계는 디지털 시대를 맞이하면서 생명을 가진 것처럼 단독으로 존재할 수 있게 되었으며 이를 다루는 표현 방법에 있어서 상징적으로 기계적 생명에 대해 표현했던 예술가들은 자유로운 구상을 구상하고 그대로 표현할 수 있게 되었다.

작품 <암컷 우루바누스>(그림 2-9)는 꽃과 곤충을 모티브로 한 움직이는 조각품이다. 복잡하게 연결된 스테인리스의 얇은 판은 꽃잎을 형상화하기 위해 불규칙한 곡선의 구멍이 뚫려 있다. 기계의 느리고 유창한 움직임은 언뜻 보기에 유기 화합물로 만들어진 생명체 같은 인상을 준다. 최우람은 자신의 작품에 자신의 이름을 포함한 가상의 학명을 주고, 각 개체의 발견 과정을 이야기로 묘사했다. '우루바누스'는 암컷과 수컷이 있으며 여느 식물처럼 광합성 기관을 갖추고 있다. 최우람은 이 한 쌍의 식물이 이성을 끌어들이기 위해 축적된 에너지를 사용해 빛을 뿜어낸다고 설명한다. 즉 이들은 발광을 통해 개체간 소통이 이뤄진다는 것이다.[34] 기술적인 측면만이 아니라 기계 생명체의 진화와 관련된 역사와 생물로서의 특성을 상세히 기술하여 감상자의 상상력에 접근한다는 발상이 작품에 더욱 실감을 준다.

그림 2-9. Uram Choe, 〈Urbanus Female〉, 2006

(Source: https://www.realtimearts.net/article/issue108/10594)

그의 최근 작품 <작은 방주>(그림 2-10)에 대해 작가는 인간과 기계는 하나의 덩어리이며 생각과 상상력 그리고 욕망이 형상화된 것이 기계이며 테크놀로지라고 주장한다. 제목에서 연상되는 '노아의 방주'는 성경 속 종말 중에 살아남은 인류와 생명체에 관한 이야기이다. 이 작품에서도 방주는 더 좋은 미래를 향해 우리를 구원의 어떤 바다로 이끌 것 같은 동작을 반복한다. 최우람은 팬데믹의 시간 동안 작가는 죽음과 삶에 대해 생각하며 영구적인 재료의 사용에 집착하지 않게 되어 스테인리스스틸이나 내구성 강한 원목이 주재료였던 과거 작품과 달리 폐지나 폐기된 소재를 사용하기 시작했다. 이러한 재료의 변화를 통해 그는 인생의 덧없음을 상기하고 내구력과 관계없는 이야기를 진행하고자 한다. 시간이 지나면서 구겨지고 망가질 수 있는 재료를 사용하여 반복되는 인간 역사의 시각화를 추구하였다.

그림 2-10. Uram Choi, 〈Little Ark〉, 2022.
(Source: https://www.e-flux.com/announcements/483822/)

② 물리학자의 기계 예술

"예술과 공학의 장벽은 우리의 마음속에만 존재한다.35)

테오 얀센(Theo Jansen)은 1990년부터 <해변 동물(Strandbeest)> 시리즈를 제작하는 물리학자이자 예술가이다. 그의 해변 동물은 전기 동력의 사용 없이 바람이나 물 같은 자연적인 힘을 이용해 스스로 움직인다. 인간에게 움직임이 주는 인상은 생명이기 때문에 무생물로 구성된 그의 움직이는 조각은 생명체라는 인상을 준다. 얀센은 이러한 감흥을 바탕으로 자신의 작품을 생명체로 규정하고 실제 생물학의 분류 체계처럼 라틴어식 속명과 종명을 붙인다. 앞서 살펴본 최우람과 같은 방식으로 감상자에게 접근하고 있다. 최우람은 전기

동력을 바탕으로 실내외에서 모두 가동이 가능한 반면 얀센의 생명은 바람이나 물과 같은 자연력 앞에서 움직일 수 있다. 이와 같은 자연 에너지를 통해 기계 장치는 스스로 움직이고 이러한 의미에서 얀센은 이 시리즈의 작품을 기계 생명체로 명명한 것이다.[36] 동물(Ani)과 해변(Maris)을 합친 아니마리스(Animaris)는 그 자체로 기계 생명체라는 뜻이다.

그림 2-11. Theo Jansen, 〈Animaris Percipiere Primus〉, 2006
(Source: https://froma.co/articles/769)

그는 네덜란드인으로 지구온난화에 따른 해수면 상승은 그에게 매우 심각한 현실 문제였다. 바닷물을 막기 위해 모래 언덕을 쌓아야 하는 과정에서 그는 자연 장벽을 만들 수 있는 <해변 동물(Strandbeest)>(그림 2-11)을 착안하여 바람의 힘으로 움직이는 해변 동물을 제작했다. 이와 같은 배경으로 그의 해변 동물은 모래 위에서 더 효과적으로 이동한다. 해변 동물의 구조물은 기본적으로 11개의 뼈대로 이루어져 있다. 오랜 시간의 연구 끝에 컴퓨터 기술을 이용해 가장 적절한 뼈대의 길이 비율을 찾았다. 이 숫자의 집합을 그는 신성한 숫자들(Holy numbers)이라고 부른다. 11개로 구성된 작은 가지들은 해변 동물이 땅을 딛고 밀어내는 반복되는 과정을 거치면서 앞으로 움직이게 되는데, 이러한 과정이 자연스럽게 연결되어 마치 생물이 걷는 것처럼 보인다.

얀센의 작품들은 기본적으로 플라스틱 파이프와 버려진 페트병으로 구성되었다(그림

2-12). 플라스틱 파이프를 구부리고 연장하는 방식을 통해 작품의 뼈대를 만든 뒤, 케이블 타이나 끈으로 플라스틱 파이프를 엮어 단일한 구조로 고정하는 방식이다. 얀센은 작품 자체가 독립적으로 지탱 가능한 구조로 설계했으며, 풍력을 주 에너지로 이용한다. 단순히 바람에 밀리는 구조가 아니라, 불어오는 바람을 페트병에 저장하고 압축해 에너지로 사용하는 물리적 과정을 체계화했다. 날개 부분을 통해 들어온 바람이 피스톤으로 전달돼 펌프 운동을 하고, 페트병에 수집된 공기는 압력 차이를 이용해 다리로 동력을 전달한다. 이런 방식으로 제작되었기 때문에 바람이 적게 부는 환경에서도 움직일 수 있다.

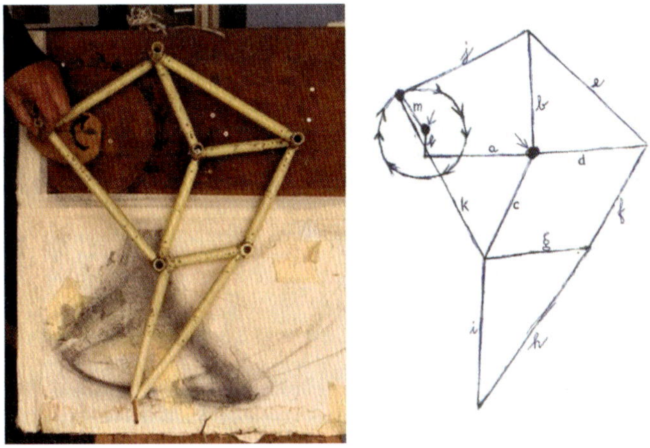

그림 2-12. 테오 얀센 매커니즘

(Source: https://www.froma.co/article/769)

얀센이 제작한 해변 동물 작품은 실제 생명체가 진화의 과정을 가지는 것처럼 작품이 업그레이드된다. 그는 자신의 생명체에 대해 총 8세대의 **진화 단계**를 거치는 것으로 분류한다. 얀센이 자신의 작품을 지속적으로 업그레이드하면서 현재는 총 12세대로 구분되어 있다. 해변 동물의 진화는 주로 보행 능력 강화, 근육운동의 세부화, 그리고 바람이나 바닥, 파도에 관한 감지 능력 향상에 대한 것이다. 초기에 해변 동물의 관절이 테이프로 연결되었다면, 최근의 것은 관절의 강도를 높여 강한 바람을 견딜 수 있게 되었다. 업그레이드된 해변 동물은 해안 환경을 스스로 구별하여 파도를 피하고 자신의 신체를 보호하는 기능이 있다.[37]

얀센의 해변 동물 시리즈는 일반적인 생명체처럼 수명이 있어서, 해변 동물 역시 시간에 의해 노후되거나 특정한 환경적 사항에 의해 부서지면서 사망하게 된다. 얀센의 해변 동물의 평균수명은 2년 정도인데, 이 기계 생명체들은 움직일 때 모래를 이동시키기 때문에 때때로 해변의 환경을 변화시키기도 한다. 단체생활을 한다는 세계관 안에서 이 작품들은 서로 부딪히고 뒤엉키며 지구 환경에 적응해나간다.[38] 결국 얀센의 상상력은 그를 둘러싼 실제 환경에 대한 염려로 시작되었고, 환경을 지키려는 그의 목소리는 물리 기술과 상상력이 맞물려 시각화되었다. 과학이 실현하는 예술적 상상력은 감상자에게 현실적인 감각은 물론 예술적 환상을 동시에 마련해 준다. 예술과 과학의 만남은 상호 적극적으로 영향을 주면서 각자의 향상에 도움을 주는 것이다.

미주

1) Bunge, M. (1974). Rapp, Friedrich (ed.), "Technology as Applied Science", *Contributions to a Philosophy of Technology: Studies in the Structure of Thinking in the Technological Sciences*, Dordrecht: Springer Netherlands, pp. 19–39, (doi:10.1007/978-94-010-2182-1_2)

2) Hachmann, G. (2015). Drafting the Techno-Imagination: A Future for Literary Writing? Retrieved from https://www.flusserstudies.net/tags/techno-imagination

3) Bambach, C. (2019). *Leonardo da Vinci Rediscovered. Vol. 2, The Maturing of a Genius: 1485–1506.* New Haven: Yale University Press.

4) Rubin, P. (2007). *Images and Identity in Fifteenth-century Florence.* Yale University Press. p. 322.

5) 정은진. (2012). 해부학이 미술을 만날 때: 안드레아스 베살리우스의『인체의 구조에 대하여』. 미술사학회, 38, pp. 184 -185.

6) Ibid. p. 185.

7) Ibid. p. 186.

8) Kleiner, S. (2009). *Gardner's Art through the Ages: The Western Perspective*. Cengage Learning. p. 656.

9) Hall-Pelfrey., Robert H., & Pelfrey. (1985). *Art and mass media* (1st ed.). New York: Harper & Row. p. 166.

10) Herbert, L., (1968). *Neo-impressionism*. New York: Solomon R. Guggenheim Foundation.

11) Arnheim, R. (1969). *Visual Thinking*, CA: University of California Press.

12) Gooding, M. (2000). *Abstract Art*, London: Tate Publishing.

13) www.painting.about.com

14) Leymarie, J., Read, H., & Lieberman, W. (1966). *Henri Matisse, UCLA Art Council*, p.11.

15) The Collection of MoMa. (2014). *Archived from the original*. NY: The Museum of Modern Art. https://web.archive.org/web/20140613022945/http://www.moma.org/collection/

16) Green, C. (2009). *Cubism, MoMA, Grove Art Online*, Oxford University Press.

17) Henderson, L. (1988). X Rays and the Quest for Invisible Reality in the Art of Kupka, Duchamp, and the Cubists. *Art Journal*, 47(4), pp. 323-340.

18) Kepes, G. (1965). *Structure in art and in science*. New York: G. Braziller.

19) Ibid.

20) Isaacs, R. (1991). *Walter Gropius: An illustrated Biography of the Creator of the Bauhaus*. Berlin: Bulfinch Press, pp. 66-72.

21) Budd, D. (2005). *The Language of Art Knowledge Cards*. Portland: Pomegranate Communications.

22) 김은지. (2013). 20세기 초 기하학적 추상회화와 컴퓨터 이미지의 유사관계, 기초조형학연구, 14(5), p. 101.

23) Lee, A. (1987). "Seurat and Science." *Art History*, 10, pp. 203-204.

24) https://www.bbc.com/culture/article/20190305-victor-vasarely-the-art-that-tricks-the-eyes Retrieved June. 5th.2023.

25) https://froma.co/acticles/769

26) https://www.tate.org.uk/art/artists/alexander-calder-848/who-is-alexander-calderRetrieved June. 7th 2023

27) Ibid.

28) Frank M. (1968). Kinetic painting: the Lumidyne System, *Leonardo*, 1, pp. 25-27.

29) https://katharinedowson.com/

30) 최우람, (1998). 기계과학문명의 비판을 통한 기계생명체의 표현 연구, 중앙대학교 석사논문, p. 8.

31) 게이비 우드, 김정주, (2004). 살아있인형, 이제이북스, pp. 12-24

32) Meredieu. Florence, 정재곤,(2005). 예술과 뉴 테크놀로지: 비디오 디지털 아트, 멀티미디어 설치예술, 열화당.

33) http://www.koreanartistproject.com/kor_artist.art?method=artistView&auth_reg_no=84&flag=artist&flag2=video&flagsub=Y

34) https://www.ntticc.or.jp/en/archive/works/urbanus-female-larva-scientific-name-anmopista-volaticus-floris-uram/

35) Jansen, T. (2017). https://froma.co/acticles/769

36) Ibid.

37) Jansen, T. (2016). *The Great Pretender*. Rotterdam: Naiolo.

38) https://www.strandbeest.com/

PART II

우리의 인식은 신체를 통해 감지되는 감각 경험으로 시작된다. 인간을 만물의 척도로 여기면서 세계는 인간이라는 한계 속에 갇혀있어야 했다. 과학기술의 발달이 몸의 한계를 넘어서도록 도왔기 때문에 인간은 더 많은 것을 상상하고 그 상상이 현실이 되도록 실천하게 된 것이다. '본다'는 행동은 직관적이면서 신체적 한계를 드러내는 것이다. 무언가를 본다는 것은 오로지 우리의 망막이 집중하는 그곳에만 제한되었음을 의미하기 때문이다. 어떤 사건이 일어날 때 우리의 경험은 이처럼 두 눈이 목격한 영역에 머물러 총체적 사건을 인지할 수 없다.

그러나 렌즈에 포착되고 편집되고 이어 붙여진 이미지는 신체적 한계를 넘어서 다양한 경험을 가능하게 하고 총제적으로 사건을 인지하도록 돕는다. 질 들뢰즈(Gilles Deleuze)는 그의 저서 《시네마》에서 영화는 '변조(變調)'인데 반해 사진은 고정된 틀로써 '주형(鑄型)'이라고 비교하면서 움직이는 이미지의 가변적이고 연속적인 속성을 강조했다.

이미지가 주는 힘은 추상의 구체화에서 시작된다. 움직이는 이미지는 우리가 경험하는 사건과 시간의 구조를 거꾸로 역행할 수도 있으며, 과거와 현재의 배열을 교란할 수도 있다. 이와 같은 움직이는 이미지를 경험하는 인간은 현실을 넘어선 리얼리티(Reality)와 대면할 수 있는 것이다.

경계를 넘어선 감각의 확장

Extension of Senses Beyond Boundary

또한 기계 기술의 발전은 육안으로 감지할 수 없었던 존재를 인지하도록 도왔다. 과거 원자(atom)의 발견이 그것이라면 오늘날 나노(Nano)의 발견이 있다. 디지털 기술이 기본이 되는 현미경의 개발은 인간 오감의 강도를 높이면서 세계는 인간의 한계를 넘어 확장되었고, 우리는 초감각의 영역으로 진입할 수 있었다. 확장된 신체 감각과 관련된 바이오 아트(Bio Art)와 나노 아트 (Nano Art)는 인간의 타고난 한계를 넘어서서 미시적 세계에 대한 새로운 관점으로 다가가도록 한다. 이 새로운 관점을 통해 인간은 한 차원 높은 인식의 단계로 나갈 수 있는 것이다.

CHAPTER 03

Art Cinema

아트 시네마

움직이는 그림의 시초는 스페인의 알타미라 벽화에 등장하는 다리가 8개로 그려진 황소의 벽화에서 그 흔적을 찾아볼 수 있다. 그 후 1초 동안 24개의 정지된 프레임(frame)을 연속적으로 보여줌으로써 마치 움직이는 것처럼 보이게 하는 영화의 발명까지는 몇 세기의 시간이 흘러야 한다. '움직임을 기록한다'라는 의미의 영화라는 단어를 생각한다면, 영화의 핵심은 시각적 자료를 물질적인 형태로 기록하고 저장하는 것이다.[39] 사진, 영화, 비디오 등의 발명들은 '시간'의 표현을 가능하게 하는 기술매체로서, 미술 영역 확장의 길을 열어주었다.

예술가들은 테크놀로지를 개인의 진술을 끌어내는 재료로 실험하고 체험하며 이전에 없었던 미술 형식을 보여주게 된다. 사용이 편리한 개인PC나 핸드폰의 보급이 디지털 환경을 급속하게 바꾸어 놓은 것처럼, 테크놀로지의 접근성은 예술가에게 보다 강력한 도구를 갖게 한다. 이 장에서는 영화영상의 역사와 연계하여, 그림을 움직이기 위한 예술적 시도와 움직이는 그림을 가능하게 만든 기계장치, 그리고 이러한 장치들에 의한 시각적 표현의 확장에 대해 살펴보겠다.

3.1 움직이는 그림

1 기계장치의 발명

더마트로프(thaumatrope)

1820년 영국 의사 존 패리스(John Paris)가 만들었다고 알려진 초기 애니메이션 기구이다.

작은 원반의 앞뒤에 서로 다른 그림을 그려 넣고 양쪽 끝에 달린 줄을 잡아당겨 그림을 회전시키면 두 개의 그림이 하나로 합쳐져 보인다. 망막의 잔상효과를 이용하여 원판 앞 뒷면의 서로 다른 그림이 합쳐진 것처럼 보이게 만들어주는 기구이다(그림 3-1). QR코드는 앞면과 뒷면에 각각 그려진 새와 개의 그림이 회전하면서 합쳐 보이는 현상을 보여준다.

그림 3-1.
(Source: https://ko.wikipedia.org/wiki)

● 페나키스토스코프(phenakistoscope)

1832년 벨기에 조셉 플라토가 발명한 시각 놀이 장치이다. 움직이는 영상을 만들어내기 위해 둥근 원판을 분할하고 동작이 연결되는 그림을 차례로 그려 넣은 후 회전시켜 움직이는 동작을 볼 수 있게 고안하였다. 그림 사이의 틈을 통해 나타나는 그림을 한 장씩 연속해서 봄으로써 움직이는 것처럼 보이는 장치이다(그림 3-2). QR코드에서 하나의 사이클로 이루어진 9장의 말탄 기수와 10장의 곡예사 그림이 회전하며 연속적으로 보여짐으로서 움직이는 것을 알 수 있다.

그림 3-2.
(Source: https://ko.wikipedia.org/wiki)

● 프락시노스코프(praxinoscope)

1877년 프랑스의 에밀 레이노(Emile Reynaud)가 만든 기구로, 원기둥을 회전시키면 안쪽거울에 반사된 그림이 움직이는 장치이다. 에밀 레이노는 자신의 장치를 지속적으로 발전시켜 마침내 매우 정교한 장치인 '광학극장(Theatre Optique)'[40]을 만들어, 몽마르트에 있는 그레방 박물관에서 애니메이션 영화의 시초인 대규모의 '움직이는 그림 쇼(moving picture shows)' 시사회를 개최했다.

그림 3-3. Emile Reynaud's 〈Théâtre optique〉
(Source: Giannalberto Bendazzi, Cartoons, p. 4)

19세기 '프리-시네마(Pre-Cinema)'시대에는 이외에도 일련의 이미지를 움직이게 하여 반복적으로 감상할 수 있는 다양한 형태의 발명품들이 인기를 끌었다. 영화가 발명되기 이전 동화상 장치들의 공통점은 손으로 그린 이미지를 수동으로 작동하여 움직임을 만들어내는 것이었다. 더마트로프처럼 손으로 끈을 당기거나 프락시스코프처럼 회전시키는 작동을 통해 연결된 움직임의 정지 화상을 천천히 또는 빠르게 반복해서 볼 수 있었다. 필름 카메라로 한 프레임씩 찍어서 만드는 방식이 나오기 전까지 '움직이는 그림의 환등'은 매우 매력적이고 인기 있는 장치였다.

주프락시스코프(zoopraxiscope)

연속 촬영된 사진들을 스크린 위에 투영하는 장치로, 머이브리지(Eadweard Muybridge)가 인간의 눈으로 확인하기 어려웠던 빠른 움직임의 순간들을 포착하여 보여주기 위해 만든 기구이다. (그림 3-4) QR코드는 12장의 말 탄 기수의 이미지가 하나의 사이클로 돌아가며 연속적인 움직임을 보여준다.

그림 3-4.
(Source: https://ko.wikipedia.org/wiki)

1877년 머이브리지가 사진으로 증명하기 전까지 화가들에게 움직이는 사물의 메커니즘은 명확히 이해되지 않았다. (그림 3-5)의 실험은 말이 움직이는 방향과 일치되게 약 60cm간격으로 12대의 카메라를 배치하고, 나란히 놓인 전선이 말의 움직임에 따라 순차적으로 카메라를 작동시키는 방법을 보여준다.[41] 육안으로 확인하기 어려웠던 빠른 움직임의 순간을 정확하게 보여주는 이 카메라 작업은 당시에 큰 충격이며 신선한 자극이었다. 머이브리지의 실험은 계속해서 동물과 새, 그리고 인간의 연속동작으로 확대되었고, 1877년 펜실베니아 대학의 후원으로 '동물의 움직임(Animal Locomotion)' 이라는 11권의 책으로 출간되었다.

영화의 발명

미술 분야에서 영상적 실험은 비디오라는 새로운 테크놀로지를 받아들이면서 본격화되나, 이에 앞서 영화 테크놀로지의 탄생으로 영상 회화를 실현한 예술가들은 미술의 영역에 '시간'을 받아들이고 필름 매체를 물감과 캔버스 대용으로 활용하며 새로운 형태의 시각적 표현을 실험한다.

1823년 프랑스의 N.니에프스와 다게르 등에 의해 사진술이 발명되었고, 1878년 미국인

E.마이브리지가 24장의 달리는 말의 모습을 촬영한데 이어, 프랑스인 J.E.마레이가 사진총을 고안해냈으며, G.이스트먼이 셀룰로이드에 의한 '롤 필름(roll film)'을 제조한데 힘입어 에디슨이 혼자서 움직임을 볼 수 있는 키네토스코프를 1889년에 발명하였다.[42] 이러한 실험들을 거쳐 1895년 프랑스의 루미에르 형제(Auguste & Louis Lumiere)가 시네마토그라피(cinématographe)라는 촬영기와 영사기를 발명하게 된다.

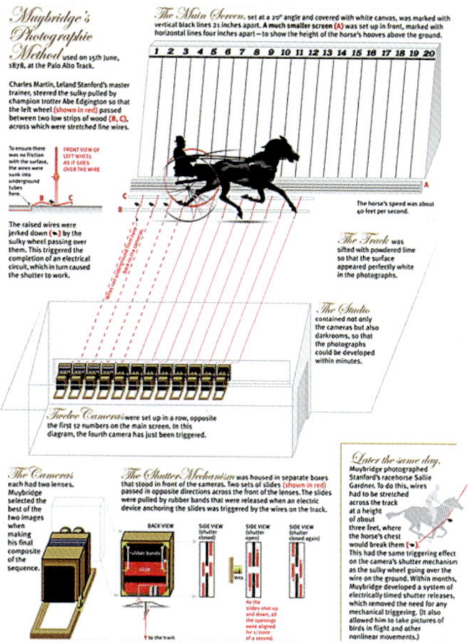

그림 3-5. Gallop:Bay Horse' Daisy platee 628, Eadweard Muybridgee, Animal Locomotion

영화의 발명에 결정적인 역할을 한 것은 사진의 발명이었다. 카메라의 발명은 기존의 원근법에 익숙해져 있던 우리의 시각을 바꾸어 놓았고 이는 그림을 그리는 방식과 그림을 보는 방식 모두에 영향을 미치게 된다. '사진과 영화의 현상학적으로 다른 점은 일시적인 속성, 사운드, 움직임에 있다. 영화의 의미는 하나의 프레임보다는 이미지의 조합을 통해 전달되며 연속된 두 이미지의 조합으로 제 3의 의미가 만들어질 수 있다.[43] 이처럼 사진의 발명으로 가능해진 영화이지만 두 매체의 성격은 전혀 다르게 작용한다.

프레임

동영상은 연속된 사진들의 모음이며, 동영상을 이루고 있는 정지된 사진 하나를'프레임'이라고 한다. 영화가 발명되고 사운드가 입혀지면서 음향 품질을 유지하며 필름을 절약할 수 있는 최소단위로 1초에 24프레임이 영화의 프레임률(Frame Per Second))이 되었다. 비디오가 출시되면서는 그 지역에 따라 한국과 미국의 표준방식인 NTSC 방식은 초당 30프레임, 유럽의 교류 전류에 맞춘 PAL 방식은 25프레임으로 결정되었다. 현재는 디지털로 촬영되고 상영되는 것이 보편화되면서 24, 25, 30등의 프레임을 고수하던 기술적 제약은 사라졌다. 보다 부드러운 연출을 위해서 CG나 게임에서는 초당 48~60 프레임 또는 더 이상의 프레임을 사용하기도 하고, 수작업이 많은 애니메이션에서는 일반적으로 초당 8~12 프레임을 사용한다.

● 편집

새로운 기술이 도입되어 받아들이면서 일어나는 반응은 문화 인터페이스가 달라지면서 나타나는 일반적 현상과 통한다. 리처드 그루신(Richard Grusin)은 미디어를 '재매개화(remediation)하는 것'으로 설명한다. 새롭게 나타나는 미디어는 그 이전의 미디어의 내용과 형식을 개조하거나 수정하는 특성이 있다는 주장이다. 예를 들어 영화가 처음 발명되었을 때는 카메라의 앵글이나 세트가 이전의 익숙한 문화형식인 연극무대에 뿌리를 두고 있었으므로 시간 순서대로 촬영이 진행되었다.

그림 3-6. Man performing standing board jump

(Source: Eadweard Muybridgee, The Human Figure in Motion p. 30)

연속 편집은 필름의 최소단위인 숏(shot)을 자르고 이으며 스토리가 자연스럽게 진행되게 하면서 극적인 강도나 정서적인 몰입을 유도하기 위한 기술이다. 편집에는 장면전환, 시점이동, 시간경과, 동시성, 대조, 연상, 변형 등이 있다. 스토리의 연속성을 해치지 않으면서 불필요한 장면을 제거하고 조화롭게 연결하여 의도한 스토리를 완성하는 방법이다. 비상업적 영화나 예술영화에서는 점프컷이나 다원적 시점 등, 숏들의 연결을 의도적으로 드러내는 불연속 편집을 통해 관객의 자각을 유도하기도 한다.

● 몽타주(montage)

미국 할리우드 영화의 연속 편집과는 다른, 변증법에 기초한 불연속 편집기법이다. 숏(shot)의 대립적 연결로 새로운 의미를 만들어내는 아이젠스테인(Sergei Eisentein)의 '충돌 몽타주' 기법이 대표적이다. 러시아의 몽타주 이론에는 아이젠스테인의 충돌 몽타주를 비롯하여 쿨레쇼프(L. Kuleshov)의 '효과 몽타주', 푸돕킨(V. Pudovkin)의 '결합 몽타주'가 있다. 쿨레쇼프는 배우의 동일한 표정이 이어지는 숏에 따라 관객에게 다른 의미로 전달된다는 실험을 통해 편집의 중요성을 보여주었다. 몽타주는 길고 짧은 숏, 정지된 것과 움직임의 숏, 어둠과 밝음이 대비되는 숏 등을 통해 시공간의 연속적 흐름을 깨뜨리며 강렬한 충격과 각성을 불러오는 기법이다.

2 애니메이션 기법

애니메이션은 정지된 이미지나 오브제에 움직임을 불어넣는 작업이므로 다양한 재료와 방법으로 제작할 수 있다. 초기의 작가들은 새로운 기술을 자신만의 방법으로 받아들이는 다양한 표현을 시도하였고, 원하는 움직임을 표현하기 위하여 직접 기계를 제작하기도 하였다. 드로잉이나 페인팅을 이용하거나 그려가면서 움직임을 만들어가는 평면 중심의 그림 애니메이션과 인형이나 오브제를 사용하는 입체 중심의 모델 애니메이션으로 나누어 살펴보도록 한다.

그림 애니메이션

페이퍼 애니메이션(Paper animation)

페이퍼 애니메이션은 가장 처음으로 시도된 애니메이션 제작기법이다. 말 그대로 한 프레임에 해당하는 장면 내의 모든 이미지를 한 장의 종이에다 그리고, 연속되는 그림으로 이루어진 여러 장의 종이를 순서대로 촬영하여 만들어나가는 방법이다. 연필, 잉크, 색연필, 물감 등의 사용된 재료와 그려지는 방식에 따라 작가의 개성이 그대로 반영되기 때문에 한 장의 스틸 이미지만 놓고 보았을 때 회화나 일러스트와 유사하다고 보면 된다. 창의적이고 순수한 예술적 경향을 보인다는 특징을 가지고 있지만, 움직임을 주었을 때 그려진 모든 선이 끊임없이 변화함으로써 시선을 어지럽힐 수 있는 단점이 있고 제작방식 중 작업시간이 가장 많이 걸리는 방법이라고 볼 수 있다. 1초가 24프레임으로 이루어져 있으므로 최소한 12장의 그림은 그려야만 1초의 움직임을 볼 수 있다는 사실을 기억하면 얼마나 많은 드로잉을 그려야만 몇 분의 움직임을 만들어낼 수 있는지를 상상할 수 있다.

셀 애니메이션(Cell animation)

최초의 애니메이션 형태인 페이퍼 애니메이션의 단점을 보완하여 1915년 얼 허드(Earl Hurd)에 의해 처음 만들어진 방법이 셀 애니메이션이다. 움직이지 않는 배경 그림 하나만 종이에 그려두고, 투명 플라스틱인 셀룰로이드에 움직이는 캐릭터만 각각 따로 그려 여러 겹의 레이어로 겹쳐놓고 촬영하여 제작하는 방법이다. 셀에 바로 연필 드로잉 작업을 할 수 없기 때문에 종이에 스케치하는 과정을 거친 다음 셀에 옮겨서 색칠하게 된다. 분업이 가능하고 제작시간이 종이 애니메이션에 비해 상대적으로 훨씬 짧게 소요되기 때문에, 이와 같은 제작방식은 디지털에서 부분적으로라도 작업이 가능해지기 전까지는 모든 상업 애니메이션에서 사용되었던 방법이다.

글라스 애니메이션(Glass animation)

유리 애니메이션은 유리판 위에 잉크나 물감 등을 이용하여 그림을 그려나가면서 지속적으로 촬영해가는 제작 방법이다. 모든 프레임마다 손가락이나 스폰지, 붓 등을 이용하여 그림을 조금씩 덧그리고 수정하고 지워나가면서 움직임을 주고 장면들의 변화와 이야기를 엮어나가는 방법으로, 작가 한 사람에 의해 전체가 완성되는 개성적이고 창의적인 제작기법이다. 물감이 마르는 정도를 조정하기 위하여 지연제 등의 보조용액을 섞기도 하고 물감의 종류를 선택하기도 한다. 페이퍼와 셀 애니메이션과는 달리 필름이 완성된 후에 드로잉이 남아 있지 않다.

샌드 애니메이션(Sand animation)

모래 애니메이션은 모래를 이용하여 그림을 그려가면서 촬영을 하는 방법인데, 유리 애니메이션과 공통되는 점이 많다. 라이트 박스 위에다 모래를 얹어놓고 모래의 양에 따라 빛의 투과율이 달라지는 점을 이용하여 명암의 대비와 부드러운 정도를 조정해가며 이미지를 만든다. 모래의 입자와 카메라와의 거리에 따라 이미지의 질감이 달라진다.

스크래치 애니메이션(Scratch animation)

스크래치 애니메이션은 주로 35mm 필름 판 위를 송곳, 칼, 바늘, 조각 도구들을 이용하여 긁어내어 이미지를 만들어가는 방법이다. 흑백과 컬러 모두 표면이 검지만, 긁었을 때 컬러 필름은 피막들이 벗겨지면서 의도되지 않은 색상이 부분적으로 노출되어 보이기도 한다.

직접 필름에 그리는 다이렉트 애니메이션이고 카메라로 따로 촬영할 필요가 없는, 필름을 캔버스 대용으로 사용하여 그리거나 긁는 방법으로 카메라로 찍지 않는 제작 방법의 일종이다. 필름의 판이 커지면 보다 복잡한 이미지도 가능하고 그 효과도 커지기 때문에 16mm 보다는 35mm가 제작에 수월하며 아이맥스 필름에 그려 전용관에서 상영되기도 한다.

모델 애니매이션

컷아웃 애니메이션(Cut-out animation)

절지 애니메이션은 오려낸 그림을 관절을 중심으로 연결하여 한 프레임씩 움직여가면 촬영하는 스톱 프레임 애니메이션의 종류이다. 천, 종이, 사진, 알루미늄판 등, 얇고 납작한 재료는 모두 사용 가능하며, 셀 애니메이션처럼 여러 층의 레이어를 사용하여 공간감을 살릴 수도 있다. 협동작업이 힘들다는 단점이 있으며, 혼자서 해야 하는 작업 대부분이 그렇듯이 하나의 장면에 복잡한 여러 이미지를 다루기는 어렵다고 보아야 한다.

오브젝트 애니메이션(Object animation)

오브젝트 애니메이션은 우리 생활에 사용되는 실제의 물건들, 예를 들면 과일, 야채, 철사, 지우개, 과자 등을 하나의 대상으로 또는 캐릭터로 하여 독특한 움직임을 주며 한 프레임씩 촬영하는 스톱 프레임 애니메이션의 일종이다. 오브제를 사용하여 생명을 불어넣는다는 점에서 미술에서의 추상회화나 행위예술, 초현실주의 등과도 연결 고리를 가지고 있다.

실루엣 애니메이션(Silhouette animation)

실루엣 애니메이션은 그림자 인형극을 생각하면 쉽게 이해된다. 흑백의 강한 콘트라스트로 구성되기 때문에 이미지가 정교할수록 섬세함 아름다움을 잘 나타낼 수 있다. 사용되는 재료로는 모래, 종이, 알루미늄, 철 등 불빛을 이용하여 그림자 형태를 움직이게 할 수 있는 재료는 모두 사용할 수 있다.

퍼펫/클레이 애니메이션(Puppet/Clay animation)

천, 플라스틱, 나무, 유리, 찰흙 등으로 만들어진 입체 인형의 동작에 조금씩 변화를 주어, 한 프레임씩 촬영해가면서 제작하는 방식을 통칭하는 스톱모션(Stop Motion) 기법의 애니메이션이다. 셀 애니메이션과 더불어 상업적으로 많이 사용되는 방법 중 하나이다. 입체적인 인형을 사용하기 때문에 보다 실제적인 느낌을 살릴 수 있다는 장점이 있는 반면, 셀 애니메이션에 비해 제작 기간이 더 많이 걸리고 분업화가 힘들다는 단점을 가지고 있다.

픽실레이션(Pixilation)

픽실레이션은 사람을 비롯하여 동영상이 가능한 사물을 한 프레임 단위로 촬영하며, 실제 사람이 연기를 하면서 천천히 한 동작씩 멈추어가며 실사 촬영을 하듯이 제작된다. 마치 그림으로 그려진 캐릭터처럼 라이브 액션에서 볼 수 없는 특이한 움직임이나 과장된 몸짓을 볼 수 있다.

콜라주 애니메이션(Collage animation)

콜라주 애니메이션은 사진, 신문, 꽃잎 등과 같은 일상의 물체들이 어떤 상징적인 의미나 효과, 또는 이야기로 함께 구성되어가는 방식이다. 초현실적이거나 추상적인 표현에 보다 효과적이라고 하겠다.

3 애니메이션의 12원칙

그림을 움직이게 하기 위해서는 각 프레임에 있는 이미지보다 프레임과 프레임 사이에서 일어나는 일들이 중요하다. 각각의 프레임에 그려진 그림의 위치, 크기 등의 변화가 그림의 움직임을 가능하게 하기 때문이다. 시간에 따라 발생하는 변화값은 음악이나 춤처럼 시간예술에 공통적인 특징이다. 이 장에서는 그림에 생기를 불어넣는 애니메이션을 가능하게 하기 위한 기본 원리에 대해 살펴보겠다. 다음은 토마스(Frank Thomas)와 존스톤(Ollie Johnston)의 '애니메이션의 12원리(The 12 Principles of Animation)'의 설명이다.

타이밍과 스페이싱(Timing & Spacing)

일련의 동작을 끝내는 데 걸리는 시간으로 물체가 움직이는 속도, 즉 음악의 템포라 볼 수 있다. 1초에 필요한 프레임의 수는 필름은 24개 비디오는 30개이다. 같은 동작이, 10프레임에 끝나면 약 1/3초가 걸린 것으로 동작이 빠르게 보이고 60프레임에 끝나면 2초가 걸린 것으로 느린 움직임으로 보이게 된다. 동작의 타이밍은 발생하고 있는 동안만 존재하는데, 몇 개의 프레임이 사실적 움직임을 보일지에 관해서는 기술과 경험이 필요하다.

물체나 사람이 움직이는 시각적 리듬은 Spacing(간격 조절)에 의해 만들어진다. 유사해 보이는 물체도 그것의 크기, 무게, 중력 등에 따라 다른 리듬을 보여주는데, 동일한 타이밍에서 연속적인 프레임 간의 위치 변화로 발생하는 간격은 물체의 움직임에 느리고 빠른 리듬을 더하며 생동감을 전한다.

스콰쉬와 스트래치(Squash & Stretch)

움직임과 감정을 표현할 때 짓눌리게 하거나 늘려서 속도, 탄력, 덩어리, 무게감 등의 움직임을 극대화하는 방법이다. 물풍선처럼 사물이 부드러울수록 땅에 닿았을 때 더 짓눌리고 늘려져 보이고, 단단한 공의 경우에는 거의 형태의 움직임이 없어야 사실적으로 다가온다. 주의할 점은 형태의 변화가 일어날 때 부피는 그대로 유지해야 하며, 전체 타이밍에 변화가 있으면 안된다.

안티시페이션(Anticipation)

다음에 어떤 일이 일어나는가를 보여주는 준비동작, 선행 동작을 말한다. 달리기 전에 몸을 한껏 돌린다거나 점프 직전에 몸을 웅크린다든가 하는 동작이 이에 해당한다. 선행 동작에서의 확인 사항은 힘, 무게, 속도 등으로, 관객이 움직임을 놓치지 않고 다음 동작으로 따라갈 수 있도록 적절하게 조절하여야 한다.

지체(Staging)

관객들에게 장면을 효과적으로 전달하기 위한 시각적 요소들의 연출이다. 회화 작품에서의 구성과 유사하나 움직이는 장면들이므로, 한 장면을 보고 다른 움직임을 볼 수 있게 시간구성을 한다거나 퍼즈기능(pause function)을 이용하여 텍스트 등을 읽을 시간을 주면서 관객들의 시선을 이끌어줘야 한다.

후속 동작과 겹치는 동작(Follow-through and Overlapping action)

관성의 법칙에 따라 동작의 자연스러움을 추구하는 방법이다. 동작이 갑자기 멈추지 않고 그 진행 방향이나 힘에 의해 일부가 계속 움직이도록 하거나 다르게 움직이도록 하는 기술이다. 머리카락이나 꼬리의 움직임이 바디의 움직임이 끝난 뒤에도 계속되거나 바디와는 다른 움직임을 보임으로서 자연스럽고 부드럽게 보이게 만든다.

스트레이트 어헤드와 포즈 투 포즈(Straight-ahead and Pose to pose)

Straight-ahead는 움직임을 한 프레임씩 시작부터 순서대로 그리는 방식이며, 한 프레임씩 그려나가면서 다양한 변화를 줄 수 있어서 불, 물, 먼지 등 동작을 프레임씩 끊어서 예측하기 힘든 움직임에 적합하다. Pose to pose는 시작과 끝 프레임의 동작을 먼저 그린 후 그사이 프레임을 채워 그리는 방식이다. 포즈의 변화가 일어나는 키프레임(keyframe)을 설정하고 그사이(inbetween) 움직임들을 나누어 그리는 방식이다. 대부분 캐릭터 애니메이션에 사용된다.

슬로우 인과 슬로우 아웃(Slow in and Slow out)

거의 모든 동작에 해당하는 것으로, 처음과 끝의 움직임의 속도가 느려지는 것을 말한다. 생명체는 로봇처럼 등속운동을 하지 않기 때문에, 움직임을 시작하고 끝날 때는 스피드를 가감하게 된다. Slow in-out 구간의 프레임들은 중간보다 그림 사이의 Spacing이 조밀하다.

아크스(Arcs)

자연스러운 움직임은 곡선을 이루며 진행된다. 캐릭터나 공의 움직임도 직선적인 움직임은 기계적으로 보인다.

세컨더리 액션(Secondary action)

메인이 되는 액션을 도와주는 작고 섬세한 동작을 말한다. 이는 Overlapping과는 구별되는데, 하나의 독립된 움직임이다. 같은 메인이 되는 동작에도 이 보조 동작을 어떤 것을 넣느냐에 따라 성격이나 상황을 더 분명하고 입체적으로 전달하며 또는 다르게 인식할 수도 있다.

과장(Exaggeration)

모든 동작, 포즈, 표현을 한 단계 올려서 표현하는 방법이다. 행동의 의도나 본질을 공감하기 위해서는 사실적 표현보다는 더 과장해야 잘 전달된다.

어필(Appeal)

캐릭터가 매력적으로 다가와야 한다. 몇 가지의 역동적인 디자인이 이러한 표현을 돕는데, 먼저 명확한 형태를 잡는대서 시작한다. 캐릭터를 디자인할 때 얼굴, 몸통, 팔다리 등 몸을 구성하는 모양들이 다양한 형태로 어우러지면 특징이 잘 드러난다. 두 번째는 비례이다. 흥미가 있는 부분을 강조하거나 크게 그리는 방법이다. 얼굴 내의 비례일 수도 있고, 캐릭터를 표현하는 특징의 비례를 부풀리는 방법이 될 수도 있다. 마지막으로 단순함을 유지하는 것이다. 너무 많은 정보는 캐릭터를 복잡하게 만들 수 있다. 일러스트드로잉과는 다르게 움직임을 고려하여야 어떤 특징적인 세부만 남길 것인지 정해야 한다.

- **솔리드 드로잉(Solid drawing)**

3D 공간을 느낄 수 있도록 부피, 무게, 균형을 맞추는 것이다. 포즈에 견고한 입체감을 부여해준다.

3.2 실험 애니메이션

실험적 애니메이션은 이야기 형식의 구조가 아닌 리듬과 움직임에 의한 비선형적인 구성을 보여주는 주관적인 추상개념의 애니메이션이라고 볼 수 있다. 실험 애니메이션의 초기 역사는 여전히 연구되고 있으며 미국과 유럽의 추상 미술가와 애니메이터들은 1920년대와 1930년대의 실험 애니메이션 개발에 중요한 역할을 하였다.[44] 로버트 러셋(Robert Russett)은 키네틱아트 형태로는 거의 알려지지 않은 중요한 기술적인 성과이자 광범위하고 다양한 영화적인 작업들을 실험적 애니메이션(Experimental Aniamtion)이라고 칭하였다. 이 범주의 작가들은 전통적 만화 형태 애니메이션의 기준이 되는 상업적인 절차와는 다른 새로운 장치를 개발하거나 자신만의 테크닉을 사용한다.

현재 애니메이션은 미술과는 구별되는 고유의 형식을 지니고 있지만, 초기 많은 부분이 필름이라는 매체를 통해 미술과 깊이 관련을 맺어왔다는 사실은 역사적으로나 미학적으로 중요하다. 20세기가 시작될 무렵, 미술사에서 시도된 많은 실험은 당시의 가장 강력한 예술형식이었던 '시네마'와 직접적이고 긴밀한 관계를 맺고 있으며, 애니메이션 또한 드로잉에서 출발하여 시네마 테크놀로지의 발명으로 이미지의 움직임이 가능해진 분야이다. 시네마 테크놀로지를 처음 미술에 도입한 미디어 아티스트들은 시간과 이미지, 그리고 움직임을 연구하며 프레임 하나하나에 대한 애정을 다양한 기법과 직접 고안한 장치들을 이용하여 실험하였으며 연구 분야는 미술뿐만 아니라 음악과 기술까지 넓게 분포되어있었다.

그러나 영화 매체의 빠른 상업적 발전은 경제적 이유와는 무관한 이들의 실험들은 이면으로 숨기는 결과를 가져왔다.

❶ 전전 유럽의 추상 필름

회화에서 가져온 선, 색채, 형태의 요소에 시간성과 움직임을 더함으로써 상업적인 애니메이션과는 다른 추상영화(Abstract film)형식의 순수애니메이션을 만들어내었다. 추상영화는, 영화의 시각적이고 정서적인 체험의 새로운 양식을 추구하기 위해 상업 영화 기법과 서사구조를 거부하는 영화 혹은 그러한 흐름[45)]을 말하는 전위영화의 한 갈래이다. 추상영화는 서술적인 구조에 의하여 대상을 재현하기보다는 형태, 선 등의 본질적 요소로 순수영상의 표현을 강조하고 이미지 그 자체를 추구하는 비재현적 영화형식을 칭한다. 움직임을 나타내고 이미지를 표현하는 방식이 독창적이고 개별적이어서 대량 생산되는 상업적 방식과는 구별된다.

자신만의 독특한 세계를 개척한 초기 작가들은 페인팅, 사진, 판화 등의 기존작업을 기반으로 하여 영화테크놀로지를 통한 시간예술로의 확장을 실험하였다. 마치 지금의 미디어 아티스트가 사진, 영화, 설치 등의 형식적인 경계를 초월하여 다양한 영역에서 활동하는 것처럼, 미술과 영화의 경계를 넘나들며 새로운 형태의 시각적 표현을 추구하였다. 그러나 많은 테크놀로지를 기반으로 하는 작업이 그러하듯이, 이러한 초기의 실험적 영상들은 작업에 임하기 힘든 여러 기술적 장애와 현실적 한계가 있기 마련이다.

평가받을 기회도 적어서, 16mm 필름과 카메라, 녹음자재 등의 기자재가 보다 보편화된 1950년대 중반에 와서야 진보적인 소수집단만의 감상에서 벗어나 미술관, 필름페스티벌, 책, 비디오테이프를 통해 대중적으로 접하게 되었다. 이러한 작업은 하나하나의 프레임이 한 장의 그림이라는 점에서 일종의 회화로 구성된 영화로도 볼 수 있으며, 드로잉이나 페인팅들의 공간적 조형예술에 영상 기계를 통하여 시간성을 더한 영상미술이라 할 수 있겠다.

다양한 매체를 실험하였던 실험 애니메이션 아티스트는 다다이즘의 영향을 받아 이야기적인 영화의 서사적 기능으로부터 영상의 자유로움을 분리하여 순수성을 강조하였다. 1914년 프랑스 시인 아폴리네르(G. Apollinaire)가 쓴 글에 의하면 추상회화의 애니메이션 작업을 최초로 기획한 예술가는 쉬르바주(Leopold Survage)이다. 그는 거의 200장이나 되는 일련의 추상 수채화를 새로운 필름 애니메이션 테크닉에 기초하여 <색으로 된 리듬 (Colored Rhythm)>이라는 필름으로 만들 계획을 세웠으나 이루지 못하였다고 한다.

● 발터 루트만(Walter Ruttman,1887-1941)

건축을 공부하고 그림을 그렸던 화가 루트만은 군 생활을 끝낸 이후 움직임을 불어넣어 동적인 회화를 실험하는데 몰두한다. <빛 -놀이 작품1(Light-play Opus1), 1921>(그림 3-7)은 남아있는 최초의 추상 애니메이션 필름이다.

그림 3-7. Walter Ruttman 〈Opus 1〉, 〈Opus 2〉, 1921

(Source: Giannalberto Bendazzi, Cartoons, p194)

스위스 비평가인 번하드 디볼드(Bernhard Diebold)는 그의 필름에 대해, '새로운 예술, 비전-음악 영화(A New Art, The Vision-Music of Films)'라는 제목으로 리뷰를 썼다. 회화는 정지된 형태에 묶여있으나 루트만은 필름이라는 매체를 통해 보이는 음악, 움직이는 그림을 표현해내었다. '오퍼스 시리즈(Opus Series)'는 기하학적이거나 부드러운 형태의 추상 이미지들로 구성되었다. 이미지를 이루는 각각의 선과 색들은 음악에 맞추어 춤을 추듯이 또는 마치 음악을 눈으로 보고 있는 듯 리드미컬하게 움직인다. 여러형태의 도형들이 변형되며 색색의 도형들이 굴러다닌다.

그의 작업 과정은 정확히 밝혀지진 않았지만, 드로잉과 페인팅을 하는 방법외에 점토를 사용하여 형을 변형시키는 방법, 아주 작은 유리판 위에서 필름에 페인팅하거나, 거울을 사용하여 그려진 이미지를 변형시키거나 연속이미지를 만들어내는 방법 등을 혼합하여 사용한 것으로 보인다.[46] 후반에 그는 다큐멘터리에 몰두하였는데, 필름 <베를린, 위대한 도시의 교향곡(Berlin, Symphony of a Great city, 1927>는 영화의 기본 요소인 이야기체의 연속적 서술구조를 탈피하고 시작부에 추상이미지의 시퀀스를 넣으며 아방가르드 다큐멘터리라는 칭송을 받았으며, 사운드 몽타주를 사용하는 등 다양한 실험적인 작품들을 제작하였다.

● 바이킹 에겔링(Viking Eggeling,1889-1925)

바이킹은 유럽의 여러 나라를 돌아다니며 페인팅 공부와 사진, 필름 작업을 하였다. 한스 리히터와 서로의 스튜디오를 오가며 작품에 관한 이야기와 음악에 관한 관심을 공유하며 가깝게 지냈으나 서로의 성격과 작업 스타일은 상당히 대조적이었다고 한다. 명확하게 주제를 결정하고 모든 것이 계획대로 되어있어만 신중하게 그림을 완성하는 에겔링에 반해, 리히터는 즉흥적이며 직설적인 감정표현을 중시하였다.

라즐로 모흘리 나기(Laszlo Moholy-Nagy)의 '회화, 사진, 영화(Painting, Photograph and Film)'이라는 글에서 에겔링에대한 부분을 살펴보면, '...과학적 정확성에 의한 원칙을 그의 창의적 작업에 시도하였다. 그의 실험은 음악적 프레임으로부터 시간의 정확한 분배, 템포의 조절, 전체적인 구조 등을 우선으로 가지고 왔다. 이러한 정확성을 기본으로 하고 있지만, 그의 첫 번째 작업은 서서히 눈으로 보이는 시간에 대한 감각이 직관적으로 터져나오면서 빛과 어둠과 방양의 다양성으로 표현된 움직임을 보여주는 하나의 사례가 되었다...'[47]

다다그룹의 일원이었던 바이킹은 '추상적 이미지의 보편적 언어 개념(Concept of Universal Language of Abstract Images)'를 고민하며 작품구상 중이었는데, 추상 애니메이션 작품 <사선 교향곡(Diagonal Symphony, 1921-1924)>(그림 3-8)을 제작함으로써 그 실마리를 찾게 된다. 그는 대각선, 수평선 등의 기하학적 선을 이용한 운동성으로 시각적인 리듬의 미학을 주장하였는데, 그림이 움직이는 방향, 빛의 강도, 위치, 스피드 등의 대립과 연계성을 엄격하게 정해진 시퀀스 내에서 변화시켜가며 작업하였다. 현실적 대상을 부정하고 선과 리듬에 의한 순수시각적 형태를 지향하는 이러한 견해는 화가인 한스 리히터에게도 동일한 관심이었다.

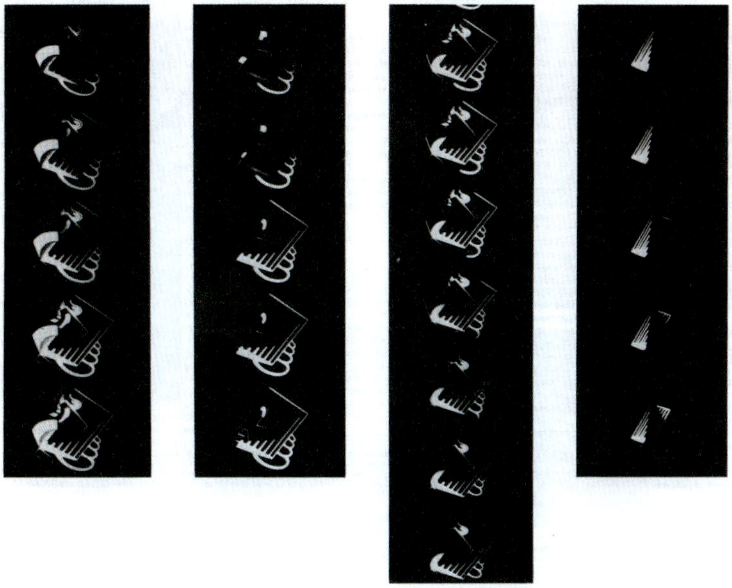

그림 3-8. Viking Eggeling, 〈Diagonal Symphony Experimental〉, 1924
(Source: Robert Russett and Cecile Starr, Experimental Animation. p. 48)

● 한스 리히터(Hans Richter,1888-1976)[48)]

리히터는 순수미술을 하다가 전후 필름 작업을 시작하면서 쥬리히의 다다그룹에서 활동하였다. 같은 다다그룹에서 만난 에겔링(Viking Eggeling)과의 상호협조는 각자의 고유 스타일을 완성하는데 서로에게 깊은 도움을 주게 된다. 리히터의 말을 빌리자면, ①에겔링과 함께한 많은 수의 드로잉은 움직임의 규칙을 발견하고 적용해가는 과정에서 거듭되는 변형을 이루었고 이는 '오케스트라를 위한 음악(the music for the orchestrated form)'을 형성하였다. ②기본적인 드로잉에 대치와 유추의 방법으로③1919년, 긴 두루마리 형태 위에 그려진 연속된 드로잉 작업은 명확하게 선의 지속성을 성공시켰으며 필름으로 만들어진 움직임을 통하여 복합적이고 다이나믹한 관계들의 경이로움을 맛볼 수 있었다고 한다. 편곡된 드로잉은 지속적으로 아이디어를 다른 차원으로 끌어당겨 주었다.

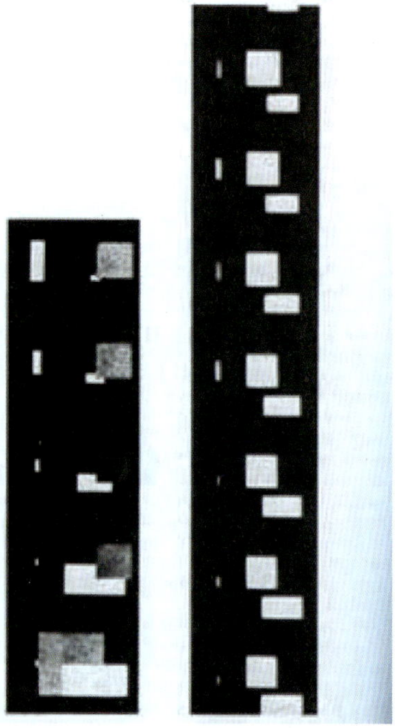

그림 3-9. Hans Richter, 〈Rhythm 21〉, 1921
(Source: Robert Russett and Cecile Starr, Experimental Animation. p. 54)

자신의 필름을 <Visual Music>으로 생각했던 화가 한스는 스크롤 페인팅의 형식을 채용한 '리듬' 시리즈를 통해 순수시각적 율동을 강조하였다. <리듬 21(Rhythm 21)>의 제작은, 일부는 애니메이션 테이블에서 제작되고 일부는 종이가 끼워진 받침 테이블을 앞과 뒤로 조금씩 움직여 프린팅하는 일종의 스톱모션의 기법으로 만들어졌다. <리듬 23(Rhythm 23)>은 라인으로, <리듬 25(Rhythm 25)>에서는 선과 곡선에 색을 넣어 완성하였다. 이후 작업에는 오브제나 실사 사진을 함께 사용하여 작업하기도 하고, 광고 필름, 다큐멘터리 및 장편영화를 만드는 등 다양한 작업을 진행하였다. 그의 유명한 기사인 '독창적 예술의 형태로서 영화(The Film as an Original Art Form)'을 비롯하여 필름테크닉과 아트 관련 책을 쓰며 미술가, 작가, 제작자로의 삶을 살았다.

2 전후 북미의 실험 필름

제 2차 세계대전 이후에 미술과 애니메이션 사이의 관계에서 특히 주목할 만한 점은 전전 유럽의 실험 애니메이션의 대가들인 오스카 피싱거(Oskar Fischinger), 노만 맥클래런

(Norman McLaren), 랜 라이(Len Lye) 등이 전후에 미국과 캐나다로 옮겨가게 되면서 전개되는 추상표현주의부터 미니멀리즘으로의 이행이다.

오스카 피싱거 (Oskar Fischinger, 1900-1967)

순수 애니메이션 분야의 선구자 중 한 사람인 오스카 피싱거는 페인팅과 애니메이션 작업을 하기 전에는 엔지니어 일을 하였으며 직접 오르간을 제작하는 수공업에 대한 경험도 있었다. 20대 초반부터 실험적인 필름을 제작하며 예술가로의 작품활동을 시작하였다. 특히, 칸딘스키의 공감각 이론을 기초하여 음악과 기하학적 형태 사이의 완벽한 조화를 이루어낸 '스터디 Study(1921-1931)' 시리즈는 시각적 음악, 운동하는 추상, 절대적 애니메이션이라는 찬사를 받았다. 이외에도 피싱거는 페인팅, 사진, 모래, wax machine, 오브제 등의 다양한 방법으로 상업적 애니메이션에서 순수 애니매이션에 이르기까지 방대한 양의 필름을 제작하였다.

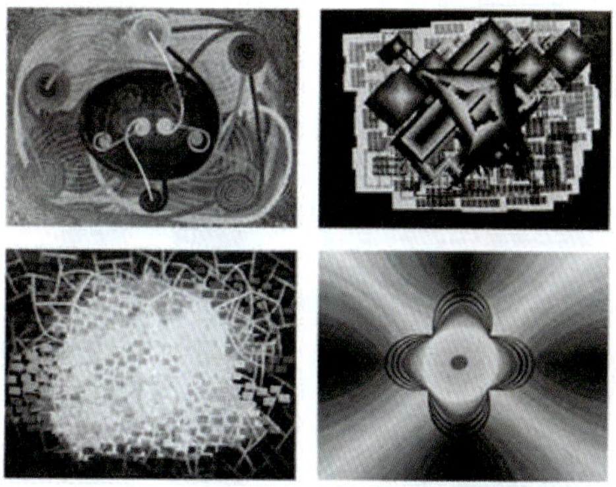

그림 3-10. Oskar Fischinger,〈Motion Painting No. 1〉, 1947
(Source: Robert Russett and Cecile Starr, Experimental Animation. p. 64)

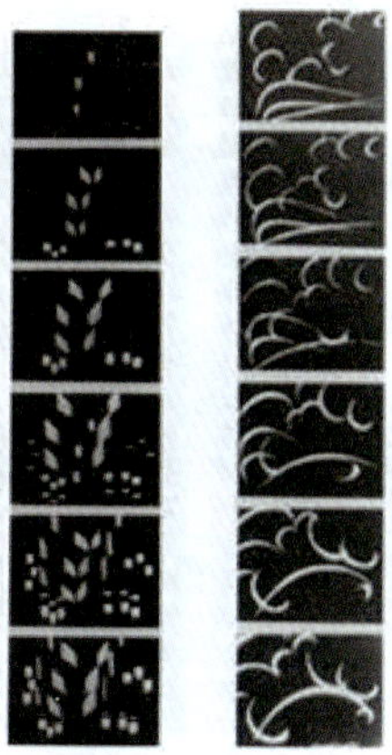

그림 3-11. Oskar Fischinger 〈Study No. 8〉, 1931
(Source: Robert Russett and Cecile Starr, Experimental Animation. p. 62)

실루엣애니메이션 기법으로 술에 취한 상태에서 왜곡되고 변형되어 보이는 세계를 초현실적으로 표현한 ' 술 속의 세상(Spiritual Constructions/Seelische Konstruktionen, 1927)', 파시스트 집단에 대한 은유로 보이는 광고 '무라티(Muratti Gets in the Act, 1934)'등을 만들었다.

유럽에서의 탄압으로 피해 1936년 미국으로 건너가 MGM에서 '옵티컬 포임(An optical Poem, 1938)'을, 디즈니에서는 '토카타와 푸가'를 배경음악으로 '판타지아(Fantasia, 1940)'를 제작하였다. 바흐의 브란덴부르크 협주곡과 함께 추상형태의 회화가 그려지는 과정을 6장의 투명 플라스틱판 위에 유화로 조금씩 그려가면서 만든 <모션 페인팅 1번 (Motion Painting No.1, 1947>은 숨막히는 움직임과 음악을 시각화한 그의 대표적인 실험작의 하나이다.

랜 라이 (Len Lye, 1901-1980)

뉴질랜드 태생이나 그의 대부분 필름은 1차 세계대전과 2차 세계대전 사이 영국에서 만들어졌다. 빠른 이동과 변화의 시기에 그 역시 다른 미술가들처럼 움직임에 관심을 가졌고 작품에 운동에너지를 담아내고자 하였다. 렌 라이는 필름 위에 직접 그림을 그려 이미지를 만드는 비촬영 방식 이용하여 만든 최초의 필름인 <컬러 박스 (Color Box), 1935>를 발표하였다[49]. 영국 우체국인 GPO의 지원으로 만들어진 이 작품은 <무지개 춤 (Rainbow Dance), 1936>(그림 3-12)과 마찬가지로 촬영된 이미지와 직접 그리는 방식의 혼합기법을 사용하여 만들었다. 실사 촬영된 사람의 실루엣과 얇은 카드보드지를 정교하게 잘라낸 사람 형태의 이미지들을 겹겹으로 사용하여 만든 필름 위에 직접 페인팅하는 기법을 더하여 만들었다. 필름은 흑백으로 촬영된 다음, 3개의 분리된 컬러 필름으로 현상되었고

그림 3-12. Len Lye, 〈Rainbow Dance〉, 1936

(Source: http://www.lenlyefoundation.com/films/)

또 한번의 인화 과정을 거쳐 만들어졌다. 그는 자신의 필름을 음악을 위해서 그리고 음악과 함께 만들어진 것이라고 말한다. 브뤼셀 박람회에서 수상한 <급진주의자(Free Radicals,

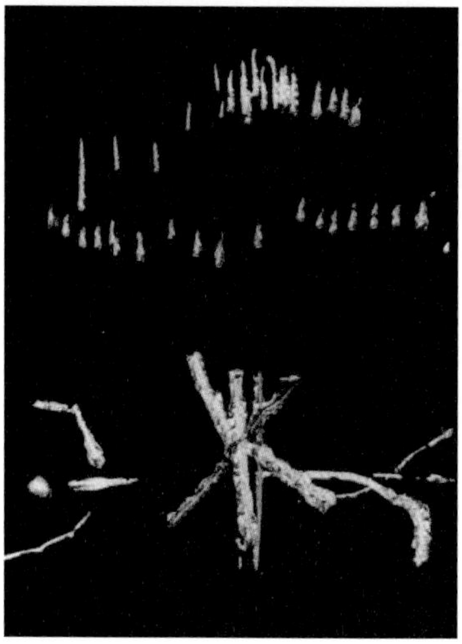

그림 3-13. Len Lye, 〈Free Radical〉, 1958
(Source: http://www.lenlyefoundation.com/films/)

1958)> 또한 검은색 필름리더 위에 한 프레임씩 직접 스크래치를 하며 만든 작업으로, 단순하지만 공간감을 느끼게 하는 힘 있는 선들의 입체적인 움직임이 아프리카의 드럼 음악에 맞추어 강한 삼차원의 리드미컬한 움직임을 만들어내는 필름이다. 그러나 이러한 인정에도 불구하고 실험적인 필름의 제작 지원이나 필름을 보여줄 수 있는 장소에 대한 여건은 쉽지 않았다. 전후 필름 작업을 접고 키네틱 조각에 몰두하면서 렌 라이는 미술관과 언론으로부터 상당한 명성을 얻게 된다.

노만 맥클래런 (Norman McLaren, 1914–1987)

인테리어 디자이너였던 아버지의 영향으로 자연스럽게 미술에 관심을 가진 노먼 맥클래런은 어린 나이에 영화제에서 수상하는 등 일찍 두각을 나타내게 된다. 다큐멘터리 작업을 중심으로 영화와 관련된 프로젝트들에 참여하다가 1939년에 뉴욕으로 이주하여 구겐하임 재단의 후원을 받으며 애니메이션 작업을 본격적으로 하게 된다. 그는 예술가로는 흔하지 않게 재능과 성공을 함께 누렸던 행복했던 작가 중의 한 사람이다. 그는 작가주의 애니메이션의 모체라 할 수 있는 캐나다 국립영화위원회(NFBC:National Film Board of Canada)의 애니메이션 분과를 설립했고, 그 후에는 안시 애니메이션 영화제의 탄생을 주도했으며, 국제 애니메이션 필름 협회(ASIFA: Association Internationale du Film d'Animation)의 전신인 국제 애니메이션 영화위원회에서 활동하는 등의 다방면에서 활약하면서, 음악과 회화와 발레까지도 포괄적으로 수용하는 그의 필름만큼이나 다양한 업적을 남겼다.

20세기의 위대한 애니메이션 기술 선구자인 그에게 "애니메이션은 움직임을 그리는 기술이 아니라 그려진 것을 움직이게 하는 기술"로, 새로운 기법들에 도전하며 다양한 방식으로 그림을 움직이는 방법들을 연구하였다. 점토를 이용하기도 하고, 블랙 필름에 스크레치를 하는가 하면, 투명필름에 직접 그리는 기법, 사운드트랙의 영상화, 실사로 촬영하는 등의 방법들을 실험하며 필름으로 제작해갔다.

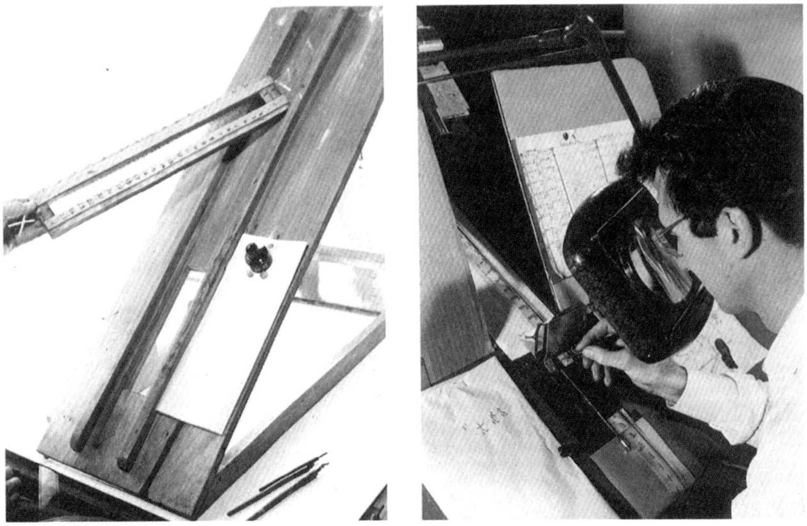

그림 3-14. Norman McLaren drawing on film with pen & ink
(Source: Robert Russett and Cecile Starr, Experimental Animation. p. 120)

그림 3-15. Norman McLaren, 〈Blinkity Blank〉, 1954
(Source: Cartoons, p. 116)

초기에는 필름에 직접 그림을 그려 넣거나 필름의 사운드트랙 부분에 음악을 새겨 넣어 사운드를 만들어내는 등의 기존의 방식과는 다른 독특한 방법으로 필름들을 제작하였으며,

1952년에 아카데미상을 받아서 유명해진 <이웃(Neighbor), 1952>는 실사를 한 프레임씩 끊어서 촬영하는 '픽실레이션 (pixilation)' 기법으로 만들어졌다. 이 필름은 세계평화라는 메시지를 담고 있는데, 필름은 경쾌한 음악과 더불어 잔디 위에 간단하게 한 장의 패널로 만들어진 두 채의 집과 사이좋게 인사를 하며 아침 신문을 읽는 두 가장의 모습으로 시작한다. 사이좋게 지내는 두 남자의 사이로 한 송이의 꽃이 피어나고 이 꽃을 혼자만의 공간에 놓고 보려는 욕심에 두 사람은 서로의 집으로 꽃을 끌어들이겠다고 싸움을 시작하게 된다.

픽실레이션기법으로 독특한 움직임을 연출하며, 이야기는 내레이션이나 대화 없이 오직 사운드만으로 진행되어 언어장벽 없이 쉽게 이해되도록 만들어졌다. 마지막 장면에는 세계의 언어로 이웃과 친하게 지내라는 메시지를 담음으로써, 소유와 경계를 통해 당시의 미소 냉전이 가져다주는 정치적인 상황을 풍자한 작품이라 볼 수 있다. 실사 촬영과 더불어 인간의 움직임을 한 프레임씩 정지시켜 촬영하는 픽살레이션의 방법을 사용함으로써 시각적으로 독특한 즐거움을 주고 있다. 칸느 영화제에서 황금종려상을 수상한 <블랭키티 블랭크(Blinkity Blank), 1955>는 검은색의 필름리더에 스크래치를 하여 빛을 통과하게 함으로써 연속적인 드로잉의 움직임을 애니메이션으로 만든 작품이다.

60년대 이후부터 무용과 음악에 관심을 기울였던 그는 <파트 되(Pas de Deux),1968>'와 <발레 아다지오(Ballet Adagio),1971>등을 발표했으며, 그의 마지막 작품 <나르시스(Narcisse),1983>도 무용에 관한 실험적인 작품이다. 슬로모션과 여러 겹으로 겹쳐진 잔상효과의 기법을 사용하여 인간의 움직임으로부터 출발하는 고전발레의 아름다움을 탐미하고 있다. 노만 맥클래런은, '애니메이션은 움직이는 그림의 예술(art of drawings that at move)이 아니라, 그려진 움직임의 예술(art of movements that are drawn)이다. 따라서 각 프레임에서 보이는 것보다 각 프레임 사이에서 일어나는 작업이 더 중요하다.'라고 이야기한다. 그의 다양한 사회적 활동과 마지막 순간까지도 이어진 작품활동은 뒤를 잇는 많은 작가에게 커다란 영향을 주었으며, 90편이 넘는 그의 작품들은 세계 각지에서 계속해서 상영되고 있다.

존 휘트니 (John Whitney, 1917 ~ 1995)

존 휘트니는 '예술적 기술자 (artist-technician)'의 전형이라고 볼 수 있다. 동생 제임스와 함께 사운드와 이미지를 다루는 독특한 여러 장치들을 직접 제작하고 실험했다. 자신의 추상애니메이션 시리즈에 맞는 음악을 위해 추를 이용한 사운드 녹음장치(sound recorder)

를 만들었으며, 추를 조작함으로써 사운드와 이미지의 움직임을 더욱 정교하게 일치할 수 있게 만들었다. 또 다른 발명품인 '광프린터(Optical Printer)'는 지금의 SW 프로그램에서 레이어 기능으로 얻을 수 있는 효과와 유사한 기능을 가능하게 하는 기계이다. 이미지 일부가 겹쳐 보이는 효과를 보다 정확하고 정밀하게 만들어내기 위하여 배경의 검은 면을 인위적으로 남기거나 미리 계산된 프린트를 여러 개 겹쳐서 재활영을 가능하게 만드는 기계로 낱개의 필름에 찍혀진 이미지들의 겹쳐 보일 부분을 계산하여 여러 개의 필름을 겹쳐서 다시 찍음으로써 그 효과를 가능하게 하는 장치이다. 움직이는 그림과 전자음악에 관심이 있었던 휘트니는 이전에 행해진 적이 없는 형태의 예술에 관심을 가짐으로써 그를 위한 새로운 도구들을 발명해 낼 수밖에 없었다.

그는 컴퓨터가 등장한 1960년대에 가장 주목할 만한 실천적이고 이론적 활동을 펼친 작가로 볼 수 있으며, 후에 컴퓨터를 이용하여 실시간 비디오 애니메이션(real-time video animation)을 실현하는 데 결정적인 역할을 하였다. <카탈로그(Catalog), 1961>는 최초의 컴퓨터 애니메이션 필름이라고 볼 수 있다. 눈부시게 밝은 색상들의 선, 점, 패턴들이 끊임없이 변하며 환상적인 색과 형태들을 만들어낸다. 진보적인 컴퓨터아트 작업은 그에게 세계적인 명성을 가져다주었고, 구겐하임과 IBM의 지원으로 음악과 이미지의 관계에 대한 프로그램을 계속 개발하며 시각적인 음악을 연구하고 기술적인 개발과 발명을 이어갔다.

그림 3-16. John Whitney(왼편)과 동생 James가 발명한 'Optical printer & Pendulm sound recorder'
(Source: Robert Russett and Cecile Starr, Experimental Animation. p. 170)

조던 벨슨(Jordan Belson)과 스탠 밴더빅(Stan Van DerBeek)과 같은 예술가들은 컴퓨터를 포함해 비디오테이프, 음향 신시사이저, 멀티미디어 영사 시스템 등의 신기술 장비를 도입함으로써 시각 예술을 풍부히 하는데 기여했다. 영화에서의 서사적이고 사실적인 표현과 미술에서의 순수하고 개별적인 표현을 모두 가능하도록 도와주는 디지털 시대의 애니메이션은 영화와 미술의 표현을 더욱 풍부하고 환상적으로 가능하게 함으로써 더이상 애니메이션으로 구분되는 영역 내에서만 머무르지는 않는다. 영화의 기술로 정지된 이미지의 움직임을 가능하게 하던 애니메이션은 새로운 영상시대를 예고하는 시네마 미디어의 중심에서 테크놀로지의 발전과 함께 표현과 매체의 확장을 가져오고 있다.

CHAPTER 04

The World Beyond Sensory System
감각을 초월하는 세계

인간이 영위한 문화와 유물은 신체적 척도를 중심으로 이해된 데이터들이다. 외부 세계에서 접하는 모든 것을 한 인간의 신체적 경험을 배경으로 이해하고 그 내용이 정립되고 전달된다. 이러한 관점에서 보자면 인간의 상상력은 이러한 경험에서 출발하여 확장된 가능성으로 볼 수 있겠다. 이 가능성의 실현으로 인간 문명은 또 한 단계 새로운 도약을 할 수 있다. 디지털 문화의 강성 아래 우리가 인지하지 못한 사이, 이미 우리의 신체적 한계를 넘어선 많은 현상을 경험하고 있다. 초감각적으로 인지한다는 것은 인간이 가지고 있는 오감, 시각, 청각, 후각, 촉각, 미각의 감각 기관의 한계를 넘어선 감지 방법으로 대상을 파악하는 능력을 의미한다. 디지털 기술력을 바탕으로 한 생물학의 진보 역시 인간은 물론 지구상의 생물 특성의 인위적 조작을 가능하게 했다. 지금은 우리의 신체가 초감각의 시대에 들어서면서 간접적이지만 몰입도 높은 상황에 노출된 것이다. 인간은 디지털 매체를 통한 디지털적 감각을 가지게 되면서 초감각적 영역에 접근하고 있다.

4.1. 기계적 확장의 경험

1 비가시적인 것의 가시화

과학자의 도구 현미경의 발전은 인간 시각의 한계를 드러내고, 보이는 세계 그 너머 더 광범위한 세계로 보이지 않는 영역의 존재를 실감하도록 도왔다. 망막에 나타나는 것이 전부가 아니라는 개념은 일찍이 시각예술의 발전과 변화에 많은 영향을 주었다. 과학에서 모티브를 가져온 예술표현은 추상미술 초현실주의적 화면에 나타나면서 감상자의 지각과 인식확장에 영향력을 행사했다. 그러나 과학의 영역에 더 가까운 현미경을 통해 촬영한 대상을 작품으로 구현하는 것은 기술을 통한 과학적 명증을 예술적 발상으로 승화한 대목으로 해석할 수 있다.

작가 켄과 줄리아 요니타니(Ken + Julia Yonetani)부부와 생물학자 카플린 박사(Dr. Ian Kaplin)의 협업 작품인 <나무를 상상하라>(그림 4-1)는 현미경으로 나뭇잎의 잎맥을 찍어 실제로 나무들이 호흡하는 작용을 시각화해주는 작품이다. 나무 역시 살아 있는 생물이며 이들의 호흡이 지구상의 생물 호흡의 원천이 됨을 알리고자 하는 의도가 근원이 된 작품이다. 비디오 설치작품인 <나무를 상상하라>는 호흡의 순간 부풀어 오르는 잎맥들에 맞추어 인간의 호흡 소리와 상응하도록 연출하여 마치 나무가 인간과 마찬가지로 숨 쉬는 소리를 내는 것 같은 효과를 보여준다. 이들 부부는 과학의 진보가 세상과 우리의 삶을 변화시키고 있고, 오늘날 예술가들은 과학을 연구소 밖으로 가져와 하나의 예술 작품으로 시각화하고 있다고 밝힌다.

과학 논증의 예술적 시각화

예술과 과학은 정반대의 것으로 보였다. 하지만 오늘날 가장 혁신적인 몇몇 예술가들은 예술과 과학을 녹여 전혀 새로운 예술 흐름을 만들어가고 있다. 보이지 않는 것을 그려보려고 노력하고 미래에 그것이 인간에게 어떤 의미일 것인가를 그리기 위해 애쓰는 몇몇 예술가들은 충격적인 아름다움을 가진 이미지와 오브제를 만들고, 예술에 의해 나타나야 할 개념과 미에 대한 개념을 재정립하고 있다. 인간의 신체는 이미 존재하고 발생하고 있는 지구상의 모든 것을 감지할 수 없다. 제목에서 유추할 수 있듯이 우리는 나무를 상상해야하는 이미지와 마주한다. 왜냐하면 원래 우리가 알아 온 나무를 확장한다면 전혀 새로운 이미지를 보게 되기 때문이다.

비가시적인 것을 청각과 시각으로 경험하도록 유도하는 작품을 살펴보자. 작품 <수정왕궁>(그림 4-2)는 독일 바스바덴 (NKV Wiesbaden)에서 개최된 핵 산업국가와 관련된 전시에서 후쿠시마 전시장 개관 1주년 기념으로 1년 동안 전시하게 되었다. 이 작품의 주재료는 우라늄이다. 오스트레일리아를 중심으로 활동하는 요니타니 부부는 빈티지 샹들리에에 우라늄 구슬을 활용하여 작품 <수정 왕궁>을 완성했다.

그림 4-1. Ken + Julia Yonetani & Dr. Ian Kaplin,〈 Imagine Tree〉, 2010
(Source:https://artdaily.cc/news/50198/GV-Art-Gallery-acts-)

그림 4-2. Ken + Julia Yonetani & Dr. Ian Kaplin, 〈 Crystal palace〉, 2012.
(Source: https://lemonadeletters.com.au/)

이들은 자외선 조명을 일반 전구에 넣어 우라늄 유리가 녹색 빛으로 빛나게 하는데, 이 외에 우라늄을 사용하는 기술에 대해서는 비밀을 유지하고 있다. 이 시리즈는 <수정왕궁; 핵국가의 산업작품전시 Crystal Palace: The Great Exhibition of the Works of Industry of All Nuclear Nations>라는 제목으로 개최되었다. 요니타니는 30개의 핵 개발 국가를 상징하는 샹들리에를 만들기 위해 30개의 샹들리에를 전시했다. 첫 번째 세 샹들리에는 독일, 프랑스 그리고 핀란드를 위해 제작되었고, 각 작품의 크기는 그 국가들이 개발하는 핵에너지의 산출량에 맞춰 제작하였다.

우라늄유리 샹들리에는 방사능을 측정할 수 있는 가이거 계수기를 이용해 방사능을 측정했을 때 샹들리에에서 약 30cm까지 정상배경복사보다 조금 높은 수치의 방사능이 방출되도록 설치되었다. 가장 높은 수치는 우라늄 유리구슬에서 시간당 1.3 마이microsieverts 방사능이 검출된다. 감상자는 작품을 감상하기 위해 나눠주는 가이거 계수기를 들고 전시장 안으로 들어선다. 샹들리에에서 약 30cm이상을 벗어나면 방사능 수치는 1 microsieverts 거리를 두어야 한다. 이 수치는 정상배경복사보다 약 5~10배 정도 많은 수치이다. 이런 위험에도 불구하고 우라늄 유리는 건강에 어떠한 위험도 주지 않는다고 말한다.

사실 우라늄 유리는 19세기 후반부터 20세기 초까지 설탕통, 케익 스탠드 리그등의 장식품으로 널리 사용된 재료이다. 요니타니 부부가 우라늄 유리를 소재로 작업을 하는 이유는 관찰자로부터 놀라움이나 두려움을 느낄 수 있는 요소를 만들기 위해서이다. 단순히 시각적이고 가상의 위협이 아니라 실제로 방사능에 노출될 수 있다는 '사실적' 공포의 접근이 이 작품의 특성이 될 수 있다.

후쿠시마 핵사고가 일어난 곳과 매우 가까운 곳인 도쿄에 가족을 둔 작가 켄 요니타니는 많은 사람이 핵발전을 무사 안일하게 대했다고 생각한다. 사회가 체르노빌로부터 배웠어야 할 핵 산업에 잠재된 잠재위험을 무시했기 때문에 이번 재앙은 피할 수 없는 인류의 운명이었다. 후쿠시마 재앙에도 불구하고 많은 개발도상국이 여전히 새로운 핵발전소 건설 계획을 세우고 있다는 사실에 대한 경각심을 일으키고자 우라늄 소재를 조각에 결합하고자 한 것이다.

두려움의 미학

시각예술을 통해 기쁨이나, 슬픔, 분노와 같은 감정을 일으킨다는 것을 우리는 오랜 미술의 역사 속에서 보았다. 또한 공포감을 주는 시각적 구성으로 감상자에게 충격적 자취를 새겨 넣기도 하는 20세기 아방가르드 미술의 역할도 목격한 터라 감상자에게 놀라움을 경험하도록 하기는 쉬운 일이 아니다. 그러나 요니타니가 연출한 두려움은 가상이나 상상력을 배경으로 하는 것이 아닌 실제 전시장 안에서 감상자의 신체에 가하는 위해와 관련되어 있다. 실제적 위협이라는 것이다. 이와 같은 작품의 배경에는 캔 요니타니가 직간접적으로 체험한 후쿠시마 원전 사고와 관련이 있다. 그는 원자력 발전소 사고는 힘과 재물에 대한 과욕 때문이라고 주장한다. 지진, 스나미, 원자력 발전소 사건 등 세 가지 참사가 겹치면서 매분 두려움과 희망이 모든 이의 마음속에 교차했다.

요니타니는 인간의 남용으로 일어난 참사가 의외로 너무 가볍게 잊어버린다는 사실에 주목한다. 이 전지구적 참사를 거리감을 두고 마치 먼 태고의 사건으로 넘겨버릴지도 모른다는 생각으로 전시장을 방문한 감상자들이 작품을 통해 직접적으로 방사능에 노출된다는 두려운 경험을 구상한 것이다. 이 빛나는 네온 초록 이미지는 우리가 어린 시절 꿈속에서 볼 법한 장면에 가깝다. 그만큼 환상적인 빛의 이미지를 설치 미술로 잘 끌어들였다. 하지만 우리는 이 아름다운 샹들리에의 재료를 인지한 순간 작품 앞에 다가서기 망설일 것이다. 상상할 거리감이 없이 우리의 눈 앞에 펼쳐진 공포는 과거 아방가르드 미술가들이 목적한 충격 효과를 넘어선 두려움의 경험으로 접근한다.

방사능을 띈 우라늄 유리로 만들어 놓은 작품 앞에서 감상자는 가이거계수기를 이용해 방사능 수치를 측정하여 30센티미터 거리를 두고 관람한다면 아무런 위험도 없다는 설명을 들을 것이다. 그렇지만 우리는 분명 아름다운 작품에서 여전히 매우 복잡한 심경을 느낄 것이다. 우라늄 방사능에 대한 두려움 그리고 자기 보호에 대한 자의식과 같은 것들 말이다. 이 감정들은 일반적인 예술 전시회에서는 느낄 수 없는 감정이며, 아름다움의 미에서 추의 미로 한 단계 넘어섰던 20세기에서 또다시 한 세기를 지나가는 우리에게 두려움의 미로 자리매김하고 있다.

2 바이오 아트(Bio Art)

바이오아트는 예술가가 생물학을 바탕으로 살아있는 조직, 박테리아, 살아있는 유기체, 그리고 삶의 과정을 다루는 예술 관행을 지칭하는 용어이다.50) 이러한 종류의 예술은 생물학은 물론 생명과학 실습이나 현미경을 도구로 한 연구와 유전공학, 조직 배양, 복제와 같은 기술을 포함한 생명공학과 같은 과학적 과정과 연구를 통해 예술작품을 제작하고 전시한다. 바이오 아트의 범위는 일부 예술가들에 의해 엄격하게 "살아있는 형태"로 제한되는 것으로 생각되는 범위지만, 다른 예술가들은 현대 의학과 생물학 연구의 이미지를 사용하거나 생명과학 고유의 특성에 의해 제기되는 논쟁이나 사각지대를 다루도록 요구하는 예술을 포함하여 매우 광범위하기도 하다.51)

바이오 아트는 20세기 말에서 21세기 초에 출발했다. 생명과학에서 생명체를 창조하고 실천하는 것은 윤리적, 사회적, 미적 탐구가 필요하다. 용어 "바이오아트"는 1997년 에두아르도 카크(Eduardo Kac)가 자신의 작품 타임캡슐을 설명하면서 만든 것이다. 웨스턴 오스트레일리아 대학 (University of Western Australia)의 해부학 및 인간 생물학 단대는 예술과 생물학의 융합을 위한 '심바이오틱 에이(Symbiotic A)'라는 연구소를 설립했다.[52] 이 연구소는 생물학과 생명 과학을 예술적 관점에서 수행하면서, 현대 미술과 과학을 접목한 바이오 아트 프로젝트를 연구, 개발하여 실행하고 있다. 예술적 상상력으로 접근하는 작가의 의도를 과학기술을 통해 실제로 실현하는 작업에 주력하고 있다.

이종간의 유전자 조작

바이오 아트를 시작한 카크의 작품들은 생명에 대한 많은 논란을 일으켜왔다. 그의 유전자 변형 예술작품 <지에프피 토끼>(그림 4-3)은 녹색 형광 토끼의 제작에서 시작하여 프로젝트의 진행과 함께 생성된 공개 토론과 토끼를 사회적 환경에 통합하는 것으로 구성되었다. GFP(Green Fluorescent Protein)는 녹색 형광 단백질을 지칭한다. <지에프피 토끼>와 같은 유전자 변형 예술은 독특한 생명체를 창조하기 위한 유전공학을 사용한 새로운 예술 형태이다.[53]

그림 4-3. Eduardo Kac, 〈GFP Bunny〉, 2000
(Source: https://noemalab.eu/)

그림 4-4. 어둠에서 빛나는 야광 토끼의 모습
(source: https://noemalab.eu/)

카크는 그의 작품인 살아있는 토끼에게 "알바"라는 이름을 붙였는데, 이 토끼는 알비노 토끼로 유전적으로 피부 색소가 없이 태어난 형질이기 때문이다. 알비노 토끼의 특성은 일반 토끼의 눈이 분홍색인 반면 완전히 백색이다. 알바의 DNA에 형광 물질이 더해졌지만 일반 환경에서는 녹색이 드러나지 않는다(그림 4-3). 알바는 488nm[1]의 청색광의 특정한 조명이 비치고, 특별히 제작된 노란색 필터를 통해 보아야 우리의 눈에 녹색 형광 물질 반응이 나타난다. 알바가 최대의 녹색광을 방출은 509nm이 될 때이다. 즉 이때 가장 밝은 녹색광을 뿜어낸다. 토끼 알바는 에쿼리아 빅토리아(Aequorea victoria) 해파리에서 추출한 심해에서 발광하는 물질인 녹색

1) nm(나노 미터) 미터의 십억분의 일에 해당하는 단위

형광 유전자의 합성 돌연변이로 향상 버전인 EGFP로 만들어졌다. 인간 세포를 포함한 포유류 세포에서 EGFP는 원래 해파리 유전자보다 약 2배 더 큰 형광성을 보이게 된다(그림 4-4). 따라서 알바는 해저에서 푸른빛을 띠는 해파리보다 더 강하게 녹색 빛을 띠게 되는 것이다.

인간과 유전자 합성

<지에프피 토끼> 이후 카크는 2003년에서 2008년에 거쳐 인간 DNA와 식물 DNA를 합성한 제 3의 종을 만드는 생물학 프로젝트에 열중했다. <에두니아 Edunia>(그림 4-5)는 2003년부터 2008년 사이의 생물학 프로젝트로 "페투니아 Petunia" 꽃과 카크의 DNA를 혼합하여 식물과 동물의 중간존재를 창조했고, 그의 이름인 에두와르드(Eduardo)와 페투니아(Petunia)를 합성한 이름 “에두니아(Edunia)”를 생산한 것이다.에두니아 꽃잎에서 우리는 인간의 혈액이 흐르는 붉은 정맥을 볼 수 있고 여기에서 카크의 DNA가 표현되어 있다(그림 4-5). 카크의 선별된 유전자는 타자의 실체와 동일시되어 있다. 이 작품에서 카크는 타자를 동일시하면서 동시에 거부하여 부분적으로는 꽃이고 부분적으로는 인간인 새로운 종류의 자아를 창조했다.[54] 유전자 합성이나 변이와 같은 연구는 생물학에서 주로 다뤄지는 사안이다.

그림 4-5. Eduardo Kac, 〈Edunia〉, 2009
(Source: https://www.ekac.org/nat.hist.enig.html)

여기에 예술적 상상력이 더해지면서 마치 공상과학 소설의 한 대목 같은 장면이 현실화되는 것을 목격하게 된다. 살아 있는 토끼에 대한 실험으로 카크는 도덕과 윤리적인 측면에서 거센 비난을 받았으며, 상대적으로 인간과 동종이라는 감을 덜 받는 식물을 두고 벌인 그의 획기적인 기획은 아르스 일렉트로니카(Ars Electronica)에서 2009년 골드니카(Golden Nika)상을 수상했다. 그럼에도 그의 생물을 두고 벌이는 실험과 실행은 위험도가 높기 때문에 여전히 비난의 여론과 맞서고 있다.

세포 체외 배양

호주의 '심바이오 에이(Symbiotic A)' 연구소는 카크와의 연구에만 그치지 않고 여러 다른 예술가와의 협업이 진행되고 있다. 이들 중 하나인 스텔락(Stelarc)은 그의 피부 세포와 DNA를 제공하여 체외에서 배양한 인공 귀를 자신의 팔목에 부착하는 퍼포먼스를 보여준다. "인간의 몸은 시대에 뒤쳐졌다(THE HUMAN BODY IS OBSOLETE)."[55]라는 그의 표어 아래 생물학자들의 연구실에서 스텔락은 제 3의 귀를 생산한다. 그는 인간의 몸은 현재 발전하는 과학기술에 비해 너무 느린 속도로 진화하고 있으며, 급진적 과학기술 속도와 보조를 맞추기 위해서 인간은 기계 기술의 인위적 도움을 받아야 한다고 주장한다.[56] 이와 같은 그의 주장 아래, 스텔락은 외부의 소리를 듣는 인간의 귀에서 우리에게 소리를 들려주는 <제 3의 귀>(그림 4-6)을 생각해 낸다.

이 귀는 라디오 주파수를 찾아 우리에게 음악이나 뉴스를 들려주는 부가적 귀가 된다. 이 실험에서 스텔락은 그의 팔에 배양한 귀와 기계 장치를 심었으나 수술 부위의 부작용으로 결국 귀를 다시 제거했다. 현재는 그의 퍼포먼스를 기록한 동영상과 사진이 남아있으나, 체외에서 배양한 세포로 만든 인공의 귀를 팔에 이식한 실험은 우리에게 충격으로 기억되는 퍼포먼스로 의미가 있다.

그림 4-6. Stelarc, 〈Extra Ear〉, 2003.
(Source:https://www.labiotech.eu/)

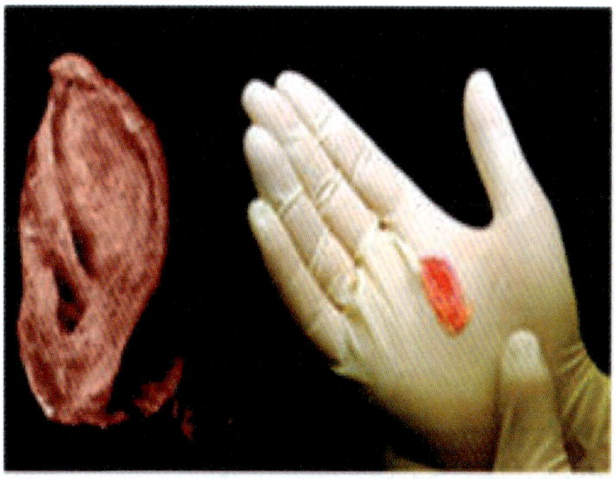

그림 4-7. 체외 배양된 4/1 크기의 귀
(Source:https://www.labiotech.eu/)

4.2. 미시 세계

1 나노 아트(Nano Art)

인간은 미세한 소리나 사물을 감지할 수 없다. 우리의 감관은 주어진 능력만큼 인지할 수 있기 때문에 과거 인간은 지구를 네모의 형태로 생각한다거나 모든 생물이 인간과 같이 세계를 본다고 판단했었다. 새처럼 날 수 없었던 인간은 새의 시점으로 자연을 조망할 수 없었으며 대략 추측하면서 판단할 수밖에 없었다. 첨단 기술을 통하여 생명의 비가시적 세계를 볼 수 있다는 사실은 시각이미지 영역에서 획기적인 일이다. 가시성의 탐구가 가장 극적으로 일어나고 있는 분야는 나노기술 분야인데, 10^{-9}이라는 극미세계를 다루는 나노기술은 이제까지 우리가 가지고 있었던 물질세계에 대한 인식에 큰 변화를 가져왔다. 보이는 것이 전부가 아니라는 사실은 현미경이 발명되면서 극명해졌다.

생물학과 의학의 연구에 중요한 역할을 해온 광학현미경은 약 400년 전에 루벤 후크(Antoni van Leeuwenhoe)의 발명으로 시작되었다.[57] 이후 광학 현미경은 1925년 노벨상을 수상한 암시야현미경(또는 극한 현미경)을 발명한 오스트리아 화학자 지그몬디(Richard Adolf Zsigmondy)와 독일 물리학자 H. Siedentopf를 통해 나노의 세계로 더욱 근접하게 되었고, 이후 TEM, SEM, REM, STEM 등이 다양한 종류의 전자 현미경이 개발되어 현재의 나노기술 발전을 뒷받침하고 있다.[58] 나노의 세계를 탐험하던 과학자들은 새로운 경험 세계의 이미지 속에서 우리에게 익숙하거나 예술적 감흥을 주도록 시도하고 있다.

이러한 시도가 현재의 "나노 아트(Nano Art)"라는 장르로 발전하였다. 나노 아트는 우리에게 "색이라는 것은 근본적으로 무엇인가"라는 질문을 던진다. 보이지 않는 세계를 시각화함으로써 인식하게 되는 것은 우리의 시각이 절대적인 것이 아니라 상대적이고 임의적이라는 사실이다.

나노 기술

미시 세계는 인간의 눈으로는 볼 수 없는 원자와 분자의 세계를 뜻한다. 미시 세계를 다루는 과학을 나노 기술(Nano technology)라고 하는데, 나노 기술은 머리카락 굵기의 수천에서 수만 분의 일 정도 크기의 아주 작은 나노 구조물(Nanostructure)을 다루는 기술이다. 나노기술은 생명의 비가시적 세계를 볼 수 있는 시각 이미지에 획기적인 분야이다. 10^{-9}이라는 극미세계를 다루는 나노기술은 이제까지 우리가 가지고 있었던 물질세계에 대한 인식에 큰 변화를 가져오고 있다. 상상할 수 없을 정도의 극미세계를 다루는 나노기술은 단지 과학의 영역뿐 아니라, 예술, 인식론, 의식, 나아가 사회 전반에 영향을 미치고 있다.

극미세계를 시각화하는 나노기술은 본다는 것의 의미를 재고하도록 하고 있다. 나노기술은 물질을 이루고 있는 원자(atom)의 차원에서 물질의 비가시적 형태를 볼 수 있게 해준다. 나노기술에 획기적인 전환점을 가져온 것은 1983년의 주사형터널링 현미경 STM(scanning tunnelling microscope)이다. STM은 원자를 개별적으로 다루게 해주는 기술인데, 이것은 20세기 초 양자물리학에서는 불가능한 것이었다. 1980년대 중반까지 과학자들은 원자를 개별적으로 다룰 수 있다는 상상을 하지 못하고, 원자나 분자를 전체적으로 파악하는 데 주력하였다, 반면 이 기술은 원자를 하나하나씩 보고 다룰 수 있게 함으로써, 원자들은 전혀 다른 차원의 새로운 물질로 만들 수 있는 획기적인 가능성을 열어주었다.

이러한 획기적 차원의 기술의 주요쟁점은 '보는' 방식의 변화에서 비롯되었다. '전자탐침 현미경'을 통해 본다는 것은 우리가 생각하는 것과 같은 '봄'이 아니다. 그것은 탐침으로 원자들이 반응하는 것을 터치를 바탕으로 느끼고 만지는 것이기 때문이다. STM의 감지 탐침은 원자 표면의 지형도를 탐지하게 해주는 장치이다. 이때 표면을 느낀다는 것은 원자와 분자들은 밀고 당기면서 약하고 강한 정도 또는 부드럽고 단단한 정도를 감지한다는 것을 의미한다.[59] 나노기술은 감각을 가지고 접촉하고 통제할 수 있게 되었다는 점이 가장 큰 특징인데, 이것이 일방적으로 관찰에 그쳤던 광학현미경의 가장 두드러진 차이점이다. 나노기술의 가장 중요한 핵심은 극미 세계의 엄청나게 작은 크기의 문제이다. 너무 작아서 우리의 경험과 감각으로는 상상할 수 없는 크기의 문제가 가장 핵심적인 사안이다.

나노미터가 얼마나 작고 얼마나 큰가를 묻는다는 것은 무의미하다는 것이다. 그 극미세계는 우리가 볼 수도 없고 상상할 수도 없으며, 모든 비유적 표현으로 우리가 말할 수 있는 것은 단지 그것이 얼마나 작은지를 상상하기가 불가능하다는 사실이라는 것뿐이다. 나노의 세계는 물질과 비물질, 생물과 무생물, 생명현상과 물리적 현상의 구분이 없어지게 된다.[60] 원자와 분자의 세계는 미지의 세계로서 우리의 몸과 마음이 갈 수 없는 극미세계이다. 그런데 극미세계에 대한 발견은 이제까지 인류가 경험한 그 어떤 세계보다 더 많은 상상력이 필요하다. 경험의 대상이 아니고, 경험적으로 알 수 있는 범주를 벗어나기 때문에 우리는 비유와 상상을 통해서만 이해할 수밖에 없는 것이다.

로이 에스콧(Roy Ascott)은 나노세계에 대한 발견이 우리의 의식과 인식에 큰 변화를 가져오고 있다고 본다. 그는 "나노분야는 순수물질과 순수의식 사이를 매개 한다"고 하며, 나노 세계에서는 테크놀로지와 의식이 만나고 있다는 점을 강조한다.[61] 나노기술이 가져온 가장 큰 변화 중의 하나가 바로 이제까지 합리적 이성주의, 과학주의가 배척했던 정신세계, 마음, 상상 세계가 과학의 반대항이 아니라 오히려 과학과 이성의 보완점이 된다는 사실이다. 요컨대 나노기술을 비롯하여 보이지 않는 세계를 시각화함으로써 인식하게 되는 것은 우리의 시각이 절대적인 것이 아니라 상대적이고 임의적이라는 사실이다. 인간의 가시화에 대한 욕망이 끊임없이 시각 기계를 만들어냈고, 그 시각 기계가 보이지 않는 세계에 대한 인식을 바꾸고, 그 변화된 인식이 다시금 시각과 물질에 대한 근본적인 전환을 가져왔고, 미래 역시 그러한 전환과 변화는 계속될 것이다. 시각성의 획기적인 패러다임 전환을 주도하고 있는 나노기술 역시 물질과 정신, 의식과 테크놀로지의 통합을 통해서 과학과 예술의 융합을 추구하고 있다.

시각 패러다임의 전환

나노 아트는 예술과 과학, 기술의 교차점에 있는 새로운 예술 분야이다. 그것은 나노랜드스케이프(nanolandscapes; 분자와 원자 형태에서 물질의 자연 구조인 분자와 원자 분야)와 나노스크렙처(nanosculptures; 화학적이고 물리적인 과정을 사용한 분자와 원자 형태에서 물질을 가수분해함으로써 과학자와 예술가에 의해 창조된 구조)를 특색으로 한다. 이런 구조들은 주사형 전자 현미경과 원자력 현미경 같은 강력한 연구 도구들과 함께 가시화되었고, 그것들의 과학적 이미지들은 캡쳐하여, 관객을 위한 예술작품으로 전환하기 위해 다른 예술적 기술을 사용함으로써 더 점진화 되었다. 예술적 감각을 가진 몇몇 과학자들은 나노 세계에서 예술을 하는 시도를 했고 그것이 곧 "나노 아트(Nano Art)"라는 장르로 발전하였다.

우리가 보는 "색"이라는 것은 사물에 반사된 빛을 보는 것이다. 반사된 빛의 파장이 길면 빨간색을 보게 되고 짧으면 보라색을 보게 된다. 그러나 크기가 작은 미시 세계로 가면 우리가 보는 색은 의미를 잃어버린다. 우리는 미시 세계에서 반사된 빛을 볼 수 없기 때문이다. 우리가 미시 세계를 관찰하기 위한 대부분 도구는 우리의 눈이 이용하는 빛 알갱이(광자, photon)를 사용하지 않는다. 미시 세계를 전자 현미경을 통해 본다면 우리는 빛 대신 전자(electron)를 보는 것이고, 원자력 현미경을 사용한다면 우리는 빛 대신 힘(force)의 분포를 보는 것이기 때문이다. 즉, 나노 아트는 우리가 일상적으로 사용하는 "색"이라는 개념에 패러다임 전환을 요구하게 된 것이다.

2 나노 아트의 사례

의학을 배경한 나노 아트

로버트 프리타스(Robert A. Freitas Jr.)는 『외계인의 삶, 지성, 문명화에 관한 과학 연구 입문』을 발행하면서 "나노 약품 예술 갤러리"를 통해 나노로봇과 나노 의학 기구, 나노시스템이 어떻게 발생하는지에 대한 여러 관점을 보여주고 있다. 대부분 작품은 정밀한 사진을 바탕으로 포토샵을 더한 포토그래픽 리얼리즘이거나 기술적 공학적 일러스트레이션의 정밀 묘사를 중심으로 한다. 대부분 나노 아트 이미지는 궁극적인 공학적 기술 나노 장비를 미래적으로 디자인한 것과 관련된 과학자로서 독창적인 의지가 반영되어 있다.

기계 단계 나노기술의 개발은 시간, 집중, 자원을 필요로 한다. 핵무기의 개발을 위해 수십억 달러가 소요됐고 고도화로 집중된 개발계획이 이루어졌었다. 아폴로 프로그램 또한 마찬가지로 수년의 시간과 수십억 달러 그리고 엄청난 재능이 필요했었다. 컴퓨터 사업은 이와는 조금 다른 양상을 보이기는 하지만 재기를 위해서는 큰 규모의 자금투자와 오랜 기간에 걸친 집중된 노력이 필요하다. 기계 단계 나노기술의 개발이 어떤 패턴을 따르게 될지 정확히 아는 것은 시기상조이지만, 그 개발이 엄청난 자원을 소모한다는 것을 충분히 알 수 있다.

이런 투자를 결정하는 사람이 누구든, 이 개발을 달성하기 위한 목표와 방법에 대한 청사진이 그려지지 않는다면 모두가 선뜻 나설 수 없을 것이다. 어떻게 청사진을 그려나갈 것인가? 우리가 분자제조시스템이 어떤 모습을 하고 있을 것인가? 라는 물음에 연구초점을 맞춰야 할 것이다. 서로 다른 요소와 접근법을 분석하고 탐사할 이론적이고 컴퓨터 기술 바탕의 최신 방법을 이용한다면 위의 질문에 대한 가능한 모든 답변을 찾을 수 있을 것이다.

프리타스(Robert Fritas)는 전자 현미경 상으로 나타나는 인간의 생물학적 특성에 포토샵을 하여 자신만의 화면을 구성한다. 이 화면상의 이미지는 사실을 근거로 창작된 가상의 이미지이다. 프리타스는 예술가가 창작을 출발시키는 근원을 우리 인간의 해부학적 요인에 두었다. 이것은 과거 레오나르도 다빈치의 해부학적으로 파악했던 우리의 몸에서 발전하여 미세한 나노적 시각으로 인간을 해체하여 얻어낸 이미지가 될 것이다. 이 이미지는 인간으로부터 생성되지만, 인간에게 생소한 것이며, 이를 통해 우리의 망막이 다가갈 수 없는 영역의 탐험을 이루게 된다. 이것은 우리에게 상상력의 지평을 열어준다. 왜냐하면 우리가 이러한 세부적 몸의 구성요소로 이루어진 하나의 유기체라는 사실을 받아들이면서 우리 몸의 본질을 생각해 보기 때문이다.

그림 4-8. Robert A. Freitas Jr, 〈Generic Nanobots〉, 2000.
(Source: https://www.brainpreservation.org/team/robert-a-freitas-jr/)

<나노 로봇>(그림 4-8)은 인간의 적혈구를 나노 현미경으로 찍은 후 혈액에 결함이 있는 환자들을 치료할 수 있는 미래의 나노 의학에 대한 프리타스의 과학적 상상력을 구현한 작품이다. 나노 의학이 발달 되고 실현된다면 미래의 환자는 수술이나 통증을 유발하는 치료가 아니라 육안으로 감지되지 않는 나노입자의 의학 기계의 도움으로 필요한 치료를 실행할 수 있다. 프리타스는 적혈구를 거대하게 묘사함과 아울러 푸른색의 원형 나노로봇이 인간의 체내에 들어가 있는 상황을 이미지화했다.

<인공적혈구, 1998>(그림 4-9)는 악성빈혈 환자를 위한 인공 적혈구를 구현한 작품이다. 프리타스의 작업은 실제의 색감보다 더 강렬한 색감을 사용하여 시각적 조화에 초점을 두고 있다. 그러나 그의 작품의 가장 근본적인 특성은 상상력이다. 의학적 지식을 바탕으로 문

제를 파악하여 미래에 실현 가능할 사항에 대한 예술적 접근이자 나노 의료 기계에 대한 청사진이다.

나노적 시각을 도입한 작품은 우리가 볼 수 있는 것을 넘어 볼 수 없는 어떤 세계에 관해 의식하게 된다는 점에서 인식의 폭을 넓히게 된다. 우리는 이러한 예술의 새로운 시도를 통해 상상력을 더 넓히게 된다. 최소한 이 새로운 예술이 우리에게 말하고자 하는 것이 무엇인지를 이해하려고 노력해본다는 점에서 의의가 있다. 이러한 우리의 태도 변화는 우리의 지각하는 바와 인식의 영역에 변화를 초래할 것이다. 이러한 예술의 다양한 시도는 예술에 대한 선구적인 인식을 가진 몇몇 새로운 실험이며, 이것은 또한 인간의 인식영역을 더 팽창시키는 계기 마련이 될 것이다.

그림 4-9. Robert A. Freitas Jr, 〈Respirocytes〉, 1998.
(Source: https://www.brainpreservation.org/team/robert-a-freitas-jr/)

우주 과학기술을 배경한 나노 아트

벨기에 출신 예술가이자 작가인 에릭 빅터(Erick Viktor)는 1990년대부터 우주탐험 관련 기술에 대한 이미지를 제작해왔다. 그의 상상력은 단순히 예술의 영역에 그치는 것이 아니라, 실현할 가능성이 높아 많은 기업의 후원을 받으며 활동 중이다.

그의 작품 <살아있는 안개>(그림 4-10)은 미래의 기후와 관련된 작품으로 인공 강우나 강설에 대한 작가의 상상력을 나노기술 바탕으로 이미지화한 작품이다. 그는 화가이자 작가로 활동하기 때문에 각 작품에 특유의 네러티브를 만들어 작품 감상에 흥미를 더한다. <살

아 있는 안개>는 미쳐버린 나노로봇이 자기 복제를 하여 살아있는 안개를 형성한다는 내용으로 구성되어있다. 모든 지구상의 분자들이 스스로 완벽한 자기복제를 하여 변형하는 것이다. 빅터는 미세한 나노로봇의 자기 증식이 대기 중에 미세한 안개와 같은 효과를 낼 것을 상상하여 작업했다. 이 이미지는 그의 상상력을 바탕으로 한 스토리텔링이 어우러져 감상자 역시 그의 이미지 앞에서 이를 넘어선 세계와 관련한 생각을 떠올리게 된다. 빅터는 우리 자신의 상상력의 세계를 펼쳐갈 것을 바라고 있으며, 우리는 그의 나노로봇 작품 속에서 우리의 눈에 보이지 않는 작은 기계적 입자의 움직임을 떠올려 볼 것이다.

그림 4-10. Eric Viktor, 〈The Living Fog〉, 1998.
(Source: https://www.brainpreservation.org/team/robert-a-freitas-jr/)

빅터는 또한 암종양 제거 수술과 관련된 나노 기계 시리즈 <뚫는 기계, 보는 기계, 찌르는 기계(Drillers, Peepers, Stingers)>는 암 종양을 제거하기 위한 섬세한 수술을 나노 아트로 표현한다. <찌르는 기계(Stingers)>(그림 4-11)가 암 제거를 위한 약품을 주입하고, <뚫는 기계(Drillers)>는 종양을 깊이 자르고 <보는 기계(Peepers)>는 수술의 모든 과정을 촬영하여 전송한다는 설정을 배경으로 제작된 작품이다. 나노로봇은 독자적으로 또는 원격조종을 통해 백신이나 선택된 약을 주입할 수 있다. 이러한 빅터의 상상은 그의 의학적 지식을 바탕으로 형성된다. 환자를 치료하고자 하는 그의 상상력은 이러한 화면을 구성시키면서 마치 미래 의학계의 실행에 관한 이미지를 보여주는 듯하다. 미래의 의학 실행에 대한 빅터의 기대와 상상력은 이제 작품의 원천이 되어 하나의 이미지로 완성된다. 그의 이미지 각자가 가지고 있는 이야기를 우리에게 이미지와 관련된 세계를 그려보도록 한다.

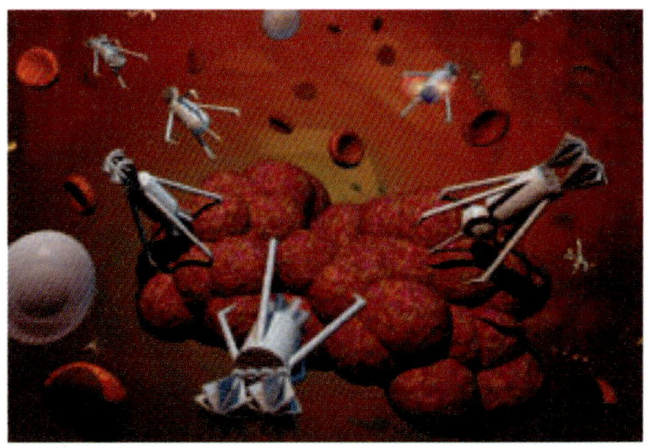

그림 4-11. Eric Viktor,〈Drillers, Peepers, Stingers〉, 2000.
(Source: https://www.brainpreservation.org/)

미주

39) Lev Manovich, (2004) *The Language of New Media*, 생각의 나무, p. 68

40) Giannalberto Bebdazzi (1994) *Cartoons One hundred years of cinema animation*, Indiana University Press, p. 4

41) Eadweard Muybridge (1955), Animal Locomotion

42) Naver 지식백과

43) Marita Sturken and Lisa Cartwright(2001), *Practice of Looking*, Oxford, p. 136.

44) Robert Russett and Cecile Starr (1976), *Experimental Animation: An Illustrated Anthology*, Van Nostrand Reinhold Company.

45) Naver 지식백과

46) Robert Russett and Cecile Starr (1976), p. 40.

47) Ibid., p.44.

48) Ibid., p.52

49) Ibid., p.65

50) Solon, Olivia. (2011) Bioart: The Ethics and Aesthetics of Using Living Tissue as a Medium. https://www.wired.com/2011/07/bioart/

51) Pentecost, Claire. (2008) Outfitting the Laboratory of the Symbolic: Toward a Critical Inventory of Bioart. In Beatrice, da Costa (ed.). Tactical Biopolitics: Art, Activism and Technoscience. The MIT Press: New York, p. 110.

52) Kemp, Martain. (2011) Culture: Artists in the Lab. Nature. 477, Sep. pp. 278-279.

53) Solon, Olivia. Ibid.

54) www.ekac.org/transgenicindex.html

55) https://v2.nl/events/stelarc-the-human-body-is-obsolete

56) Ibid.

57) https://koreascience.kr/article/JAKO201121559392696.pdf

58) https://scienceon.kisti.re.kr/srch/selectPORSrchReport.do?cn=KAR2012066596

59) 허정아 (2009), 과학 기술을 통한 새로운 시각 이미지에 관한 고찰. 한국디자인문학학회, 15(2).

60) Sargent, Ted. (2008) 나노기술의 세계. 차민철, 심용희 번역, 허원미디어, p. 10.

61) Ascott, Roy. (2006) Technoetic Pathway toward the Spiritual in Art: A Transdisciplanary Perspective on Connectedness, Coherence and Consciousness. Leonardo, 39(1), p. 65.

PART III

1990년대 후반부터 2000년대 초반 시작된 '디지털 혁명'은 우리 생활의 다양한 영역을 디지털화하는 것은 물론 예술 전반에 디지털 매체의 도입과 제작방식의 변화를 야기했다.[62] 무엇보다 한 예술가를 통해 생산되는 작품이 디지털화되면서 작품이 가졌던 아우라(Aura)나 작가와 작품 사이의 관계가 변화되고, 컴퓨터 그래픽 기술을 통해 표현할 수 있는 영역이 확장되었음은 분명하다. 디지털 혁명은 우리에게 우리 일상의 많은 부분에 기술을 응용하는 것을 자연스럽게 만들었으며, 컴퓨터 그래픽 기술은 예술 분야를 넘어 다양한 학문과 문화의 영역에서 사용되고 있다. 이러한 컴퓨터그래픽 기술은 인터렉티브 아트(Interactive Art)를 구성하고 새로운 경험 세계로 감상자가 주목하도록 한다.

모든 예술 감상에는 작품과 감상자 사이 정신적으로나 행위적으로 상호작용하기 마련이지만, 컴퓨터 기계 미디어가 예술과 접목하면서 나타난 인터렉티브 아트는 새로운 참여예술 형식으로 감상자의 역할이 참여자로 역동성을 가진다는 점에서 큰 차이가 있다. 인터렉티브 아트의 특성 중 하나인 양방향대화체계는 작품을 신체적으로 경험하는 체득(體得)의 단계로 진화하도록 도왔다. 이러한 인터렉티브 아트는 컴퓨터 매개환경에 따라 인간 컴퓨터 상호작용 (Human Computer Interaction)과 인간 상호작용(person interaction)으로 분류할 수 있다.[63] 인간 상호작용은 사용자가 컴퓨터를 매개로 다른 사용자 와 정보 교환 같은 의사소통을 뜻한다. 디지털 매체를 중심으로 인간과 인간의 상호작용을 목적으로 설계된 인터렉티브 아트는 다양한 참여자가 집단으로 활동하거나, 연이

디지털 혁명이 만든 예술과 환경

Visual Art & Environment Established by Digital Revolution

은 공동제작 방식이 대부분이다. 작품에 공동 참여는 사람 사이의 소통이나 문제를 함께 발견하고 생각하는 것과 관련된 것이다. 따라서 인간과 인간 상호작용을 설계하는 인터렉티브 아트는 낯선 집단의 사람들이 한 작품 안에서 더욱 적극적으로 참여하고 자연스럽게 어울리도록 만드는 것이 중요하다. 또한 인간과 컴퓨터 사이의 상호작용은 사용자가 컴퓨터로 하이퍼텍스트를 읽거나 저장하여, 인터넷을 문서의 공간으로 이용하는 데에 적용되는 개념으로 컴퓨터 내부에서 어떻게 정보를 처리하는지보다는 컴퓨터를 얼마나 편리하게 사용하는지에 대한 분야이다. 즉, 컴퓨터의 사용에 대한 편리성과 접근성을 강조하는 영역이므로 편리한 사용성을 강하게 추구한다. 그러므로 이동성과 접근성을 강조하는 스마트 폰이 컴퓨터의 영역을 대체하고 있다. 이러한 이동성과 접근성은 인간의 감정과 심미안적 직관에 충실하게 하도록 한다. 마찬가지로 디지털 아트에서도 컴퓨터를 직관적 접근으로 감정과 경험 표현에 적용하기 쉽다.

그러므로 컴퓨터 상호작용 시스템은 인간의 인지 모델을 모방한다. 즉, 인간의 정보처리 과정을 어떻게 인간-컴퓨터 상호작용 시스템에 적용할 수 있는지가 중요하다. 가능하면 인간이 추론하는 과정이나 감정 표현을 상호작용에 유사하게 적용하고 싶지만, 기계는 그렇게 작동하는 것이 아니기 때문에, 상호작용 시스템의 디자인에 적용하기 위해서는 심리적이거나 심미적인 원리나 결과를 이해해야 한다.

CHAPTER 05

Co-production, Interactive Art

함께 만드는 작품, 인터렉티브 아트

공동 참여는 다수의 예술가가 함께 작품을 구상하거나 예술 밖의 영역에 속하는 전문가들이 공동으로 작업하는 것을 의미한다. 디지털 혁명은 이와 같은 공동 창작의 범위를 인간과 기계의 공동 창작의 범위로 확대 했다. 인간과 컴퓨터 기술의 조화는 인간의 태생적 한계를 극복하고 더 확장된 경험을 구상하도록 했다. 무엇보다 예술가 중심의 작품 구상과 생산이 인터렉티브 아트에서는 감상자의 참여로 작품이 진행되는 몰입적 경험(immersive experience)을 가능하도록 했다. 인터렉티브 아트의 감상은 작품에 내재된 작품 통제의 권력이 민주적 방식으로 열리게 된 것이다. 이러한 이유로 예술가는 작품의 총체적 과정을 구상하고, 작품의 전개는 감상자의 몫으로 남기는 상호작용의 다양한 방식을 연구하고 있다.

5.1. 상호작용의 범주와 진화

소통하고자 하는 인간의 욕망은 이제 예술 작품의 제작과 그 기능에도 잠재되어 있으며, 이러한 소통의 도구가 상호작용성인 것이다. 이 도구는 디지털 매체가 지닌 능력에 의해 그 기능이 증폭되었다. 인간 상호작용은 디지털 매체를 매개로 사용자 사이의 협업이나 대화를 목적으로 하는 상호작용을 뜻한다. 즉 한 명의 사용자가 기계와 협업하여 얻어내는 결과값이 아니라 다수의 사용자 간의 협업과 상호작용을 목적으로 디지털 매체를 사용할 수 있다.

딕슨(Dixon Steven)은 인터렉티브 아트의 기본 요소인 상호작용의 특성을 표 5-1)과 같이 네 범주로 나누어 설명한다. 대부분의 인터렉티브 아트는 이 네 단계의 특정한 한 범주에 명확하게 나누어져 있지 않고, 각각의 상호작용 중 가장 중심이 되는 어느 하나에 초점을 맞추어 구성되어 있다.

[표 5-1] Steve Dixon의 상호작용성의 4가지 범주

구 분	상호 작용성 범주
조 정 Navigation	작품이 감상자에게 마우스로 '예' '아니오'의 의사표현을 요구하는 상호작용
참 여 Participation	작품의 진행과정에 감상자의 신체 활동이 요구되는 범주
대 화 Conversation	실제로 작품, 예술가, 감상자 사이에 발생하는 의사소통으로 대화
공동제작 Collaboration	감상자와 작가의 공조로 작품을 창작하는 단계

관계 계획하기

인터렉티브 아트를 구상할 때 자연스러운 상호작용을 위해 네 개의 상호작용성이 모두 사용되거나 두 가지 이상이 조합되어 그 효과를 증가시킨다.[64] 인터렉티브 아트에서 개념 전달을 위해 설계자인 작가는 미리 텍스트와 감상자 사이의 관계 계획하기(relation planning)를 구상한다.[65] 관계 계획하기는 작품을 감상하는 감상자의 동선이나 감상을 위한 행동과 같이 작품의 실현과 관련된 문제로 대략적 틀을 마련한다.

딕슨이 주장한 상호작용의 특성 중 인간 상호작용을 설계하는 데 중요한 분류는 대화와 공동제작이다(표5-1). 대화 상호작용은 기계를 매개로 인간과 인간이 소통하는 방식을 의미하며 공동제작의 단계로 유연하게 연결되도록 설계하는 것이 중요하다. 대화와 공동제작의 상호작용 설계가 자연스러울수록 감상자가 작품에 몰입하도록 도움을 줄 수 있다. 인터렉티브 아트에서 상호작용은 근본적으로 신체 행위와 관련이 있기 때문에 행위와 신체적 감흥의 조합이 매체와 신체가 물리적으로 연결된 것 같은 효과를 일으킨다.[66]

인터렉티브 아트는 상호작용을 통해 감상자가 의미 있는 행동을 하고, 그 결정과 선택의 결과를 스스로 볼 수 있다.[67] 사회적 인습과 고정관념의 영향 아래 결정되고 고정된 작품을 보는 대신 컴퓨터 매체를 매개한 환경에서 화면의 초점은 감상자가 결정하고, 자신의

응시를 통해 현실을 만들어 갈 수 있게 되었다. 또한 인터렉티브 아트에서 인간 상호작용의 한 가닥은 완성과 완료보다는 계속 진행되는 유동적인 상태로 남는 작품설계를 선호한다. 이 진행의 상태는 한 개인의 표현이 아니며 또한 집단적인 표현 역시 아니다.

유동하는 예술 작품은 모든 참여자를 끊임없이 재조직하는 웹의 영향력인 하나의 '결합된(connective)' 상태이다.[68] 웹상에서 재조직되는 예술 작품은 끊임없는 진화의 단계로 접어든다. 작품의 최초의 아이디어와 주된 진행 경로가 예술가에 의해서 정해진다면 그 결말은 감상자의 끊임없는 개입과 연관된다. 즉 참여하는 모두의 작용이 연결되고 응집된 상태를 '결합된 상태'라 하는 것이다.

현장감(liveness)

크바스텍(Katja Kwastek)은 인터렉티브 아트의 상호작용을 논의하기 위해 '현장감'의 개념을 설명한다. 이 현장감은 하나의 경험이 미리 프로그램되어서 다시 디지털 미디어에 의해 '실시간'으로 혹은 '지연된' 시간으로 활성화될 수 있다. 시간에 대한 개념은 디지털 미디어의 새로운 잠재적 시간성, 현재, 과거, 미래라는 선적인 시간 구조가 아닌 실시간과 지연이라는 이중적 시간 개념을 만든다.[69] 이것은 상호작용이 형성하는 경험적 요인의 독자성이 된다. 이 또한 디지털 미디어 장치를 기반으로 가능하게 되는 상호작용의 다중적인 특성이다.

인간과 컴퓨터 사이의 상호작용에서는 기계 성능, 통신 대역폭 등이 급진적으로 발전 변화해 왔다. 그러므로 기술적 측면의 변화만으로는 사용성을 충분하게 발전시킬 수 없다. 다음은 다양한 상호작용을 구성하는 방식에 관한 내용이다.

1 상호작용 방식

컴퓨터 상호작용 방식이 앞으로 어떤 추이로 나아갈 것인지는 모르지만 항상 새로운 패러다임으로 새롭게 설계되어야 한다. 여기에서 소개하는 각 방식은 서로 다르지만 어떤 시스템은 이미 있는 여러 방식이 결합되기도 한다. 각 방식이 제공하는 상호작용의 특징을 살펴보자.

1960대에는 또한 트랜지스터, 집적회로, 초집적회로 등의 출현으로 크기와 속도에 있어서 많은 변화를 가져왔으며 컴퓨팅 기술이 크게 변하면서 성능도 높아졌다. 그중 하나가 인간 중심의 컴퓨터 기술이었다. 이때의 인간 중심 기술은 (그림 5-1)과 같이 한 대의 컴퓨터에 시간을 쪼개어 여러 사람이 동시에 사용할 수 있는 다중 프로그래밍이 가능한 '시간분할' 기술이다.

◉ 시분할 기술

이 기술이전에는 여러 사람의 작업(프로그램)을 모아서 기계 운영에 따라 한꺼번에 처리하는 일괄처리 기술이기 때문에 사람이 기계에 종속되었다. 그러므로 시분할 방식은 기계 운영 방식에 종속하지 않고 기계 운영에서 벗어난 실질적인 인간 중심의 기술이었다. 즉, 컴퓨터는 메모리에 여러 사용자의 프로그램을 동시에 탑재하고 중앙처리 장치는 시간을 나누어 각 프로그램을 아주 짧은 시간 동안 차례로 잠깐씩 실행한다. 그러면 여러 사용자는 동시에 여러 프로그램을 동시에 실행하는 것 같이 인식한다.

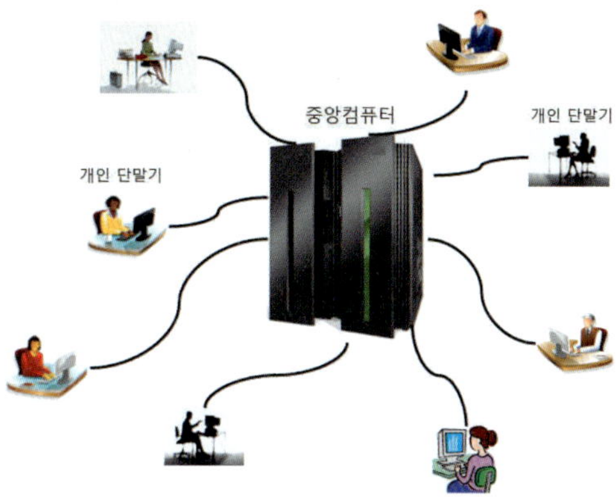

그림 5-1. 다중 프로그래밍으로 동시 상호작용이 가능한 시분할 기술

즉, 같은 시간에 여러 사람의 작업을 동시에 수행하기 때문에 사용자는 컴퓨터 단말기에 나타나는 반응 속도를 매우 중요하게 여겼다. 사용자가 컴퓨터와 직접 상호작용하는 것으로 인간-컴퓨터 상호작용의 시작점이라 할 수 있다. 이때의 시분할 방식은 상호작용 모델을 따랐다기보다는 단지 컴퓨터 시스템의 정해진 정책에 따라 수행하는 것이다.

1960년대 초 그래픽 시스템의 출현으로 정보처리 결과를 시각적으로 보거나 저장할 수 있었다. 이 그래픽 장치와 개념을 오늘날까지 여러 컴퓨터 환경에서 중요한 인터페이스로 사용하고 있다.

● 윈도우 시스템과 WIMP 인터페이스

개인용 컴퓨터의 대중화로 컴퓨터와의 상호작용에 중점을 둔 단일 사용자 중심의 컴퓨터 기술이 강조되었다. 이때부터 인간과 컴퓨터의 상호작용을 중요하게 여겨졌으며 상호작용 시스템, 상호작용 소프트웨어, 상호작용 기술 언어 등이 개발되었다. 이에 따라 인간이 컴퓨터와 상호작용하는 것을 논리적 공간과 물리적 공간으로 분리하여 설계하였다.

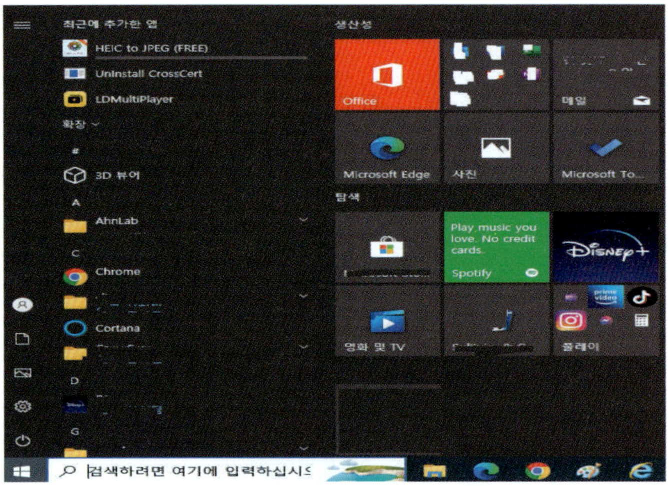

그림 5-2. 마이크로소프트사의 윈도우 운영체제 화면 예

즉, 디스플레이 장치로부터 상호작용을 수행하는 논리적인 소프트웨어를 물리적으로 분리하는 것이다. 그러므로 이전에는 각 응용 프로그램이 자신만의 인터페이스를 가지고 있었는데, 한 개의 인터페이스로 여러 개의 응용 프로그램에 접근할 수 있도록 한 것이다. 윈도우가 바로 디스플레이 장치 공간을 물리적 공간과 논리적 공간으로 분리하는 기법의 시작이다.[70] 1980년대 초에 윈도우, 아이콘, 메뉴, 포인터(Window, Icon, Menu, Pointer)를 기반으로 하는 상호작용 장치가 나왔다. (그림 5-2)는 마이크로소프트사의 윈도우 운영체제의 화면 예이다.

● 직접 조작 방식

1980년대 초에 빠르고 성능 좋은 그래픽 기술로 직접 조작 방식의 상호작용이 더욱 발전했다. 직접 조작 방식 인터페이스를 상업적으로 맨 처음 성공한 것은 애플 매킨토시(Macintosh) 개인용 컴퓨터라 할 수 있다.

그래픽 시스템에서 사용자가 직접 조작하는 인터페이스는 아래 특성을 다섯 가지로 정리할 수 있다. 첫째, 의미가 있는 객체를 아이콘으로 시각화하는 것이다. 둘째, 아이콘이 의미가 있으며 그 의미에 맞는 작업을 수행한다. 예를 들어 아이콘 ()는 찾기를 나타낼 수 있다. 셋째, 사용자는 시각 객체인 아이콘을 직접 조작한다. 넷째, 사용자에게 복잡한 명령어를 간단한 한 개의 아이콘으로 대체하여 이름을 직접 취급한다. 다섯째, 마우스로 포인터를 사용한다.

직접 조작이 제공하는 시각화에 관한 것을 WYSIWYG(what you see is what you get)이라고도 한다. 예를 들어 워드 프로세서를 사용하는 중에 화면에서 보이는 것이 그대로 최종 문서로 출력된다. 그러므로 WYSIWYG 인터페이스는 화면에 보이는 것이 곧 최종 결과물에서 보는 것과 가능하면 같도록 한다. 이것은 작업 중에도 최종 결과물처럼 보이도록 한다. WYSIWYG 인터페이스에서는 최종 결과물 형식을 미리 알 수 있다.

하이퍼텍스트 (Hypertext)

사람의 두뇌 안에서 지식이나 정보가 그물 형식으로 연결된 것처럼 하이퍼텍스트는 컴퓨터 시스템 안에서 저장된 정보를 연결하고 검색하기 좋게 하는 기술이다. 또한 인터넷으로 전 세계적으로 저장된 정보를 거리에 상관없이 검색할 수 있도록 한다.

이 기술은 용량이 큰 멀티미디어 자료를 저장할 수 있고, 텍스트, 그림, 애니메이션, 음악, 이미지 같은 다양한 형식의 포맷을 가진 데이터를 한 데이터처럼 저장하고 사용할 수 있다. 이때 저장된 데이터를 서로 연결하는 기술이 필요하다.

기존의 문자는 왼쪽에서부터 오른쪽으로, 혹은 오른쪽에서 왼쪽으로, 혹은 위에서 아래와 같이 선형적으로 읽히지만, 하이퍼텍스트 기술은 시간과 공간에 종속하지 않고 비선형적으로 데이터에 접근할 수 있다. 이때 브라우저라는 응용 프로그램을 사용한다. 사용자는 멀티미디어를 표현할 수 있는 브라우저를 통하여 컴퓨터와 상호작용한다. 즉, 브라우저는 사용자에게 다양한 선택 기능을 제공하고, 사용자는 원하는 기능을 선택하여 지정한 프로그램에 지시한다.

이와 같이 하이퍼텍스트 기술에 의해 같은 종류의 콘텐츠, 즉 문서는 물론이고, 저장 형식이 다른 콘텐츠를 검색하는 과정을 사용자에 의한 네비게이션이라 한다. 각 페이지는 문자, 그림, 컬러, 동영상, 소리, 하이퍼텍스트 링크 등으로 구성된다. (그림 5-3)은 하이퍼텍스트에 의해 콘텐츠가 있는 문서나 페이지를 하이퍼링크로 연결한 예이다.

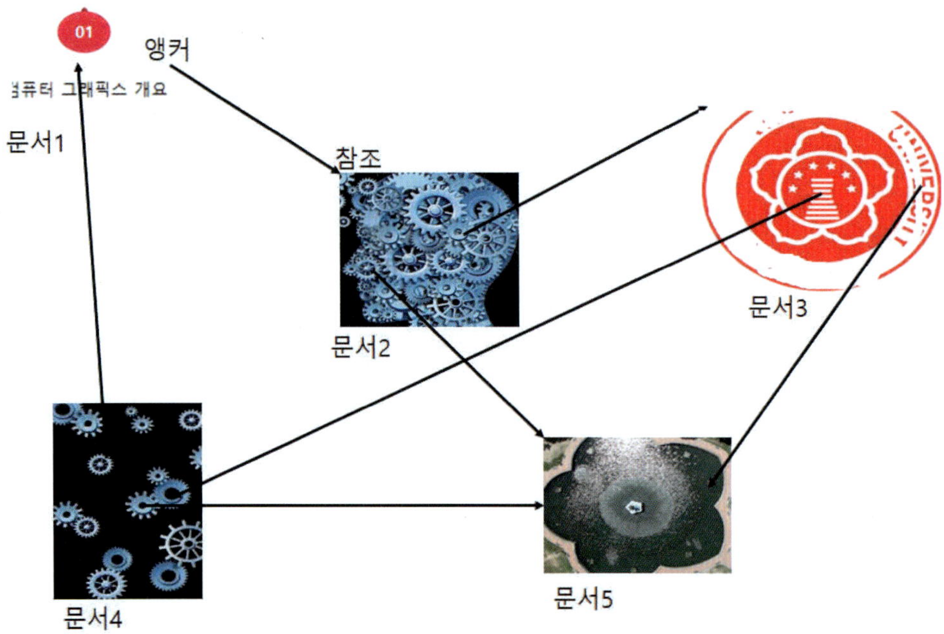

그림 5-3. 하이퍼링크에 의한 다양한 콘텐츠의 연결과 검색

(그림 5-3)에서 앵커는 각 문서의 연결점이고, 참조는 연결점에 의해 검색되는 다른 문서와의 연결이다. 앵커를 클릭하면 참조로 연결된 페이지가 검색된다. 이와 같이 하이퍼텍스트 기술은 여러 곳의 콘텐츠나 정보를 하나로 연결하기 때문에 여러 종류의 정보에 쉽게 접근할 수 있다.

이러한 브라우저는 웹에서 중요한 응용 프로그램이며, 웹은 네트워크 프로토콜(http) 계층 위에, 하이퍼텍스트 마크업 언어(Hyper Text Markup Language: HTML)와 주소(Uniform Resource Locator: URL) 기술이 필요하다.

2 멀티모달리티(Mutimodality)

사용자 상호작용 시스템을 편리하게 설계한다는 것은 어떤 환경에서는 누구든지 쉽게 컴퓨터 같은 정보기기에 접근하여 사용하도록 하는 것이다. 그러나 일반적으로 모든 사람을 만족하도록 설계하는 것이 가능한가? 또는 사람과 같이 자연스럽게 상호작용할 수 있도록 하는 것은 가능한가? 이것이 상호작용 시스템의 목표이지만 아마도 어려울 것이다.

만약 사람과 같이 자연스럽게 상호작용하는 것이 가능하지 않다면 최소한 상호작용 방식을 다양하게 하여 쉽게 상호작용할 수 있도록 하는 것도 중요한 의미가 있다. 사용자들은 능력 차이, 문화 차이, 경험 정도, 성격 차이 등의 여러 배경에 따라 다르게 행동하거나 다양한 방법을 사용하기 때문이다.

따라서 상호작용 시스템의 보편적 설계란 사용자가 소리, 문자, 쓰기, 몸짓, 제스처, 접촉 등 다양한 방법으로 자연스럽게 상호작용하는 방법을 의미한다. 이처럼 다양한 방법을 총체적으로 연결하여 사용하는 기술을 '멀티모달' 기술이라 한다.

멀티모달 상호작용

어떤 정보에 접근하기 위해서는 한 가지 모드(방법)만 사용하는 상호작용보다는 다양한 방법으로 정보에 접근하는 것이 편리하고 자연스럽다. 이와 같이 자연스러운 방법이 상호작용 시스템을 설계에 중요하다. 인간은 오감을 가지고 있으며 이 오감을 통한 다양한 방법으로 상호작용할 수 있기 때문이다[71]. 즉, 자연의 소리, 음성, 음악, 말하기, 감정, 보기, 촉감, 맛보기, 냄새 맡기, 생각하기, 제스처, 글쓰기, 키보드, 마우스, 느끼기 등 다양한 감각과 도구를 사용할 수 있다.

시각은 인간에게 매우 중요한 감각으로 오늘날 상호작용 시스템 기술에 가장 기본적으로 적용하고 있다. 그래픽, 텍스트, 비디오, 애니메이션 등이 보는 감각을 활용하는 것이다. 듣는 것도 사용자를 둘러싸고 있는 환경에서 중요한 감각으로 감정을 효과적으로 표현한다. 촉감도 정보를 전달하는 중요한 도구이다. 옷, 자동차 등 고정된 물건이든, 움직이는 물건이든 접촉으로 많은 정보를 획득한다. 말하지 않고도 촉감으로 정보를 알 수 있고, 얻을 수 있으며, 전달하거나 통신할 수 있다. 맛을 보거나 냄새를 맡는 것도 일상에서는 중요한 감각이다.

(그림 5-4)는 상호작용 시스템에서 멀티모달 상호작용 시스템 구성이다. 이 시스템에서 H는 인간, I는 인터페이스, C는 컴퓨터이며 f(H), f(I), f(C) 각각은 인간이 의도하는 기능, 거기에 대응하는 인터페이스의 기능과 컴퓨터가 대응하여 작동하는 기능이다. (V), (A), (T),

(Sp), (W), (E)는 각각 시각 정보, 청각 정보, 촉각 정보, 말하기 정보, 쓰기 정보, 감정 정보 등을 나타내고, r(V), r(A), r(T), r(Sp), r(W), r(E) 등은 상호작용을 위한 각 정보를 인식하는 요소 기술이다. t(V), t(A), t(T), t(Sp), t(W), t(E) 등은 인식한 상호작용 방법에 반응하기 위한 정보기기 안의 실행 테스크이다. 그러므로 각 모드의 상호작용 기술에 의해 단일 상호작용을 수행할 수도 있으며, 각 단일 방법이 다양하게 유기적으로 결합한 멀티모달 상호작용을 수행할 수도 있다.

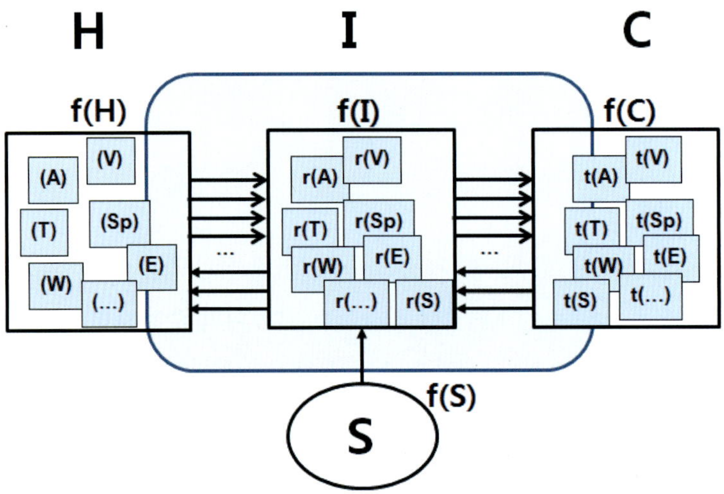

그림 5-4. 멀티모달 상호작용 시스템 구성과 요소

이러한 멀티모달 상호작용 시스템을 구현에 있어서 인간의 여러 감각 기관을 통한 풍부한 상호작용 경험을 적용한다면 효과적이다. 다중 감각과 멀티모달 시스템은 상호작용의 보편적인 설계와 상호작용의 다양성 및 중복성에 서로 부합하기 때문이다. 그러므로 각 사용자의 여건과 능력에 따라 적절한 상호작용 방법으로 정보 시스템에 접근할 수 있도록 해야 한다.

멀티모달 상호작용이 항상 다양성과 풍부함을 강조하는 것이 아니다. 중복성도 강조되며 에러를 유발하기도 한다. 그래픽으로 표현되는 정보에 알기 쉽도록 문자 캡션을 추가하는 것은 중복성의 예이다. 이 상호작용은 그래픽, 문자, 소리, 터치, 손으로 쓰기, 제스처, 감정 등 각각의 요소 기술과 인식 기술이 요구된다.

상호작용 시스템에서 입출력 장치로 키보드나 마우스와 오디오나 컬러 디스플레이 등이 주류이다. 자연스럽고 원활한 상호작용 수단으로 이런 장치들을 사용하기에는 한계가 있기 때문에 보다 더 자연스러운 장치와 기술이 필요하다. 즉, 말하기, 듣기, 몸짓과 같이 인간의 소통 방법과 유사하게 하는 것이 중요하다.

컴퓨터 지원 협동 작업

1970년대 이후 컴퓨팅 기술의 발전에서 중요한 점은 네트워크 기술이다. 컴퓨터 네트워크 기술은 컴퓨터를 연결하는 것은 물론 컴퓨팅 파워를 확장시켰다. 즉, 지역적으로 멀리 떨어져 있는 여러 사람이 동시에 협동 작업을 가능하게 하였다.

단일 사용자 상호작용 기술과 달리 컴퓨터 협동 작업에서는 사회성이 있어야 한다. 다시 말해서 여러 사용자가 하나의 결과를 위하여 컴퓨터 네트워크를 통하기는 하지만 사용자와 사용자 사이에서 사회성이 있는 상호작용 기술이 필요하다. 예를 들어 원격 회의, 원격 강의 시스템, 원격 편집 및 설계, 원격 콘텐츠와 장비 공유 등이 있다. 원격 강의에서는 교수자와 학습자가 사회에서 하는 방식으로 발언권을 얻어 질문도 하고 답도 하는 형식의 상호작용 기술이 필요하다. 원격 편집도 마찬가지로 한 화면을 여러 사용자가 공유하면서 설계할 수 있는데 설계하는 객체를 동시에 사용하고자 할 때는 누가 먼저 사용할 것인가를 제어하며 의견도 공유한다.

유비쿼터스 컴퓨팅과 상황인지 상호작용

컴퓨터를 사용하기 위해 사람이 컴퓨터의 위치 시간 등에 종속되지 않고 (그림 5-5)와 같이 컴퓨터가 사람을 둘러싸고 있기 때문에 즉, 개인용 컴퓨터 시대를 지나 언제든지 어디서나 아무나 다양한 종류의 컴퓨터를 활용할 수 있도록 컴퓨터가 분산 편재되었다. 즉, 컴퓨터가 오히려 사람을 둘러싸고 있다.

그림 5-5. 유비쿼터스 컴퓨팅 환경

이러한 컴퓨터 환경을 유비쿼터스 환경이라 하며 편재된 각 컴퓨터는 유선이든 무선이든 네트워크로 연결되어 있다. 그러므로 유비쿼터스 환경에서는 상호작용하는 방법도 다양하고 기존의 개인별 상호작용하고는 다른 기술이 필요하다. 즉, 개인의 상황을 인지하여 상호작용하는 기술이 중요하게 되었다.

작아질 대로 작아진 컴퓨터 시스템은 인간이 인식하든 못하든 사용자 주위에 있으면서 센서 컴퓨터 등을 통하여 실시간 혹은 비실시간으로 항상 상호작용할 수 있게 되었다. 사용하는 센서는 압력, 자외선, 적외선, 무게, 카메라, 비디오카메라, 심장 박동, 피부 온도, 감정, 눈 동작, 두뇌 신호, 생체 신호 등 다양하다.

현재 기존의 데스크톱 컴퓨터에 적용되었던 여러 상호작용 기술은 진화를 거듭하여 기존 상호작용 기술을 결합한 새로운 상호작용 기술을 낳았다. 인간은 상호작용이 일어나는 장소나 시간을 인지하지 않는다. 이때는 과거의 정보 패턴과 현재 상황을 분석하고 추론하여 상호작용 시스템에서 사용한다. 간단한 예로 집에 들어갈 때 자동으로 불이 켜진다거나 자동으로 텔레비전이 켜지는 것들이 여기에 해당한다. 또는 텔레비전을 시청하다가 잠들면 자동으로 실내 등과 텔레비전이 꺼진다.

데스크톱에서의 상호작용은 사용자가 명확한 의도를 가지고 컴퓨터에 지시하는 것을 수행한다. 즉, 사용자가 무엇을 하고자 하는지에 대한 사용자의 명확한 의도가 기술이 핵심이라는 것을 뜻한다. 그러나 유비쿼터스 환경의 상황인지 상호작용은 사용자의 의도가 숨겨져 있기 때문에 상황을 인지하고, 분석하고, 추론하여 그 의도를 알아내는 것이 기술의 중심이다.

결국 컴퓨터는 상황을 정확히 추론하여 사용자에게 어떤 것이 더 유용한지를 예측하는 지능적인 방법이 필요하다. 이때 추론에 사용되는 데이터와 추론 자체는 확률적이며 불확실할 수도 있다.

3 사용자 인터페이스 관리 시스템

앞에서 살펴본 상호작용 시스템에 관한 기본 지식과 기술들은 사용자가 특수한 상황에 있지 않은 일반적이고 보편적인 경우들이다. 그러나 모든 사람이 같은 능력이 있는 것은 아니기 때문에 컴퓨터를 사용하는 개인의 차이를 알고 분석하여 설계에 넣어야 한다.[72]

차이라는 것을 크게 생각하면 성별, 나이, 빈부, 물리적인 장애, 지능적인 차이 등이 있을 수 있고, 좁은 의미로 사용자의 스트레스 지수, 몸의 건강 상태, 음주 상태, 심리적 상태, 그리고 각 사용자의 생리적 상태까지 다양한 차이를 들 수 있다. 예를 들어, 시각적으로 남과 다른 사람은 시각 인터페이스에서는 다른 방식으로 사용할 수 있도록 설계하여야 한다. 그러므로 사용자의 다양한 차이를 고려한 상호작용 시스템을 설계하도록 여러 요소를 추가하고 국제표준을 가져야 한다. 가장 중요한 요소 중 하나가 주요 사용자의 연령대와 특정 문화권의 상황도 고려하여야 한다.

촉각 인터페이스는 전자 점자 등으로 이미 활용 중이며 화면의 내용을 나타낼 수 있다. 이런 기술은 객체가 장애인에게 정보를 알려주기 위해 적당한 힘을 계산해야 하는데, 별도의 소프트웨어가 필요하다. 또한 여러 세대와 문화 차이에 대한 인터페이스도 중요 이슈이다.

상호작용 시스템을 설계하는데 연령대가 다른 각 세대를 고려하는 것도 중요한 요소이다. 어린이 세대, 청소년 세대, 고령 세대 사이에서는 상호작용 방법이나 지원하는 기술이 달라야 할 필요가 있다. 또한 문화적 차이에 대해서는 성별, 종족, 사회적인 등급, 종교, 정치적인 신념, 정책적인 신념 등도 영향을 주는 요소이기 때문이다. 마찬가지로 언어 민족적인 상징, 색 글을 왼쪽에서 오른쪽으로 읽거나 위에서 아래로 읽기도 한다. 유사한 상징도 다른 문화권에서는 다르게 해석할 수도 있다. 몸짓은 문화권마다 오해의 여지가 있을 수 있다.

(그림 5-6)과 같이 사용자 인터페이스 관리 시스템을 사용자와 응용 프로그램 사이에서 분리하였다. 그러므로 응용 프로그램을 '의미적'이라 한다.

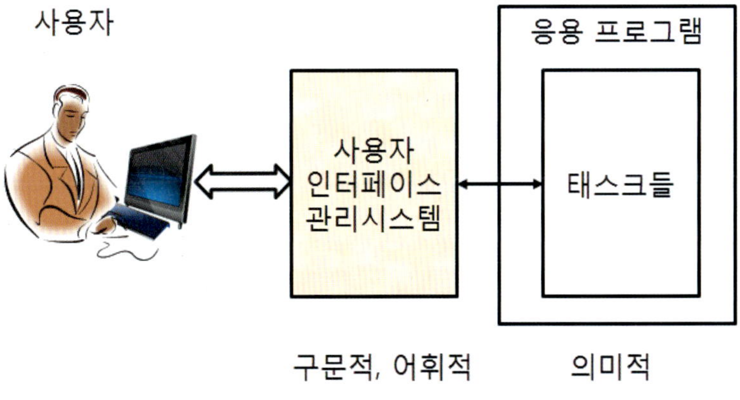

그림 5-6. 사용자와 응용 프로그램 사이를 분리

사용자 인터페이스와 응용 프로그램을 분리하여 마이크로 소프트의 윈도우 시스템과 같이 살펴볼 수 있는데, 한 인터페이스 관리 시스템을 통하여 여러 개의 다양한 응용 프로그램에 접근한다. 뿐만 아니라, 스마트폰 역시 한 인터페이스 관리 시스템을 통하여 여러 응용 프로그램에 접근한다. 초연결 컴퓨팅과 편재형 컴퓨팅은 기본적으로 상황-인지가 가능해야 하므로 센서와 네트워크 기술이 접목되어 발전해야 한다. 가상-현실 기반 상호작용이 가능해야 하고 동시에 **두뇌-컴퓨터 상호작용**이 필요하다.

사용자 제스처

사용자가 제스처를 통해 생성하는 특정 제스처 정보는 객체에 변화를 주는 정보로 활용한다. 사용자의 머리, 오른손, 왼손, 오른쪽 어깨, 왼쪽 어깨, 오른쪽 팔목, 왼쪽 팔목, 척추의 관절 위치 정보를 사용하여 세 개의 (x, y, z) 좌표 값을 추적한다.

5.2. 공동 참여: 다양한 상호작용 구상

디지털 아트의 특징 중 하나는 관객과 작품 혹은 관객과 관객 사이에서 상호작용할 수 있다. 즉 작품은 이제 제한된 공간에서 전시되고 관객은 구경만 하는 것이 아니라 관객의 행동과 의도에 따라 작품을 변형하거나 재창작할 수도 있다. 작품과 관객이 상호작용하면서, 새로운 창작 활동을 수행한다. 이것은 인간과 컴퓨터의 상호작용 기술을 작품 활동에 적용하는 것으로 컴퓨터의 발전이 인간에게 편리성을 제공하는 기술을 기반으로 한다.

이와 같이 디지털 아트는 미학적인 작품으로만 존재하지 않고 인간과 더불어 호흡하는 생명체로 존재하면서 생활 속의 생태계를 이루게 되었다. 그러므로 완성된 아날로그 예술 작품은 대개 화랑과 미술관 같은, 그것들을 보존하고 전시하는 제도에 의해 보호되었지만, 인터렉티브 디지털 아트는 인간 생활의 한 요소가 되었다.

그러므로 인간-컴퓨터 상호작용 기술은 예술가들에게는 새로운 전위 예술의 영역을 펼쳤다고 할 수 있으며 '**가상현실**(VR:Virtual Reality)'과 '**상호작용성**(Interactivity)'을 강조한다. 즉 **메타버스**(Metaverse)시대의 새로운 예술 세계를 요구하고 창조하게 되었다.

메타버스 공간에서 경험하는 가상현실은 15세기에 원근법을 발견한 이래 예술가들이 추구해 온 완전한 자연 모방의 꿈을 성취하는 것처럼 여기게 된 것이다. 네트워크와 메타버스 공간에서 완성되는 디지털 예술 작품은 작가와 관람자가 구별되지 않는다. 상호 작용은 작품의 실현을 위해 필수적인 요소이다.

이와 같이 상호작용성은 디지털 아트에의 적용에 매우 중요하며 최초의 디지털 예술 작품 중 하나로 벨(Bell) 연구소의 연구원인 마이클 놀(Michael A. Noll)이 제시했다. 이 작품들은 1960년대에 선보인 그의 초기 컴퓨터 예술 작품으로 피카소의 큐비즘을 연상하는 추상적인 그림이었다. 또한 이외에도 초기 컴퓨터 아티스트로 꼽히는 독일의 게오르그 네스(Georg Nees)와 프리더 나케(Frieder Nake)가 있으며, 그리드나 프랙탈 같이 무작위로 반복되는 추상적 드로잉을 묘사했다. 또 동시대에 존 위트니(John Whitney)의 Catalog(1961)도 주요한 초기 컴퓨터 아트이다.이 작품으로 그는 '컴퓨터 그래픽의 아버지'로 간주되었다.

1970년대 중반 맨프레드 모르(Manfred Mohr), 존 던(John Dunn), 댄 샌딘(Dan Sandin), 우디 바술카(Woody Vasulka) 등이 2차원과 3차원의 이미지 제작을 위한 소프트웨어를 개발했다.

1980년대에 개인용 컴퓨터의 대중화로 데이비드 호크니(David Hockney), 제니퍼 바틀렛(Jennifer Bartlett), 키스 해링(Keith Haring), 앤디 워홀(Andy Warhol) 등이 대중에 더 가까이 접근하고 친숙함을 주는 작품 활동에 적극적이었다. 이때 팝 아트(Pop Art)와 같은 새로운 형식의 예술이 보편화된다.

1990년대부터 오늘날까지 디지털 아트가 다양하게 변하며 여러 특성이 구별지었다. 즉, 단순한 영상 가공과 조작에 의한 **단순한** 그래픽 아트, 웹이나 네트워크에 의한 **네트워크 아트**, 상호작용이 가능한 **인터렉티브 아트**, **가상현실**과 **메타버스 아트** 작품 등으로 특징 지을 수 있다.

인터넷을 이용한 **웹 아트**는 1989년 뉴욕의 구겐하임 미술관에서 웹만을 위한 최초의 예술가 프로젝트를 선보였다. 이 작품과 작가들은 관객들이 컴퓨터에서 단순히 아이콘을 클릭하는 상호작용을 넘어 관객이 그 이상 능동적으로 참여하기를 요구했다.

즉, 초기의 행위 예술이 예술가가 미리 정한 지시에 따라 관람자가 반응하거나 참여하는 것이 아니라, 새로운 상호작용 작품은 관람자들이 상호작용에 더욱 능동적으로 참여하도록 했다. 즉, 작가와 관객이 작품 하나를 공동으로 제작하는 것이다. 또한 인공지능 기술도 작품 제작에 능동적으로 참여하여 공동 창작을 수행하기도 한다.

그러므로 작품을 감상하려면 관람자들은 자신들의 생각이나 연상을 창조함으로써 작품 하나를 완성해야 한다. 인공지능 기술 덕분에 참여자는 여러 개의 유사 작품을 제작할 수도 있었다. 상호작용 디지털 아트로 유명한 작가로는 빌 시먼(Bill Seaman), 칼 심스(Karl Sims)등이 있다.

오늘날 '**가상현실**(virtual reality)'은 '컴퓨터를 통해 접근할 수 있는 가상 공간과 유사한 경험을 접할 수 있는 새로운 상호작용 기술이다. 그러므로 상호작용하려면 인간은 가상공간에서 가상 세계를 구성하는 가상 **대상**(객체)들과 상호 작용하는데 이러한 경험을 가지려면 사용자는 장갑 장치, 3차원 세계로 들어가기 위한 헤드셋이나 슈트 같은 장치들을 착용해야 한다. 이런 가상현실을 구현한 초기 작가로는 샬롯 데이비스(Charlotte Davies)가 있다.

오늘날 인터렉티브 아트는 테마파크와 컴퓨터 게임 등으로 보편화되어 있으며 가상현실과 메타버스 기술을 이용하는 디지털 아트는 디지털 기술의 괄목할 만한 발전에도 불구하고 사용자가 원하는 공간에서 상호 작용할 수 있도록 충분히 몰입하기 위해서는 아직 많은 과제와 이슈가 남아 있다.

1 인간 상호작용 사례

인간 상호작용의 설계에서 실시간 대화형 체계나 공동제작은 그 과정이 복잡하지만, 사용자가 자연스럽게 작품과 상호작용하는데 중요한 요인이 된다. 인터렉티브 아트 <스크린을 점령하라>(그림 5-7)에서 우리는 인간 상호작용의 좋은 예를 찾을 수 있다. 서먼과 굴드의 <스크린을 점령하라>는 다양한 사람들의 상호작용을 통해 텍스트를 열어놓은 동시에 만남과 관련한 설계자(예술가)의 메시지를 상호작용을 통해 직관하도록 한다. 이 프로젝트는 독일의 두 도시 베를린(Berlin)과 리가(Riga)를 연결하여, 양 도시민이 상호작용을 통해 연결되도

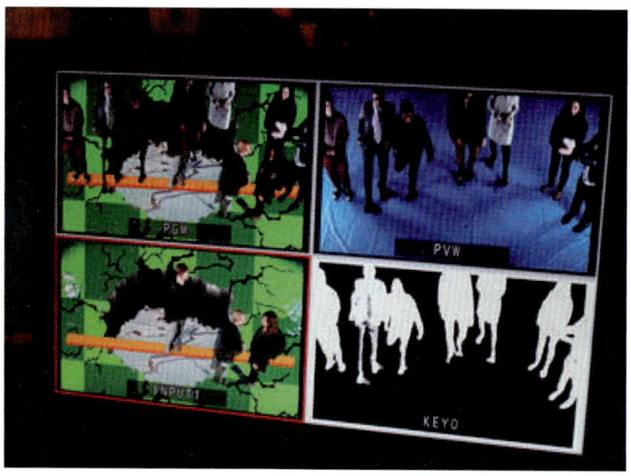

그림 5-7. Paul Sermon & Charlotte Gould, 〈Occupy Screen〉, 2014
(Source: http://www.paulsermon.org/occupy/)

록 설계되었다. 인간 상호작용에서 자연스러운 대화나 반응을 얻기 위해 설계자는 반드시 딱딱함을 해소하고 사교적이고, 유쾌한 대중적 방식으로 사용자의 행동을 유도한다. 서먼과 굴드는 사용자 참여의 중요성을 강조하고 이를 새로운 문화적이고 정치적 영역으로 가는 관문으로 인식했다. 사용자는 놀이적 상호작용(ludic interaction)과 HD 비디오 채팅을 통해 신체적 체험을 통한 몰입이 가능하게 되었다.

놀이적 상호작용은 게임과 달리 특정한 규칙을 따르거나 준수하는 과정이 없이 더 자유롭게 접근할 수 있는 상호작용이다. 놀이적 상호작용은 감상자의 개입을 의미하는데, 손짓이나 센서 앞으로 걷는 것과 같은 큰 규칙 없이 자유롭게 감상자와 상호작용하도록 하여 긴장감 없이 가벼운 마음으로 작품과 상호작용하도록 장려한다.

셔먼과 굴드는 설치된 카메라 앞에서 움직이는 감상자를 녹화하고, 미리 디자인해 놓은 화면 텍스트와 조화롭게 만들어, 새로운 화면이 구성되도록 설계했다(그림 5-8). 감상자가 길이 4미터 직경 2미터의 푸른 바닥 시트 위에 서면, 공중에 설치된 타원형 카메라는 대형 화면에 나타나는 이미지에 반응하는 감상자들의 움직임을 실황 한다.

그림 5-8. Paul Sermon & Charlotte Gould의 작품을 위한 블루스크린 설치

(Source: http://www.paulsermon.org/occupy/)

가상의 환경을 나타낼 수 있는 가장 기본적인 기술 중에 **블루스크린과 그린 스크린 기술**이 있다. "블루스크린"과 "그린스크린"이라는 용어는 장면의 배경이 파란색이나 녹색 화면처럼 보이는 것 앞에서 촬영된 다음 컴퓨터로 만들어진 이미지로 대체되는 필름 기술을 설명한다. 블루스크린은 검정으로 보이지만 실제로 배경에 색상이 있으며, 녹색 화면은 카메라에 녹색으로 표시되지만 실제로는 다른 모든 색상을 반영한다. 이 차이는 우리의 눈이 빛의 파동을 해석하는 방법 때문이다. 영화 제작자들은 특정 조명 조건에서 어떤 색이 더 효과적인지를 찾아내어 녹색과 파란색 화면을 선택한다. 이러한 블루스크린과 그린 스크린 기술은 할리우드 영화에서 수십 년 동안 사용되었다. 블루스크린은 일반적으로 밤하늘이나 깊은 공간과 같은 어두운 배경에서 촬영하는 데 사용된다. 그 결과 배우들은 다른 방법으로는 불가능한 배경을 가진 장면에 설득력

있고 사실적으로 삽입될 수 있다.

셔먼과 굴드는 이러한 기초적인 그린 스크린과 블루스크린 기법을 활용하여 마치 만화영화의 장면과 유사한 장면 속에 감상자들이 서로를 보고 상호작용하도록 구성했다. 양 도시의 감상자들은 각자 자신이 나타나는 화면을 먼저 보게 되고, 몇 초 뒤 양 도시에서 동시간에 카메라 앞에선 감상자를 화면상으로 만나도록 설계되었다. 즉, 두 도시에 같은 화면이 나타나지만 각 도시의 감상자들이 합성된 독특한 화면이 만들어진다(그림 5-9). 두 도시의 감상자가 합성된 화면이 나타날 때, 각 도시의 감상자는 화면의 여러 방향을 뛰거나 걸으면서, 다양한 화면 이미지를 구성할 수 있다.

서먼과 굴드는 이들의 활동적이고 적극적인 퍼포먼스를 유도하기 위해 3D 게임과 흡사한 여러 장면을 배경 화면으로 디자인하여 놀이적 효과를 높였다(그림 5-9). 작품 <스크린을 점령하라>에서 감상자가 임의로 만드는 이미지는 변화의 연속을 보인다. 이들 이미지는 멈춰있는 것이 아니라 순간순간 새롭게 구성되고, 배치되는 즉흥적인 움직임의 집합이기 때문이다. 인간 상호작용에서 실시간 상호작용이 중요한 이유는 이처럼 적극적인 사용자 몰입을 증가시키기 때문이다.

그림 5-9. Paul Sermon & Charlotte Gould〈Occupy Screen〉, 2014

(Source: http://www.paulsermon.org/occupy/)

인간 상호작용에서 실시간과 대화 방식을 바탕으로 제작된 또 다른 사례를 살펴보자. <대서양 아래의 터널>(그림 5-10)은 컴퓨터 매개의 환경을 신체적 행동을 통해 체험하도록 설계되었는데, 이 체험은 실시간 접속기술 바탕의 상호작용을 중심으로 한다. <대서양 아래의 터널>은 프랑스 파리와 캐나다 몬트리올 사이 양 대륙의 감상자가 서로 대화를 통해 협업을 시작하여 종국에는 화상 통화가 성공하도록 설계된 작품이다. 이 인터렉티브 아트의 흥미로운 점은 화상통화로 연결되기까지 그 과정을 시각적으로 경험하게 된다. 일종의 가상 터널을 굴착하는 게임형 인터렉티브 아트이다.

그림 5-10. Maurice Benayoun, 〈Tunnel Under the Atlantic〉, 1995
(Source: https://benayoun.com/moben/1995/09/14/the-tunnel-under-the-atlantic/)

텔레프레전스(Telepresence)기술은 인간 상호작용에서 사교적 효과를 위해 사용된다. 특히 인간 상호작용에서 사교적 효과를 위해 텔레프레전스(Telepresence) 기술이 사용된다. 이 기술은 대화하는 상대가 가까이 존재하는 듯이 느끼게 하여 사용자가 다공간을 경험하는데, 이 공간들은 모순적인 설계를 통하여 대조적 경험을 유발한다. 즉 현재 기술배열이 원거리와 근접성을 실시간 안에 일치시킨다는 뜻이다. 인간은 자신이 존재하지 않는 곳에서 텔레프레전스를 지각하기 때문에 이성의 판단과 반대되는 감각적 확실성을 경험하게 된다.[73] 인터렉티브 아트에서 협업은 물리적으로 서로 다른 공간에서도 가능하도록 통신기술을 응용하여 접근할 수 있다. 특히 <대서양 아래의 터널>프로젝트는 24일 동안 파리의 퐁피두센터와 몬트리올의 현대미술관을 연결하는 가상의 터널을 감상자들이 굴착 하는 작품이다. 지름 2m의 대형 스크린 앞에 선 사용자는 조종기를 조절하여 가상의 굴착작업을 시행한다. 양국의 여러 감상자가 24일 동안 굴착을 시도하고서야 가상터널이 개통되었다. 긴 기간 동안 감상자는 물리적 공간의 거리감을 시간으로 대리 경험하는 것이다.

프랑스와 캐나다의 전시장에서 감상자는 화면에 포토몽타쥬된 양국의 문화적 지리적 특징들의 모호한 이미지를 맞춰야 하고, 스피커를 통한 원활한 소통을 위해 주파수도 올바르게 조종해야 한다(그림 5-11). 이때 사용자는 오로지 공학 기술 그 자체만이 아니라 공학 기술에 반응하는 인간의 실제 존재 감각에 의존하게 된다.

그림 5-11. Maurice Benayoun, 〈Tunnel Under the Atlantic〉, 1995
(Source: https://benayoun.com/moben/1995/09/14/the-tunnel-under-the-atlantic/)

인간 상호작용을 자연스럽고 사실적으로 만들기 위해 작가인 베나윤은 의도적으로 접속과 소통의 어려움을 설계했다. 통신 기술의 발전으로 실제 거리감 감지가 무뎌진 상황에서 의도적인 화면의 불명료함과 통신 단절의 구성은 감상자가 약화된 공간감을 상기하도록 의도된 것이다. 스크린의 불완전하고 애매한 이미지를 조율하고, 불안정한 연결음향의 명쾌한 주파수를 맞춰나가는 것으로, 관객은 스스로 터널을 판다고 생각하게 된다. 24일 동안 여러 감상자는 약간씩 가상의 거리감을 좁혀가는 굴착을 진행한다. 터널의 완공을 위해 24일의 시간이 소비되고, 비로소 스크린을 통한 양 대륙 간의 만남이 이뤄지게 된다.

<대서양 아래의 터널> 프로젝트에서 인간 상호작용을 설계할 때 베나윤은 터널에서 사람들이 메시지를 전송하기 위해 어떤 매체를 사용하지 않기를 기대했다. 인간 상호작용에서 베나윤에게 가장 중요한 요인은 "교감적(phatic)"단계이기 때문이다. 이 단계로 접어들기 위해서 인간 상호작용에서 인위성이 제거되어야 한다. 자연스러운 실시간의 반응이 스크린에 나타나면서 매체 조정이 될 때 인위성은 약화된다.

<세계로 통하는 터널>(그림 5-12)은 <대서양 아래의 터널>의 업그레이드 버전이다. <세계로 통하는 터널>에서 터널 모형, 화면 상태를 변화하는 조종기는 사라지고 자연스러운 사용자

인터페이스(Natural User Interface)를 사용하고 있다.

그림 5-12. Maurice Benayoun〈Tunnels around World〉, 2012.
(Source: http://www.benayoun.com)

NUI(Natural User Interface)는 인간의 자연스러운 행동을 기반으로 작동되는 프로그램 방식을 의미한다. 이전의 마우스를 클릭하거나, 명령어를 입력하는 등의 방식과 대조적으로 일반적으로 행동하듯 자연스러운 상황 속에서 명령이 실행되는 상황을 구성한다. 사용자의 동작을 인식하거나 단순한 터치와 손동작 등이 작동을 실행시키고 정지시키는 동력이 된다.

<세계로 통하는 터널> 역시 NUI를 사용한 인터렉티브 아트이다. 서울과 미국 서부의 실리콘 밸리, 홍콩, 파리, 몬트리올 등 세계 곳곳의 여러 장소가 이 작품을 통해 인터넷의 플랫폼으로 연결된다. <대서양 아래의 터널>이 두 개의 국가 사이에 일어난 인간 상호작용이었다면 여기에서는 다국적으로 소통하는 채널을 설계했다.

그림 5-13. Maurice Benayoun〈Tunnels around World〉, 2012.
(Source: http://www.benayoun.com)

바닥에 장치된 센서 때문에 감상자가 발을 옮기면 화면 이미지가 변화되고, 공중에 설치된 센서는 화면 앞에 감상자가 손짓을 할 때 이미지 변화를 일으킨다. 감상자는 정면의 스크린 이미지들이 변화하는 것을 알고, 몸을 움직이면서 이미지를 조절한다. 화면 속 이미지는 감상자의 움직임에 반응하고, 그 중심에 구멍이 뚫리는 착시효과를 일으킨다(그림 5-13). 베나윤은 이 작품에서도 감상자가 마지막 굴착이 끝나면 누군가와 대면하도록 작품 과정을 구성했다.

실제로 우리가 다른 문화의 누군가와 마음을 열고 대화한다는 것은 서로의 문화를 이해하는 태도에서 출발한다. 이러한 생각은 터널 앞에선 감상자들이 상대편의 문화적 이미지의 층위를 모두 뚫고 들어간 후에야 터널의 반대편에 있는 감상자와 만날 수 있다는 설정에서 발견된다. 이것은 문화적 이미지의 층위를 이루는 가상의 공간이 제거되고서야, 마침내 실제 존재하는 대상과 대화하는 기회를 얻도록 설계한 인터랙티브 아트이다.

인간 상호작용의 설계는 놀이와 같은 즐거움과 사교적인 만남이라는 특성이 있다. 설계자는 인간 상호작용의 자연스러움을 위한 실시간 기술, 음성 통화, 화상 통화와 같은 기술 응용 등을 상기해야 할 것이다. 인터렉티브 아트에서 설계해야 할 중요한 사안은 상호작용을 위한 감상자의 동선과 행동 요인이다. 전체적인 작품구조가 계획되면 작품의 구체적이고 개별적인 사항은 감상자의 움직임과 이미지텍스트의 조화로운 반응이 관건이 된다.

인간 상호작용은 감상자의 적극적인 개입과 작품에 깔린 작가의 의도를 이해하도록 하는 단서로 제공되어야 할 것이다. 결국 작품의 전반적인 계획을 제외한 모든 세부사항은 열려진 상태로 감상자에게 위임된 것이다. 감상자의 임의적인 상호작용성의 변수가 텍스트를 열어놓는 핵심이며, 설계된 구조에 능동적으로 개입하여 감상자가 설계자의 아이디어에 더 가까이 접근하도록 이끈다. 인간 상호작용은 시스템이 생생한 현실을 재현하는 것만으로 성립되는 것이 아니라 인간이 그것으로부터 현존감을 느끼면서 가능하다.

현존감은 인간 상호작용의 목적을 설계하고 사용자의 감각과 이미지의 반응을 구성하면서 시스템과 인간의 경험이 조화를 이룰 수 있어야 한다. 이러한 조화 속에서 인터렉티브 아트는 감상자 몰입이 가능하다. 또한 컴퓨터 매개의 환경에서 감상자가 몰입하는 설계는 인간 상호작용의 자연스러움과 즉각적인 효과가 필요하다. 생생한 현존감 있는 인간 상호작용 기반의 협업은 인터렉티브 아트의 경험을 감각적 깊이에서 정신적 영역으로 접어들게 할 수 있다.

2 진화하는 인터렉티브 아트 사례

인터렉티브 아트는 작품을 관객의 의도에 따라 변형 수정할 수 있도록 한다. 즉 필요한 센서를 장착한 작품이 관객의 관념과 의도에 따라 변하여 새로운 작품으로 재창작된다. 그러므로 작품의 동적인 의미도 부여되지만, 순간순간 변화하여 재창작된 다른 작품이라는 의

미도 부여된다.

가상과 실재가 결합된 자연 공간 경험을 기반한 작품 중에 <가상 정원>(그림 5-14)가 있다. <가상정원>에서 식물은 천장에서 높낮이가 다르게 나타나며, 식물 위에 영상 레이어(layer)를 겹침으로서 가상정원을 구축한다. 실재의 공간에 다층의 레이어를 겹쳐 공간을 재구성하고 형상화하여 새로운 결합된 공간을 창출한다. 서로 구별되는 것 사이의 경계이다. 그 경계들이 만들어내는 또 다른 공간, 서로 다른 것이 만나 충돌하여 생성되는 에너지와 그 사건에 주목한다. 여기에도 저기에도 속할 수 없는 경계에서 행해지는 것을 기술적 장치의 실험을 통해 그 경계를 늘려나간다.

이 <가상정원>은 인터렉션을 위해 관람자가 참여할 수 있는 인터페이스를 설정한다. 관람자는 작가가 지정해놓은 '식물'과 '빛'이라는 인터페이스를 통해 직접 참여한다. 식물의 잎 사이사이에 조도센서(포토레지스터, Photoresistor)를 부착하고 센서는 아두이노(arduino)와 연결한다. 조도센서는 주변에 존재하는 빛의 양을 감지하는 센서로 빛의 세기(광량)에 따라 출력한다. 빛이 강하면 저항값이 약해지고, 빛이 약하면 저항값이 높아지는 성질에 따라 아날로그 신호를 발생시켜 아두이노로 얻은 밝기값을 'Puredata'라는 사운드 프로그램과 연동하여 빛이 들어오면 반응하는 사운드가 출력할 수 있다.

그림 5-14. 서상희, 〈가상정원〉, 인터렉티브 설치

자연은 코드로 환원될 수 없는 실재의 두터운 층을 지향한다. 3D 프린트로된 식물 이미지가 하나의 층을 형성한다. 부조적인 형식의 음각/양각의 3D 프린트물은 '정원을 화석화' 한 듯한 이미지를 나타낸다.

가상정원 영상의 장면들을 활용하여 3D모델링이다. 3D 모델링 작업은 영상 이미지의 2D 이미지를 3D로 변환을 해주는 오픈소스 프로그램을 활용하여 영상에서 가지고 있는 가상정원의 이미지를 자연스럽게 표현하기 위해 스캔된 이미지를 입체화시키는 작업을 진행하였다. 이미지를 불러오면 이미지의 색감에 의해 명도 차이를 자동적으로 변환해주어 크기, 높이, 도출된 부분의 정도 등의 기본 설정을 통해 3D 모델링의 파일로 변환가능하다.

그림 5-15. 서상희, 〈가상정원〉, 인터렉티브 설치

CHAPTER 06

Virtual Space in the Life

우리의 일상 속 가상공간

디지털 기술의 발전은 인간의 상상력을 시각화와 청각화에 유용한 도구로 사용된다. 이러한 도구의 특성은 우리의 일상생활에 직접적인 영향을 주고 있는데, 도시 문화를 새로운 방식으로 전개하기 위한 주도적 역할을 하고 있다. 인구가 밀집된 도시에서 공유되는 공간은 서로의 생각을 공유하거나 정치나 사회적 메시지를 전달하는데 유용한 지점이다. 이러한 대중의 점거지역에 예술적 공간 조성은 정부나 지자체가 목표로 하여 개발에 박차를 가한다. 그러나 물리적 구조물을 구성하는 비용과 시간은 물론 공간을 점유하는 문제는 우선 고려해야할 사안이다. 더 나아가 시간이 지나면서 구조물이 노후 되거나 폐기해야할 때 또 다시 시간과 노동과 돈을 들여 이 문제를 해결해야 한다. 이와 같은 공공예술의 문제는 디지털 시대 물리적 공간과 가상의 이미지가 조합되는 기술력으로 일부분 해결의 실마리를 찾았다.

6.1. 공유의 공간과 디지털 설치

1 인터렉티브 설치(Interactive installations)와 장소특수성

인터렉티브 설치는 대중이 이용하는 장소에 기술을 바탕으로 한 가상 구조물을 뜻한다. 대중을 타켓으로 한 디지털 이미지는 규모의 웅장함과 많은 사람과의 공유되는 경험으로 놀이적 감흥을 유도하기도 한다. 작가 다니엘 사우터(Daniel Sauter)는 테크놀로지를 이용하여 문화적 사회학적 의미를 상호작용적 설치와 장소 특이성 개입을 특징으로 작업을 제작한다. 그는 도시 공간 내에서 프로젝션(projection)을 사용한 이동성 충돌에 관한 것이다. 인터렉티브 설치(Interactive installations)와 특정 장소개입(site-specific interventions)을 목적으로 하는 작업은 대중이 함께 감상을 체험하는 작품 형식이다.

이 새로운 미디어 예술은 현재 개발되고 있고 곧 개발될 기술 중 사회에 큰 영향을 끼칠 기술인 신생 기술의 사회문화적 영향을 조사한다. 현재 그의 프로젝트는 신생 기술의 시청각적 가능성에 초점을 맞추고 있다. 단순 상호작용의 다양성에서 발생하는 집단행동 방식을 구체적으로 다루고 있다. 더 나아가 공공장소에 설치할 수 있는 휴대용 프로젝트를 개입(interventions)에 사용한다. 분명 기술이 작품에서 중요한 역할을 하지만, 그것이 제일 중요한 것은 아니다. 다만 그는 동시대의 기술이 사회문화적인 맥락에서 배치되고 이용될 때 의미가 있다. 그의 연구는 기술을 형성하고 도시공간에서 사회적 관계를 변형하는 방법에 대한 호기심에 관한 것이다.

이 작품은 현대 도시 공간에서 공공 영역의 상황을 조명하고 표현하여 소통 의 의미와 전략을 찾아가는 과정을 보여준다. <빛의 공격>은 '움직임에 움직이는' 이미지의 개념을 정교하게 보여준다.[74] 투사된 움직이는 이미지는 사우터가 만든 캐릭터의 행동이 각각의 도시공간의 맥락과 그 속의 행인들에게서 영향을 받으며 공간 안에서 특정 움직임에 반응한다. 2004년 로스앤젤레스에서 초연된 첫째 버전에서 <빛의 공격>(그림 6-1)은 할리우드, 비버리힐즈, 산타 모니카, 다운타운, 와츠의 정형화된 지역, 이웃, 환경, 풍경, 그리고 사회적 맥락을 도시의 모호한 성격에 초점을 맞춰 투사하였다.

2005년 이탈리아 피렌체의 상징적인 건축물에서는 가상 캐릭터가 자신이 발하는 광선으로 근본적으로 다른 도시 맥락을 보여주면서, 행인과 건축물을 시각적 대화에 참여시켰다. <빛의 공격>은 자동차에 설치된 맞춤형 모바일 프로젝션을 사용하여 애니메이션 가상 캐릭터를 도시 풍경에 투영하는 것을 주로 하는 작품이다. 이와 같은 작품의 설정을 위해 휴대용 컴퓨터, 속도 센서, 전원 공급 장치, 프로젝터와 영상 카메라가 필요하다.

그림 6-1. Daniel Sauter, 〈Light Attack〉, 2004
(Source: https://danielsauter.com/display.php?project_id=20)

예를 들어 버스 정류장을 스캔한 센서가 빛으로 구성된 인간 형상의 캐릭터가 버스 정류장의 의자에 앉아 버스를 기다리는 듯한 이미지를 투사하고 지나쳐 간다는 것이다(그림 6-1). 마찬가지로 거리의 움직이는 사람들의 행동에 상응하는 이미지의 패턴이 밤거리에 투영되는 실시간 상호작용과 장소의 특성에 따라 변화하는 이미지를 보여주는 작품이다. 그가 제작한 퍼포먼스, 움직이는 조각, 상호설치는 센서와 데이터 네트워크를 통해 청중들의 참여를 용이하게 한다. 이러한 작품은 관람객들의 참여에 실시간으로 반응하며, 이는 작품과 청중들 사이의 진정한 상호작용이 일어나게 한다. 작품들은 상호작용작업을 끝낼 수 있는 활동적인 청중들을 필요로 하는 공개 프레임워크로 설계되었다. 작품은 청중과 작품 사이의 상호작용에 예측 불가능성과 독자성을 증대하고 끊임없이 진화하도록 만드는데 관심이 집중되어 있다.

사우터의 작품들은 새로운 미디어의 역사와 사회 현상적으로 새로운 미디어와 연결에 관한 연구로부터 영향을 많이 받았다. 매스미디어와 미디어 기술과 관련된 최근 사회현상을 비교해 보면, 과거의 미래에 관한 상상은 미디어 역사에서 되풀이되는 주제를 찾기 위해 적절한 원천이 되었다. 사우터의 이동식 프로젝션 시스템 중심의 작품은 LA, 보스턴, 홍콩, 서울, 멕시코시티 그리고 독일의 아인트호벤까지 다양한 도시에서 각 도시의 장소 특성에 상응하는 이미지의 변천과 움직임을 보여주었다.

<광선의 공격>으로 사우터는 투사되는 이미지와 실제 공간을 실시간 점유하는 공공예술을 실행했다. 빛을 투영한다는 것은 스크린이 되는 대상이 필요한 법인데, 사우터는 이러한 고정 관념을 벗어나 살아 움직이며 시시각각 변화하는 이미지를 생성하기 위해 스스로 움직이는 프로젝트인 자동차 설치를 통해 보여주고 있다.

빛을 투사해서 이미지를 제시하는 시각 예술이 지정된 미디어 채널을 벗어났을 때 어떤 일이 일어나는가? 유비쿼터스 프로젝션이 어떤 방식으로 우리가 상호작용하는 공간을 변화시키는가? 어떤 종류의 규정이 유비쿼터스 프로젝션의 사용을 정당화하는가? 어떻게 모바일 프로젝션이 프라이버시와 개인 소유물의 측면에 영향을 미치는가? 창의적 표현 목적을 위해 공공장소는 얼마나 공공성을 가져야 하는가? 사우터는 스스로 이러한 질문을 제기하며 작품의 테마로 스스로 해답을 찾아내고자 작업에 몰두한다.

2 빛으로 형성되는 몰입공간

도시는 시민들이 공유하는 공간이 많은 관계로 인구가 모이는 곳에는 광고판이 있기 마련이다. 21세기에 들어서면서 다수의 이목을 끌어들이는 광고 이미지는 특정 상품이나 서비스를 겨냥한 정보가 아니라 예술적 이미지를 통해 기업이 추구하는 정신을 간접적으로 보행자의 마음에 심어두고자 하는 의도가 많아졌다. 따라서 도시의 한복판에서 예술적 이미지와 마주치는 기회가 잦아진 것이다.

디지털 이미지는 고정된 이미지의 광고판과 달리 역동적인 이미지를 통해 강한 인상을 남길 수 있다. 그러나 디지털 이미지는 한낮의 태양광 속에서도 선명하게 드러나도록 만드는 기술이 요구된다. 도시의 공간에 설치되는 디지털 공공미술은 핸드폰의 액정의 원리가 확장된 것으로 볼 수 있다. 핸드폰에서 LCD 디스플레이의 핵심 물질은 바로 액정이다. 액정은 영어로 하면 리퀴드 크리스탈(Liquid Crystal)이다. 리퀴드(Liquid)는 액체를 크리스탈(Crystal)은 결정을 뜻하는 말이다. 이름에서 알 수 있듯, 액정은 결정의 질서를 지니면서 유동적인 상태의 물질을 뜻하지만, 우리의 일상생활에서 액정은 디스플레이 자체를 뜻하는 단어로 쓰인다. 액정은 대부분 막대 모양을 갖는 유기 분자로 만든다. 막대 모양으로 인해 층층이 쌓여서 질서를 이루기 쉽지만, 각 부분 사이에 작용하는 힘은 결정격자를 형성할 정도로 강하지는 않기 때문에 액체처럼 유동적인 상태를 이룬다. 액정은 대부분 LCD

(Liquid Crystal Display)에 쓰인다.75)

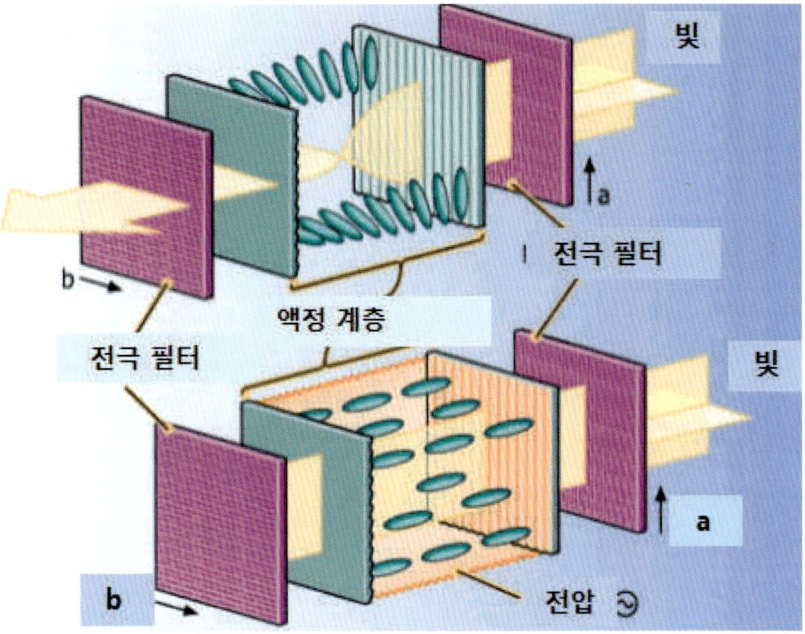

그림 6-2. LCD 작동방식을 보여주는 그림

(Source: https://www.orientdisplay.com/ko/knowledge-base/)

LCD는 편광판으로 번역되는데, 편광필터는 규정된 방향으로만 진동하는 파장들만 통과시킨다. 편광판은 특정 편광의 광파는 통과시키고 다른 편광의 광파는 차단하는 광학 필터이다. LCD는 자체적으로 빛을 방출할 수 없어서 일반적으로 어두운 환경에서 볼 수 있도록 백라이트를 LCD 화면 뒤에 배치한다. 백라이트용 광원은 LED(Light Emitting Diode) 또는 CCFL(Cold Cathode Fluorescent Lamp)일 수 있다. LED 백라이트가 가장 인기가 있으며, 컬러 디스플레이를 원한다면 컬러 필터 레이어를 LCD 셀로 만들 수 있다. 컬러 필터는 RGB 색상으로 구성된다. LCD 컬러 모니터의 각 화소는 광학 필터가 장착된 RGB 세 가지 색상의 색소 세포로 구성되어있다. 세 가지의 색상은 분리되어 박막 트렌지스터(TFT)에 의해 조종된다. 이러한 방식을 통해 모니터에서 컬러가 구현된다. 화면의 해상도가 높을수록 기본단위인 화소의 개수가 많은 것이며 그만큼 많은 수의 TFT가 있음을 의미한다.

(그림 6-2)에서 볼 수 있듯이 LCD의 원리는 액정 분자에 전기장이 가해지지 않으면 분자가 LCD 셀에서 90도 비틀린다는 것이다. 주변광이나 백라이트의 빛이 첫 번째 편광판을

통과하면 빛이 편광되어 액정 분자층과 함께 꼬이고, 두 번째 편광판에 도달하면 차단된다. 이 과정에서 우리는 디스플레이가 검은색임을 알 수 있다. 액정 분자에 전기장이 가해지면 꼬이지 않게 되는데, 편광된 빛이 액정 분자층에 도달하면 빛이 꼬이지 않고 똑바로 통과한다. 그것이 두 번째 편광판에 도달하면 통과할 것이며 우리는 디스플레이가 밝다는 것을 알 수 있다.[76] 이와 같은 LCD 기술로 개발된 디지털 전시판은 일종의 공공예술의 전시장이 되어 도시 공간을 점유하고 있다.

그림 6-3. 희미한 픽셀로 보이도록 하는 유리블록

영국의 선덜랜드(Sunderland) 지하철역에서 공개한 이 길이 144m, 높이 3m의 작품은 유리블록 벽 안에 승객 그림자로 가득 찬 가상 플랫폼을 연출한다. 승객이 대기할 때 마주 보게 되는 벽면을 유리블록과 같은 인상을 주는 대형 저해상도 비디오 매트릭스(755×15픽셀)로 바뀌었다(그림 6-3). 의도적으로 인물들을 희미한 픽셀로 구성하여 마치 벽 뒤에는 버려진 플랫폼이 있고, 오래 전 기차를 기다리던 승객들의 환영이 등장하는 것 같은 인상을 준다(그림 6-4). 지나가는 지하철을 바탕으로 편성된 등장인물들은 점진적으로 나타나고 이들은 곧 기차의 도착을 기다리는 군중의 형태로 나타난다.

그림 6-4. Jason Bruges Studio,〈Platform 5 in Sunderland, UK〉, 2011.

(Source: https://the-dots.com/projects/platform-5-)

기차가 도착하고 떠날 때마다, 몇몇 등장인물들이 탑승하는 것처럼 보이기도 하면서, 각각의 캐릭터는 각자 자연스럽게 행동하고 있다. 동료인 듯 보이는 한 무리의 사람들은 마치 대화를 하는 몸짓을 연출하며 함께 서 있는 반면 반사회적으로 군중에서 떨어져 있는 사람 역시 역사 벽면에 모습을 드러낸다. 한두 명은 그들의 반려견을 데려오거나, 악기를 들고 있거나, 몇몇은 신문을 읽기도 한다. 이 자연스러운 일상의 몸짓들은 35명의 지역 자원봉사자의 임의적 행동을 미리 촬영한 것이다. 이들의 움직임은 디지털로 분해되고 재구성되어 LED 벽면에 나타나는 가공의 캐릭터를 만들었다.

디지털 환경을 조성할 수 있는 기술은 이미 우리가 생활하는 물리적 공간 위에 색다른 환경을 경험하도록 도울 수 있다. 우리 상상력의 시각화가 넷(net) 공간 에서만 실현되는 것이 아니라 현실 공간에서도 가능하게 된 것이다. 이를 통해 두 공간의 양립과 겹침이 이루어지게 되는데 이러한 상황은 도시민 참여를 위한 네트워크 기술력으로 더욱 극대화되고 있다.

6.2. 유비쿼터스와 네트워크

네트워크(network)의 의미는 정보·통신 랜(LAN)이나 모뎀 등의 통신 설비를 갖춘 컴퓨터를 이용하여 서로 연결하는 조직이나 체계를 의미하거나, 어떠한 일이나 문제점을 처리하는 데 각각의 독립적인 기관이 긴밀하게 연결되어 조직적이고 효율적으로 움직일 수 있도록 만드는 체계를 뜻한다. 이러한 용어의 의미가 네트워크 아트로 연결될 때 예술가의 영역과 감상자의 영역이 상호 영향을 주면서 관여하는 바를 의미한다.77)

또한 유비쿼터스는 신이 어디에나 존재한다는 의미로 시작된 단어이나, 컴퓨터 기술력에 대비한다면 유비쿼터스 컴퓨팅(Ubiquitous Computing)은 인간 생활 전역에 편재하는 컴퓨터 기술력을 지칭한다. 실생활에서 컴퓨터가 독립된 기계 개체(object)로 존재하는 단계에서 더욱 발전하여 현실 세계의 사물과 통합하는 단계로 진화하는 것을 뜻한다. 스며드는 컴퓨팅(pervasive computing), 조용한 기술(calm technology), 생각하는 사물(things that think) 등으로 부르기도 한다. 컴퓨팅 기술을 현실 세계의 다양한 사물에서 구현한다는 점에서, 현실 세계의 각종 사물을 컴퓨터 안에서 구현하는 가상현실(virtual reality)과는 반대되는 개념이라고 할 수 있다. 이 개념은 1988년 마크 와이저(Mark Weiser)가 차세대 컴퓨

팅 비전으로 제시한 인간 중심의 컴퓨팅 기술, 즉 사용하기 쉬운 컴퓨터 개념에서 비롯되었다.[78]

또한 광의의 의미로 볼 때 유비쿼터스 네트워크(Ubiquitous Network)의 개념을 들 수 있다. 모든 사물과 전반적인 환경에 컴퓨터가 스며들어 있는 '컴퓨팅 능력의 편재성(ubiquity of computing capability)'보다 언제, 어디서나, 무엇이든 네트워크에 접속하여 연결될 수 있는 '네트워크 접속의 편재성(ubiquity of network access)'이 더 중요하다고 볼 수 있다. 이 개념은 언제 어디서나 네트워크에 연결될 수 있는 정보기술 활용환경, 즉 사물과 사물, 사람과 사물, 사람과 사람이 자유롭게 통신할 수 있는 통합정보통신망을 의미한다.[79]

이와 같은 기술력을 활용한 도시 공간 활성화와 미적 경관 조성은 물론 시민의 예술작품 노출 횟수를 높이고자 다양한 작품들이 개발되고 있다. 이들 중 네트워크 아트는 웹, 인터넷, 멀티미디어, 상호작용 기술, 사물 인터넷 기술, 센서 기술, 네트워크, 이동기술, 콘텐츠, 가상공간 기술 등을 총체적으로 통합하는 **실질적으로 실제와 가상공간을 융합하는 창작예술이다.** 그러므로 네트워크 아트는 작가와 관객의 상호작용은 물론 관객의 적극적인 참여가 필요하다. **즉 네트워크에서 완성되는 작품은 '작가와 관객의 상호작용'은 작품 구현에 필수적인 요소이다.** 관객의 역할은 감상의 영역에만 제한된 것이 아니라 작품의 제작과 생산에도 관여한다는 것이다.

❶ 웹 아트의 네트워크화: 네트워크 아트(Network Art)

웹 아트가 처음 등장한 것은 1989년이며, 뉴욕 구겐하임 미술관에서 웹만을 위한 최초의 예술가 프로젝트를 전시한 것은 1998년이다. 웹에서의 작품 활동은 외부의 영상들을 병합하는 과정과 형식을 주로 취한다. 즉 작가들은 스캐너나 디지털 비디오 장치를 이용해 컴퓨터에 영상을 공급하면서 웹에 게시하여 전시한다.

존 사이몬(John Simon)의 <에브리 아이콘, 1997>(그림 6-5)은 가로, 세로 32개의 그리드로 이뤄진 하나의 사각형이다. 사각형 안에는 총 1,024개의 작은 그리드들을 두어 매우 빠른 속도로 끊임없이 조합을 다르게 하는 작품이다. 이러한 웹 아트는 단지 웹 사이트를 방문하는 데 그치지 않고, 관객이 최소한 클릭을 한 번이라도 하도록 하는 '관객 참여' 작품이 많다. 또한 전 세계적으로 공간과 시간에 구애받지 않는 라이브 퍼포먼스 형식을 가지기도 한다. 컴퓨터와 네트워크 기술의 발전은 상호작용 방식으로 '클릭'이나 '서핑' 외에도 그 이상으로 더 주관적이고 능동적으로 작품 창작 활동에 참여하도록 했다.

그림 6-5. John Simon, 〈Every Icon〉, 1997
(Source: http://www.numeral.com/everyicon/)

인터넷은 **실재와 원격**의 경계를 무너뜨리고 전시 공간을 제한하지도 않는다. 이러한 작품 활동은 작품 제작 공간은 물론 전시 공간도 제한하지 않고 전시 방법도 제한하지 않으며 전시 미디어나 관객도 제한하지 않기 때문에 언제 어디서든 누구나 창작 활동과 전시 활동을 할 수 있다.

모호하게 만드는 가상 혹은 원격 존재론과 미적 경험과 연관하여 여러 기존의 미학적 사상과 철학에 대한 쟁점들을 만들기도 한다. 예를 들어 "원격 지(知)와의 공동 작품에 대한 공간적, 지리적, 존재론적 위상을 어떻게 규정할 것인가?", " 원격지에 존재하는 실재의 재현을 일으키는 동일한 작품을 기존 미적 경험과 철학에 어떠한 변화를 주는가?" 등의 문제를 극복해야 한다.

또한, 원격 상호작용이나 협동 작업을 바탕으로 관람자의 역할과 의식도 변모하는데 관람자 역시 수동적인 구경꾼이 아니라 디지털 환경에 개방된 능동적인 협동 창작자이다. 원격 네트워크 아트 작가는 경우에 따라, 관람자가 항해할 수 있는 가상의 우주를 창조한다. 창작 환경에서 관람자의 참여가 증대됨에 따라 예술가와 관람자의 경계는 더욱 모호해지고, 예술 형식은 산물보다는 과정이 더 중요하게 된다.

과거의 미술관을 대체하며, 가상과 실재의 구분은 점점 모호해지고, 엔터테인먼트 파크와 컴퓨터 게임이 보편적 오락으로 자리 잡아 가면서, 인간의 신체와 기계적인 사이보그의 구분 또한 위협받고 있다. 무선 네트워크의 등장으로 1990년대 동시대 미술의 주요 주제가 되었던 바디 아트와 사이보그 담론은 현실의 경험을 위협하는 가상 경험을 작품에 표현하게 되었다.

그러므로 네트워크 아트에서 '원격 현장감'이 존재하며 이 원격 현장감은 지리 혹은 공간적으로 멀리 떨어져 있지만, 같이 보고 경험하고 느낄 수 있는 것처럼 연결된 현재라고 할 수 있다. 멀리 떨어져 있는 공간이 네트워크로 연결되기 때문에 현장감을 구현하는 것이다. 멀리 떨어져 있는 곳에서 로봇을 조종하거나 작가의 제스처에 의해 작품을 조작할 수 있지만, 아직 미술 작품의 의미보다 과학기술 개발의 영역에서 더 강조되는 문제이다.

도시민이 밀집되거나 보행자가 많은 도시 공간은 대부분 밀도 높은 고층 건물 지대인 경우가 대부분이다. 이와 같은 지역에서 실외 설치물은 규모가 상당히 크지 않다면 사람들의 이목을 끌기 쉬운 일이 아니다. 디지털 기술력은 이러한 도시 공간의 특성을 활용하고 네트워크 기술을 응용한 미디어 파사드(media Façade)를 창작하게 되었다. 파사드는 건물의 출입구로 이용되는 정면 외벽 부분을 가리키는 말로 '정면'(正面)을 뜻한다. 현대에 들어 건물의 입면이 다양해지면서 파사드는 건물 외피 전체를 의미하기도 한다.[80] 따라서 미디어 파사드에서 의미하는 파사드는 이러한 건물의 외피 전체를 아우른다.

이와 같은 미디어 파사드는 네트워크 아트에서 표현의 방식으로 선택한다. 네트워크 아트는 작품 자체의 창작 과정이 결과물보다 더 중요하므로 도시 공간을 전시 공간으로 활용하기 때문이다. 또한 도시 공간을 이루고 있는 빌딩을 화면으로 활용하면서 작가와 관객이 창작 활동에 참여도 가능하다. 이 파사드는 도시라는 공간에서 임의의 대중이 창작 활동에 참여하기 때문에 소셜 네트워크 아트라고 할 수 있다.

소셜 인터렉티브 아트(Social Interactive Art)

우선 실시간으로 영상을 공유하는 기술을 바탕으로 하여 네트워크를 통한 관람자들 사이의 '소셜 인터렉티브 아트'를 구성한 작품의 사례를 보자. 이 작품은 다수의 사용자가 여러 기종의 스마트 기기를 사용하여 화면을 실시간으로 대형 화면에 공유하는 소셜 인터렉티브 아트이다. 영상 공유 기술은 하나의 대형 화면에 여러 사용자의 스마트 기기 화면을 동시에 중첩 투영시키는 기술이다. 이 기술을 통해 관람자는 자신의 스마트 기기의 화면을 대형 화면에 실시간으로 나타낼 수 있으며, 이를 다른 관람자와 공유할 수 있다.

그러므로 관람자는 직관적으로 시스템에 쉽게 접근할 수 있으며 이는 관람자에게 새로운 방식의 예술 참여 환경을 제공하기 때문에, 모든 관람자의 의도, 메시지, 개인 콘텐츠를 네트워크로 공유하는 협업 예술이다. 이러한 기술은 쇼핑몰, 학교, 공원, 전시회 및 여러 공공장소 등 다양한 분야에 응용할 수 있다. 이 소셜 인터렉티브 작품에서는 작품과 관람자 사이의 상호작용은 물론이며, 관람자들 사이의 상호작용과 협업에 의한 소셜 인터렉티브 작품을 구성하는 실시간 영상 공유 기술을 설명한다.

이 기술의 기본 개념은 각 관람자의 스마트 기기 화면 영상을 여러 관람자가 동시에 볼 수 있도록 하는 것이다. 즉, 각 관람자의 영상이 하나의 대형 화면에 나타나도록 하여 협업에 참여하는 모든 관람자의 영상으로 새로운 작품을 구성한다. 이 기술은 소셜 인터렉티브 아트를 생성하도록 하는 기본 플랫폼으로 유선이나 무선 인터넷을 활용하는 환경에서는 언제든지 여러 화면의 영상을 공유하여 새로운 영상을 생성할 수 있다. 이 기술의 핵심은 각 스마트 기기와 대형 화면을 관리하는 서버 사이에서 화면의 영상을 동기화한다.

이러한 관점에서 다양한 스마트 기기의 화면 영상을 동시에 공유하는 기술을 개발하고, 여러 관람자에 의한 소셜 인터렉티브 아트에 적용하는 것은 문화기술적 측면에서 중요한 시도이다. 이 영상 공유 기법은 각 관람자가 자신의 영상 콘텐츠도 되면서 임의의 관람자가 참여하거나 상호작용할 수 있다. 이 기술은 새로운 개념의 소셜 미디어 아트를 표현하는 도구로 사용되며 다양한 미학적인 의미를 표출할 수 있다. 전시에 대한 시간과 공간적인 경계를 확장하고 대중과의 소통을 시도한다.

유.무선 네트워크의 확장으로 인하여 예술 작품의 협업에는 많은 변화가 있었으며 작품 작업에의 참여와 참여자와의 소통을 중요하게 취급하게 되었다.[81] 특히 스마트 기기를 통하

여 개인의 영상을 공유하는 기술과 이러한 기술을 이용하는 예술 작업이 다양하게 만들어지고 있다[82]

(그림 6-6)은 여러 관람자가 자신의 스마트 기기 안에 있는 영상 콘텐츠를 다른 대형 화면에 동시 중첩으로 투영하는 공유 기법의 개요이다.

클라이언트인 스마트 기기에 저장된 사용자의 영상 콘텐츠 정보를 무선으로 서버에 보낸다. 서버에서는 스마트 기기에서 전송해 온 영상 콘텐츠의 재생 정보를 서버의 영상 콘텐츠 재생 프로그램의 입력으로 사용한다. 이때 영상 콘텐츠 재생 프로그램에서 실행할 수 있도록 영상 콘텐츠의 정보를 변환한다. 그 후에 영상 콘텐츠 재생 프로그램에서 영상 콘텐츠를 재생한다. 영상 콘텐츠를 재생하는 동안 여러 스마트 기기의 영상 콘텐츠가 겹치거나 왜곡되지 않도록 한다.

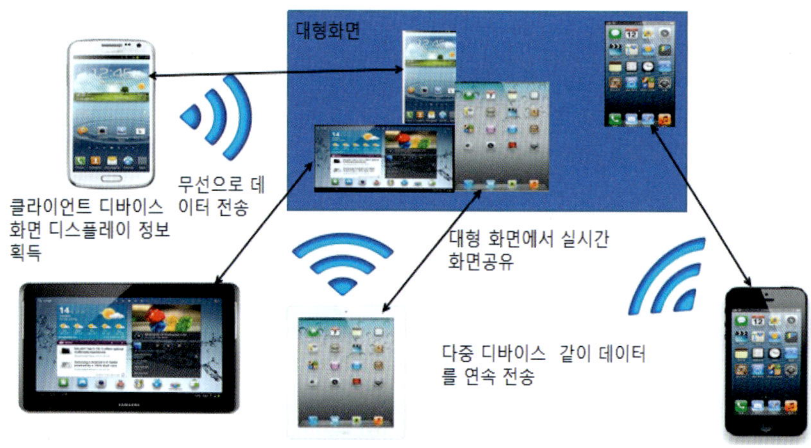

그림 6-6. 실시간 영상 공유 시스템 개요

영상 콘텐츠를 재생하는 동안 영상 콘텐츠의 화면 크기와 프레임의 위치 등을 자유롭게 제어할 수 있다. 이와 같이함으로써, 더 많은 스마트 기기의 영상 콘텐츠를 시스템에서 공유할 수 있다. 또한, 사용자가 어떤 종류의 플랫폼을 가지고 있든지 고려하지 않아도 된다.

작품 플랫폼 동작

영상 콘텐츠 공유 시스템은 클라이언트와 서버에서 아래와 같이 동작한다. 스마트 기기의 운영체제인 안드로이드에서 영상 콘텐츠를 재생하는 정보를 캡처하고, 서버는 현재 접속된 스마트 기기의 정보를 가지고 클라이언트를 인증한다. 그러면 서버와 클라이언트 사이의 데이터 전송 통로가 설정된다. 그 후에 클라이언트에서 캡처한 영상 콘텐츠 재생 정보를 서버로 전송한다. 서버에서는 스마트 기기의 영상 콘텐츠를 올바로 재생하기 위해 정보가 왜곡되지 않도록 제어나 동기화를 수행하고 영상 콘텐츠를 재생한다. 또한 서버에서는 이미 재생 중인 영상 콘텐츠 재생 프로그램과 동기화하여 스마트 기기에서 전송된 영상을 중첩하여 투영한다. 사용자의 기기에서 캡처하는 영상 콘텐츠는 jpeg, gif, png의 포맷이다.

시공의 제약을 받는 관람 형태를 벗어나 도심 곳곳을 장식한 미디어 파사드는 가장 대중적이며, 공공적인 예술로 각광 받고 있다. 미디어아트에서 공간이라는 개념은 물리적 공간에서 더 확장된 개념으로 소통과 관계를 위한 공간이다. 특히 미디어 파사드는 건물 외벽을 디스플레이 삼아 도시 풍경을 장식하여 예술성과 사회성을 동시에 지니면서, 기존의 닫힌 전시 공간을 이탈하여 열린 공간으로 나온 점에서 큰 의미가 있고, 이러한 공간적인 변화는 현대사회의 소통 맥락과 비슷하다.

초기 미디어 파사드가 주로 광고와 정보 전달 등 상업적인 용도에 한정되어 있었다면, 최근 프로젝트는 공공 예술적인 접근으로 영역을 넓혀가고 있다. 미디어의 속성은 정보적, 사회 매체적 속성을 가지고 있는데 현대예술에서는 이를 제대로 표출하지 못하고 예술가의 내적 표현으로 귀결되고 있다. 미디어의 기능은 그 의미 그대로 누구나 공유하고 감상할 수 있는 기능이 있어야 하며, 소셜 미디어의 용어 또한 누구나 참여 가능한 것이 소셜 미디어일 것이다. 이러한 소셜 미디어의 특성을 미디어 파사드에 접목하면 관객이 직접 참여하여 같이 작품을 만들어나가는 개념뿐만 아니라, 대중적 속성이 강한 스마트폰을 활용한다는 점에서 미디어 파사드는 소셜 미디어로 한 단계 진보되어 예술에 대한 새로운 소통 방법을 제시할 수 있다. 이는 이해하기 어려운 현대예술을 소셜 미디어를 통해 대중의 이해와 참여를 극대화할 수 있다.

2 스마트 기기의 발전과 네트워크 아트

소셜 미디어인 스마트 기기와 프로젝션 매핑 시스템을 연동하는 프로토타입 구축으로, 소셜 미디어로서 스마트 기기의 사용이 상호작용을 유도함으로 좀 더 대중적인 미디어아트 환경을 만들고 있다. 이와 같은 기술의 확장은 도심 속 대중참여형 미디어 파사드의 구현을 가능하게 하는 원동력이 되었다. 또한 현재 기술에서 미디어 파사드에서 여러 사용자가 동시에 인터랙션 할 수 있으며, 콘텐츠 간, 파사드 간의 인터랙션 할 수 있는 시스템 구현이 가능하다. 이러한 시스템을 바탕으로 도시공간에서 파사드가 대중과 교감하는 소셜 미디어로서의 적절한 역할과 예술적 가치는 물론 소셜 미디어의 특성을 가지는 스마트폰 활용 영역이 급속하게 확대되고 있다.

정보의 속도와 접근성을 중요시하는 현대기술은 소셜 네트워크 미디어를 창출했다. 특히 현대인들이 가장 많이 소통하는 주요 매개체는 스마트폰이다. 스마트폰의 이용자 증가와 무선 인터넷 서비스의 확장으로 인해 페이스북, 트위터등의 SNS(Social Network Service)나 다양한 애플리케이션을 통해 정보를 교류하고 경험과 공감을 나누는 모바일 문화가 형성되어있다. 이러한 새로운 문화는 터치 하나로 시공을 넘어 여러 공간에 있는 사람들과 연결되며, 예술의 전통적 체계인 시간과 공간의 형식을 무너뜨렸다. 소셜네트워크서비스는 인간과 인간을 연결해주는 주요한 통로가 되었고, 사회 전반에도 영향을 미치는 수준에 이르렀다. 이는 대중의 참여를 가속화하며 일방적인 사회구조에서 양방향의 구조로 바꾸는 통로가 되어 우리의 삶을 변화시키고 있다.

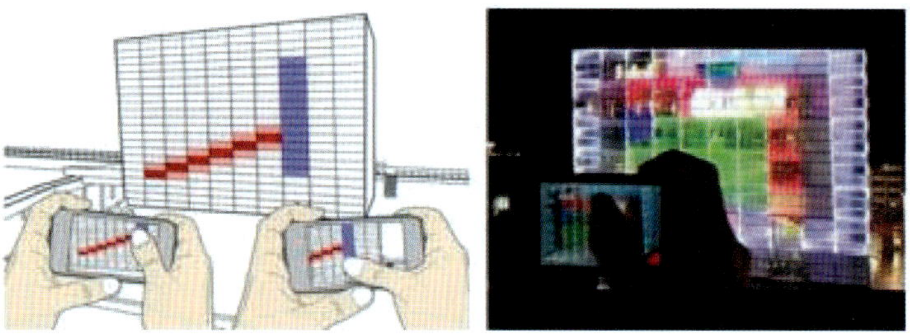

그림 6-7. 모바일 기기로 미디어 파사드를 조절하는 사용자의 예
(Source:Dol:10.1145/1978942.1979342)

공유와 협업의 장으로 미디어 파사드

(그림 6-7)은 아르스 일렉트로니카(Ars Electronica) 축제에서 모바일의 라이브 비디오를 이용한 애플리케이션을 활용하여, LED가 장착된 미디어 파사드와 직접적인 인터랙션이 가능한 프로토타입을 시현한 것이다. 두 개의 애플리케이션으로 다수의 사용자가 동시에 인터랙션 할 수 있는 시스템으로 툴 팔레트(tool palette)를 이용해 건물 외관의 색상을 자유롭게 변경하는 드로잉 애플리케이션과 LED 프레임을 나눠 사용자의 터치로 해당 영역

의 LED를 점화할 수 있는 게임 형식의 퍼즐 애플리케이션으로 구성된다.

라이브비디오를 통해 미디어 파사드와의 실시간 상호작용만이 아니라, 개인 콘텐츠를 배포하여 협업이 가능한 시스템을 보여준다. 많은 관람자가 파사드와 인터랙션 게임에 흥미를 나타냈으며, 실시간으로 관람자가 직접 파사드의 전면을 통제할 수 있다는 점에서 대부분 긍정적인 반응이었다.

그림 (6-8)의 연구 또한 모바일 기기를 사용하여 관객들이 디스플레이의 콘텐츠를 통제할 수 있는 인터랙티브 미디어 파사드이다. 미디어 파사드에서 가능한 사용자 참여를 연구하기 위한 목적으로 네 개의 애플리케이션을 제안한다. 폭넓은 관객을 끌어들이기 위해 각각 다른 장소에서 시현하고, 이와 관련된 연구가 사용자의 인터뷰를 바탕으로 진행되기도 했다. 경쟁과 협업을 목적으로 한 세 가지 게임과 교육용의 인터랙티브 미디어 설치물을 제안하고 있으며, 모바일 기기를 플레이 컨트롤러로 활용하였지만, 그중 하나의 애플리케이션은 모바일의 GPS 기능을 통해 관람자의 위치를 인식하여 사용자의 이동 방향에 따라 게임을 즐길 수 있는 몸체 상호작용이 가능한 작품이다. 이 작품도 초기 사용자의 피드백 인터뷰를 근거로 하여 게임 소재의 유희성과 협업에 대한 관람자들의 긍정적인 반응을 확인할 수 있다.

그림 6-8. 모바일 기기로 건물의 미디어 파사드를 조절하는 사용자

디스플레이 기술의 진화는 건축물 내·외벽은 물론 각종 지물, 지형에 영상을 구현할 수 있게 되었다(그림 6-8). LED와 달리 프로젝터로 영상을 투사하는 형식의 미디어 파사드는 환상적인 3D 그래픽 영상을 통해 건물이 살아 숨 쉬는 듯한 착시효과로 관람자의 몰입감을 높여주며, 감성 중심의 미디어 형태로 예술적 가치를 지닌다. 3D 영상을 고해상 프로젝터로 건축물의 조형미를 활용해 그 표면에 투사하는 3D 프로젝션 매핑 기술 기반의 미디어 파사드는 (그림 6-9)과 같다. 3D 그래픽의 환상적인 영상쇼는 엔터테인먼트와 상업성, 그리고 예술성을 동시에 가지기 때문에 대중들과 다양하게 소통할 수 있는 환경이 형성되어야 한다.

그림 6-9. 3D프로젝션매핑 미디어파사드 예

예술적 경험의 장으로서의 미디어 파사드

도시민의 사회적 참여를 위한 다양한 미디어 파사드 작품이 있지만, 거대한 건축물을 디스플레이 장치로 상호작용하는 것은 노력이 많이 드는 일이다. 규정된 콘텐츠와, 교통법규, 파사드의 사이즈나 가시거리 등 현실적 제약사항이 많다. 하지만 다수의 불특정 관객이라는 요소는 도심 속에서 관람자들이 문화를 공유하고 감성을 교류하며 소통하는 협업을 수행할 수 있는 상호작용 미디어 파사드 작업에 있어 큰 잠재력을 제공할 수 있다.

또한 3D 프로젝션매핑과 소셜 미디어 연동으로 현대예술에서는 디지털매체를 이용한 상호작용이 널리 활용되고 있다. 특히 소셜 네트워크 기반의 디지털 미디어는 시공의 구애없이 양방향 실시간 소통을 가능하게 한다. 이러한 작품들은 감성적 미디어의 형태를 지닌 미디어 파사드와 모바일을 연동하여 대중과의 인터랙션에 있어서 그 범위를 확장해 가고 있다.

(그림 6-10)에서 작품 <말달리기>의 개요와 상호작용 설계를 볼 수 있듯이 모바일 기기의 애플리케이션을 통해 사용자는 백자에 프로젝션 매핑된 콘텐츠의 위치를 조작할 수 있다. 터치 행위를 통해 영상 프로젝션의 콘텐츠를 직접적으로 컨트롤함으로써 직접 소통을 통해 감각적 경험을 향유할 수 있다. 백자에서 말은 다른 백자 항아리로 건너뛸 수 있다.

또한 3D 프로젝션 매핑과 스마트 기기를 연동하여 인터랙션이 가능한 시스템의 제작과정을 살펴보자. 3D 프로젝션 매핑, 모바일 애플리케이션 제작, 통신모듈 구현을 통한 3D 프로젝션 매핑 콘텐츠와 모바일 연동 등의 작업 과정을 거친다.

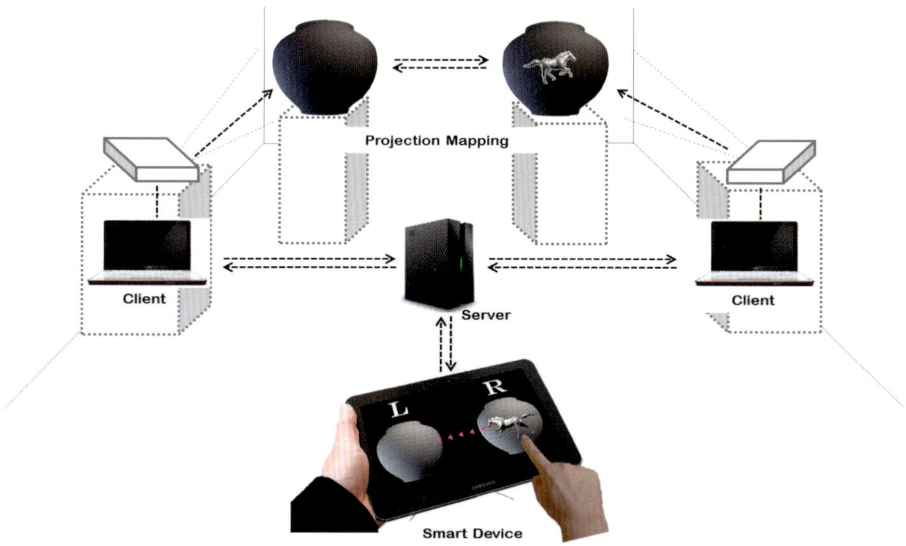

그림 6-10. 장승은, 〈말달리기〉 작품 디자인

3D 프로젝션매핑은 일종의 증강현실이다. 건물 외벽을 디스플레이 삼아 게임을 즐기거나, 건물 외벽의 조형미를 살려 입체감 있는 3D 가상 영상을 덧입혀 새로운 공간으로 탈바꿈하기도 한다. 실감형 인터페이스 기법의 영상 프로젝션은 도심에서 볼 수 있는 새로운 형태의 미디어이다. 영상 프로젝션은 기술적 관점에서 영상의 환영을 스크린에 투영하는 역할만을 수행하지만, 근본적으로는 투영된 매체, 즉 공간 속에 존재하는 오브젝트로서의 건물, 또는 건축 구조물을 하나의 미디어로 확장되고 있다. 실재하고 있지만, 투영된 영상에 의해 네트워크로 재매개된 3차원의 공간은 "몰입됨"보다는 "상호 연관되고 연계됨"이 핵심 특성이다.

(그림 6-11)에서 알 수 있듯이 관람자가 소셜미디어를 통해 파사드의 콘텐츠 데이터와 연동하여 개별 상호작용하며 파사드의 콘텐츠에 변화를 줄 수 있다. 파사드의 콘텐츠 정보나 상황 또한 피드백되어 그 결과물이 파사드 전면에 나타난다.

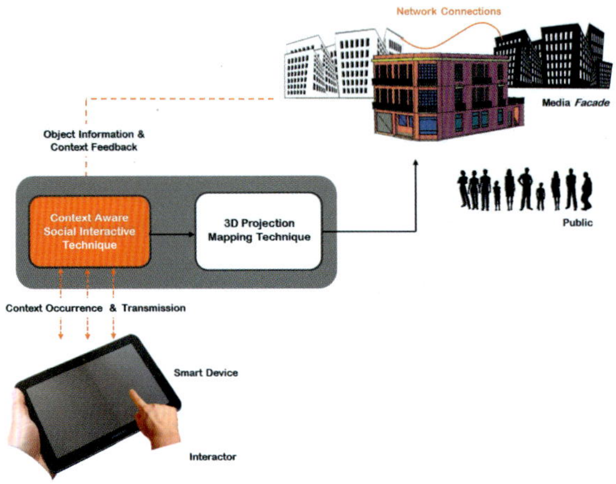

그림 6-11. 소셜 인터랙티브 미디어 파사드 작품 구조

이와 같이 네트워크에 의한 정보 공유의 사회에서 작품 또한 대중과의 소통을 위한 목적성을 지니기도 한다. 이러한 이유로 예술이 이러한 사회문화 속에서 공적인 역할을 해낼 때, 예술적 가치는 상승한다. 예술 또한 문화예술의 정체성을 재확인하고 그 문화적 잠재력이 향상된다.

이러한 네트워크 아트는 소셜 미디어인 스마트 기기와 프로젝션 매핑 시스템을 연동하는 소셜 미디어로서 스마트 기기로 사용자의 인터랙션을 유도함으로 좀 더 대중적인 소셜 네트워크 아트 환경을 구축하고 대중참여형 미디어 파사드를 구현할 수 있다. 또한 미디어 파사드에서 여러 사용자가 동시에 상호작용 할 수 있으며, 콘텐츠 간, 파사드 간의 인터랙션 할 수 있는 시스템을 구현하고 소셜 미디어의 특성을 미디어 파사드에 접목하여 예술성과 사회성을 동시에 가지는 네트워크 아트는 현대예술의 새로운 영역이다.

이와 같이 네트워크 아트는 디지털 미디어와 네트워크를 이용하는 예술로 현대예술에서 중요한 분야를 차지하게 되었다. 또한 중요한 전시 방법과 소통의 도구로 중요하게 수용되었다. 네트워크라는 새로운 미디어를 적극 활용 하는 특성상 시 · 공간을 초월한 소통이 가능하므로 관람자에게 보다 폭 넓은 소통의 장을 열어준다.

도시 공간에서, 유비쿼터스 컴퓨팅 작품

유비쿼터스 환경인 언제 어디서나 자연스럽게 연결되어 관계있는 쌍방향적인 상호작용성을 이용하는 아트와 작품은 많이 있다. 네트워크 기술이 잘 나타난 작품으로 장가(Jhang Ga)의 <사람들의 초상 2004, 2006>을 들 수 있다. 예술성, 대중성, 공공성, 상호작용성, 네트워크성 등을 골고루 만족하는 네트워크 아트의 특성을 잘 살린 작품으로 작품성이 뛰어나다고 할 수 있다. 일방적인 형태로 작품을 보여주고 광고의 역할에만 충실하던 대형전광판이 네트워크가 연결되면서 실시간 관람자들과의 상호작용으로 관람자들과 관람자들 사이의 관계성까지 만들어내었다.

(그림 6-12)는 구상 환경 예술작품이다. 기존 미디어 아티스트의 작품에 있어서는 스크린 영역 밖으로 확장할 수가 없었는데 아티스트를 위한 기술의 한계(미디어를 표현하기 위한 공간적인 한계)를 극복하고 있다. 넓게 편재되고, 안보이지만 검색이 가능한 모든 정보를 보이게 할 뿐만 아니라 기술적으로는 실시간으로 움직이는 작품이다.

여러 기능이 각기 스스로 동작하고 스스로 웹을 사용하는 기법에 있어, 전 세계의 웹을 탐색하는 생명성을 가지고 있다. 실시간으로 방대한 정보의 교류를 직관적으로 보여주고 스스로 동작하는 네트워크 특성이 있다. 좀 더 시각적인 아트의 변화가 필요한 작품이다.

그림 6-12. Jhang Ga, 〈A People's Portrait〉, 2004

(Source: https://sparialinteractions.wordpress.com/2011/11/07/peoples-portrait-by-zhang-ga)

몇몇 작품들에서 볼 수 있는 상호작용성은 사람과 매체 간의 기본적인 상호작용으로 일차적인 상호작용이다. 작품과 관객 사이에 있어서 미리 계산된 매뉴얼 속에서의 제한된 몇 가지 동작에 따른 작품의 움직임을 제시하는 경우가 많다. 단순한 기술 몇 가지의 결합으로 영상미에 기댄 채 상호작용성을 외치는 작품이 많다.

네트워크 기술을 이용한 작품 <하트 트랜스퍼, (장승은, 2011)>(그림 6-18)은 '하트'를 원격지 관람자에게 날씨, 위치, 관람자의 감정, 주변 군중 수 등의 상황에 따라 다른 모양이나 색깔의 하트를 전달하는 작품이다. 즉, 네트워크를 통한 이 작품은 각 작품이 스스로 생각하고 판단하여 움직이며 생명력을 지니고 있기 때문에 이 작품은 매우 중요한 의미가 있다. 작품 자체는 물론이며 작가와 관람자에게 적극적인 변화를 가져다주기 때문에 작품과 관람자의 네트워크를 통한 상호작용이 무엇보다 강조된다.

디지털이라는 매체를 통해 사람과 사람의 상호 소통적 관계를 형성하고자 하는 것이다. 멀티미디어 처리가 가능한 컴퓨터 등을 통해 원거리에 있는 사용자들이 멀티미디어 컴퓨터가 제공해주는 여러 형태의 다양한 매체를 통하여 인간과 대화하는 현상으로 서로 간 통신을 하며 원하는 정보를 주고받는 환경이 되는 것이다. 따라서 네트워크라는 연결망은 디지털 미디어 아트의 퍼포먼스가 현대예술의 질을 한 단계 높이는 데 기여할 것으로 본다. 단순한 상호작용이 아닌 두 사물 간에 직접적인 연결을 만들어 주는 작품 공간은 그 작품 자체만으로 생명성을 가짐과 동시에 사회적 네트워크로서, 예술로서 다양한 관계의 중심에서서 소통매개체의 역할을 하게 된다.

네트워크 연결 기술과 의의

여러 공간을 연결하고 관람자 간의 상호작용이 이루어지는 네트워크 연결의 기술적인 과정을 파악하는 연구에서 네 대의 컴퓨터 간 통신을 시도하였다. 마커 입력의 메인 컴퓨터인 클라이언트 컴퓨터와 마커 입력에 따른 반응과 피드백을 전송하는 서버 컴퓨터로 나뉜다. 클라이언트 컴퓨터와 서버 컴퓨터에서는 소켓을 통하여 IP와 포트(Port)를 이용한 데이터의 송ㆍ수신이 실시간으로 이루어진다. 이에 따라 관람자의 마커 입력에 대한 반응은 다른 세 공간의 스크린에서 동시적으로 반응하여 그 결과가 시각화된다.

다른 세 공간에서의 마우스를 통한 상호작용의 결과도 서버 컴퓨터에 전송되어 스크린에 시각화할 수 있다. 이 작품에서는 편의적으로 서버컴퓨터에 3개의 포트(Port)를 설정하면 양방향의 통신이 가능하다. 향후 확장된 공간에서 작품설치할 경우 여러 대의 컴퓨터로도 통신이 가능한데, 이것은 네트워크를 통해 양방향 상호작용에 따른 반응이 동시적으로 나타나는 것이다. 각 작품이 스스로 생각하고 판단하여 움직이기 때문에 멀티모달 인터랙티브 아트(multi Modal Interactive Art) 환경이 구성된다.

네트워크를 활용한 설치작품은 영상 인식을 통해 감성적인 체험공간을 만들 수 있다. 네트워크라는 첨단 기술을 기반으로 공간의 제약 없이 자유로운 소통을 할 수 있는 상호작용 아트이다. 네트워크 아트는 공간과 시간을 초월하는 생명력을 지니게 함과 동시에 가상공간으로 작품 창작 활동을 확장한다. 오늘날 많이 활용하는 이모티콘이나 아바타의 활용도 좁은 범위에서 네트워크 아트의 응용과 확장이라 할 수 있다.

이모티콘이나 **아바타** 활용도 시간과 공간을 초월한 소통을 통하여 원하는 정보를 주고받는 작품 공간이 제공된다. 사용자는 상호작용을 통해 작품과 소통하고 작가와 소통하고 사회와 소통한다. 작품 감상 공간 속에서 다양한 물리적, 심리적 현상들을 교류하며 예술가의 상상력과 철학 등을 다양하게 경험을 통해 공유한다. 단순한 상호작용이 아닌 두 사물 간에 직접적인 연결을 만들어주는 작품 공간은 그 작품 자체만으로 생명성을 가짐과 동시에 사회적 네트워크로서, 예술작품으로 다양한 관계의 중심에 서서 소통매개체의 역할을 한다. 나아가 전 세계 사람들과의 예술적 감성을 동반한 거대한 소통의 장을 만드는 의미가 있다. 이러한 시공간을 초월한 연결은 예술을 좀 더 대중화하고 공공예술로의 발전 가능성을 보여준다.

미주

62) Dixon, S. (2007) Digital Performance. MA: MIT Press, p. x.

63) Hoffman, D. L., & Novak, T. P. (1996) Marketing in hypermedia computer-mediated environments: Conceptual foundation. *Journal of Marketing*, 60(3), pp. 50-68.

64) Dixon, S. (2007) p. 563.

65) Ibid., p.14.

66) 박연숙, (2013) 상호작용적 작품에서 놀이의 속성: 모리스 베나윤의 작품을 중심으로, 미술이론과 현장, 15, pp. 85-90.

67) Murray, J. (1997) *The Future of Narrative in Cyberspace*. New York: Free Press, p. 126.

68) Dixon, S. (2007) pp. 560~561.

69) 이임수, (2015) 디지털 미디어 시대의 참여 미술: 재 매개와 상호작용. 미술이론과현장, 19, pp. 106-107.

70) Buxton, W., Lamb, M.R., Sherman, D., & Smith K.C. (1983) Towards a Comprehensive UIMS. *Computer Graphics*, 17(3), pp. 35-42.

71) Hartson, H.R., & Hix, D. (1989) Human-Computer Interface Development: Concepts and Systems for its Management. Computer Survey, 21(1), pp. 5-92.

72) Dix, A., Finlay, J., Abowd, G. D., & Beale, R. (2004) Human-Computer Interaction (3rd edition), Prentice Hall.

73) Grau, O. (2007) Immersion and Interaction from Circular Frescoes to Interactive Image Space, trans. Gloria Custance, (www.medienkunstnetz.de/mediaartnet. Oct. 10th 2021)

74) https://danielsauter.com/display.php?project_id=20

64) https://science.pulin.co.kr/62

76)www.orientdisplay.com/ko/knowledge-base/lcd-basics/what-is-lcd-liquid-crystal-display/

77) https://coding-factory.tistory.com/340

78) Nieuwdorp, E. (2007). The pervasive discourse. Computers in Entertainment, 5 (2), p. 13.

79) Ibid.

80) 김호. (2016). 인터렉티브 미디어 파사드에 나타나는 미학적 특징. 한국콘텐츠학회논문지, 16(9), pp. 659-660.

81) Wu, X. & Yin, D., (2011). A remote control system for embedded devices to control personal computers via wireless network. Proceedings of International Conference on Computer Science and Service System (CSSS), IEEE, pp. 1009-1012.

82) Liu, J. & Shi, Y., (2012). I Portals: Sharing Arbitrary Regions of User Interfaces on Traditional and Multi User Interactive Devices. 2012 9th International Conference on Ubiquitous Intelligence &

Computing and 9th International Conference on Autonomic & Trusted Computing (UIC/ATC), IEEE, pp. 957-962.

PART IV

추상적 공간인 넷스페이스는 단지 상상의 세계나 게임의 서사를 형성하는 장소를 넘어섰다. 이 가상의 공간은 이미 우리의 실생활과 단단히 연결되고 그 영향력은 점점 넓어지고 있다. 인터넷 공간 속 인간의 다양한 활동은 신체의 유기적 경험을 벗어나 다양하고 비현실적이며 실제 시간과 공간의 범위를 벗어난다는 사실을 체감할 수 없게 한다. 우리가 공들여 생각하지 않는다면 이러한 경험이 얼마나 비실제적이며 비범한 사건인지 알지 못한다는 것이다.

인간은 거의 지구의 모든 지역에 실시간으로 '연결'이 가능해졌다. 여기에서 '연결'은 꼭 물리적으로 우리의 몸이 실제로 방문해야만 실현되는 것도 아니다. 과학기술은 한 사람의 정체성을 코드화할 수 있도록 했으며 하나의 코드로서 인간은 넷스페이스에서 시공간을 초월할 수 있는 능력을 얻게 되었다. 인간의 기계화는 이같은 신체의 자연적 능력을 넘어설 때 실현된다.

이와 반대로 현재 가장 큰 관심이 집중된 인공지능은 새로운 매체 그 이상의 위치를 차지하고 있다. 많은 연구집단이 세계 곳곳에서 이 새로운 소프트웨어의 기능을 하나의 '존재'로 받아들이고자 한다. 인공지능은 인간이 만들고 있는 인위적 인간, 창작되고 접합된 인간적 존재로 구성된다. 예술의 영역은 지구상의 다른 생물과 차별화되는 특성이지만, 현재 인공지능이 소위 예술이라 불릴 수 있는 무엇을 생성하게 되면서 논란을 불러오고 있다.

인간의 기계화 기계의 인간화

Mechanized Human & Humanized Machine

Part IV에서는 이같은 인공지능의 예술 제작의 문제는 물론 인간과 인공지능의 공존, 그리고 가상과 현실 공간을 더 밀접하게 연결하는 메타버스의 가능성을 살펴보고자 한다.

CHAPTER 07

Expansion of Communication Space & Human Life

소통 공간의 확장과 인간의 삶

컴퓨터 과학과 정보통신 기술의 변화와 발전에 힘입어 디지털 미디어를 기반으로 한 가상 공간에서의 삶과 문화가 확장되고 있다. 현대의 예술과 미학은 이러한 디지털 환경의 변화와 더불어 가상환경 속에서 현실감을 느끼면서 동시에 상호작용하는, 기존의 미디어 아트와 차별되는 새로운 형태의 예술을 추구한다.

7.1. 메타버스 공간에서의 새로운 문화

1 초월의 지형, 메타 공간

"메타버스 아트는 무엇인가?"라는 것을 어떻게 정의할 것인가에서 출발해야 할 것이다. 우선 디지털 기술의 혁신적인 발전에 따른 기존 디지털 기술과의 비교에서 찾아야할 것이다. 기존 디지털 아트의 미디어와 메타버스 시대의 삶과 문화는 지금까지의 삶과 완전히 다른 철학 사상 이념이라는 것을 인간이 스스로 인지해야만 메타버스 삶과 아트를 이해할 수 있다. 예를 들어 제임스 카메룬(James Cameron) 감독의 '아바타(Avatar)'라는 영화 속 줄거리나 내용을 이해할 수 없으면 메타버스 세계를 이해할 수 없을 수도 있다.

가상공간에서의 삶 혹은 사회생활이 자신의 아바타를 통해서 실현된다는 철학이 가장 중요하다. 그러므로 메타버스를 구성하려면 세 개의 중요한 가정조건이 필요하다.

- 가상의 공간
- 그 가상공간에서 나 대신 삶을 영위할 아바타
- 실제(實際) 혹은 실재(實在)의 자신이 아바타와 상호작용할 수 있는 장비와 소프트웨어

즉 한마디로 정리하면, 인간이 상호작용 장비를 통해 각자의 아바타에 접속하여 아바타를 조정하고 마치 우주와 같은 미지 공간과 같이 혹은 실제 사회처럼 꾸며진 가상공간에서 정치, 경제, 사회적인 삶과 문화를 영위하도록 하는 세상이다. 그러므로 이러한 세상을 구현하려면 지금까지의 모든 디지털 기술을 총체적으로 융합하거나 결합하여야 하고 현재까지의 디지털 기술에 대한 인식도 바꾸어야 한다. 간단한 예로 어느 기관의 홈페이지를 활용하여 자신이 원하는 일을 수행할 수 있다면 그 홈페이지 자체가 그 기관의 역할과 기능을 수행하기 때문에 홈페이지가 아바타가 없는 일종의 메타버스라고 할 수 있다. 비대면 상황의 학교 수업이 홈페이지를 통해서 얼마든지 이루어질 수 있다는 것을 경험하고 있다. 즉, 홈페이지라는 가상공간을 통해 수업에 대한 기능과 역할을 충분히 수행하는 것이다.

이때 수업 참여자는 학교와 강의실을 대신하는 가상의 공간에서 교수자와 학습자의 삶과 문화를 충분히 수행하고 있다. 그러므로 이러한 사회에서의 문화와 철학은 매우 중요하다. 네트워크를 통한 보이지 않는 공간도 가상공간이다. 이 네트워크 아트는 앞에서 이미 설명했다.

메타버스 Metaverse

아직 메타버스의 본질에 대한 정확한 정의는 없지만, 인간을 위한 새로운 생활 공간으로 보거나, 다양한 기술의 조합으로 보기도 한다. 메타버스의 본질에 대해 여전히 의견이 분분하지만, 메타버스가 몰입형 사용자 경험을 위한 더 많은 가능성을 제공한다는 데 합의했다. 즉, 메타버스는 가상환경과 상호작용하는 방식에 변화를 주어 몰입도를 높이게 된다는 것이다. "메타버스"라는 단어는 접두사 "메타(meta)"와 접미사 "버스(verse)"로 구성된 결합 용어이다. 그리스어 "메타(meta)"는 '뒤에 또는 그 너머'를 의미하는 접두사로 널리 사용된다.

예를 들어, "메타데이터"라는 단어는 종종 데이터 이상의 의미가 있다. "버스(verse)"라는 용어는 "유니버스(universe)"의 약어이며, 이러한 단어의 융합으로 본다면 "메타버스"라

는 포털 단어가 우주 너머에 있는 컴퓨터 생성 가상공간으로 생각할 수 있다.[83] 이를 바탕으로 본다면 메타버스의 본질도 우주의 본질을 넘어야 한다. 물리적 또는 철학적 정의에 따르면, 우주의 본질은 다양한 물질과 에너지를 포함한 공간, 시간, 그리고 그 내용 모두로 이해될 수 있었다.[84] 우주 또는 실제 세계에서 사용자 경험은 공간-공간 좌표로 제한된다. 예를 들어, 일상생활에서 진정한 감정은 주어진 시간과 장소에서 발생하는 것이 실제이다. 또한, 대부분 실제 세계에서의 경험은 박물관에서 전시회를 볼 때 발생하는 놀라운 문화적 충격, 산업의 과정을 실현할 수 있게 해주는 작업장의 소음과 같은 현상에 달려있다.

가장 중요한 인간의 물리적 현실의 특징은 시간이며 이 시간은 속도와 관계가 있다. 따라서 메타버스의 본질이 우주의 본질을 넘어, 특히 공간과 시간의 측면에 있다고 추론하게 된다. 몰입형 사용자 경험을 제공하기 위해 메타버스는 공간, 시간 및 콘텐츠의 한계를 깨는 데 중점을 둔다는 것이다. 그것은 인간이 외부와 상호작용하는 방식을 바꾸고 몰입의 향상에 더 집중하는 공간으로 자리 잡고 있다.

그러므로 메타버스라는 개념은 세계를 대체하는 가상세계 안에서 현실과 가상세계를 넘나들면서 상호작용하면서 정치·사회·경제·문화 등 현실의 활동이나 기능을 영위할 수 있도록 하는 것이다. 즉, 메타버스란 현실과 상호작용하거나 현실 세계의 생활을 영위할 수 있는 가상의 세계를 말한다. 어떤 게임 속의 공간이 메타버스의 한 예라 할 수 있다. 게임 속의 각 캐릭터가 사용자의 조정에 따라 각자의 역할을 한다. 이때 캐릭터는 플레이어를 대신하는 아바타라 할 수 있다.

메타버스의 가상세계를 구현하는 것은 타마도지(Tamadoge), 배틀 인피니티(Battle Infinity, 메타버스 및 게임 플랫폼), 디센트럴랜드(Decentraland,가상 토지를 제공, 샌드박스(맞춤형 서비스용), 엑시 인피니티(Axie Infinity,몬스터 배틀 플레이투언 게임용), 일루비움(Illuvium,블록체인 게임용), 블록토피아(Bloktopia,가상 스카이 스크래퍼), 로블록스(Roblox,어린이용), 메타히어로(Metahero,) – 메타버스 플랫폼을 위한 고유한 3D 스캐닝 기술), 스타 아틀라스(Star Atlas, 우주 기반 블록체인 전략 게임용), 나카모토 게임즈(Nakamoto Games, 플레이투언 게임용), 제페토(ZEPETO), 사회·경제·문화 활동용이 이뤄지는 가상세계 구성) 같은 **메타버스 플랫폼**이 있다. 아직 메타버스라는 용어는 학문적으로 정의되거나 합의되진 않았지만 중요한 것은 가상과 현실에 대한 공간 구별이 없어진 상황에서 즉, 이전의 현실 공간과 가상공간을 분리하던 **물리 공간의 제약**을 벗어난 가상세계에서 인간과 사회에 기능을 어떻게 구현하고 확장하는가이다. 그러므로 이미 언급하였듯이 메타버스는 현상, 관념, 대상, 속성 등 다양한 프레임으로 추상적으로 생각할 수 있기 때문에 개인의 관점에 따라 **실체가 없는** 것이라고 무시하는 경우도 있다. 그러나 이상적으로 확장하는 것도 가능하여서 메타버스 플랫폼 구현의 초점은 가상세계에서 구현되는 세계가 곧 실제 현실이라는 관념과 기능의 구현이다.

그러므로 공간에 대한 새로운 철학적 인식과 관념은 물론 물리적 정의가 필요하다. 이전의 **가상현실**(VR: Virtual Reality)이나 **증강현실**(AR: Augmente Reality)기술에 의한 가상공간은 현실 공간과의 경계가 분명했다. 그러므로 가상세계에서 하는 일과 현실에서 하는 일이 엄밀하게 분리되어 구별되었다. 그러나 메타버스에서는 가상세계와 현실 세계의 기능과 일은 서로 영향을 주면서 경계가 없을 뿐만 아니라, 하는 일이나 기능도 구별할 수 없으며 혼합되어 있다.

[표 7-1] 메타버스 로드맵, (ASF, 2006)

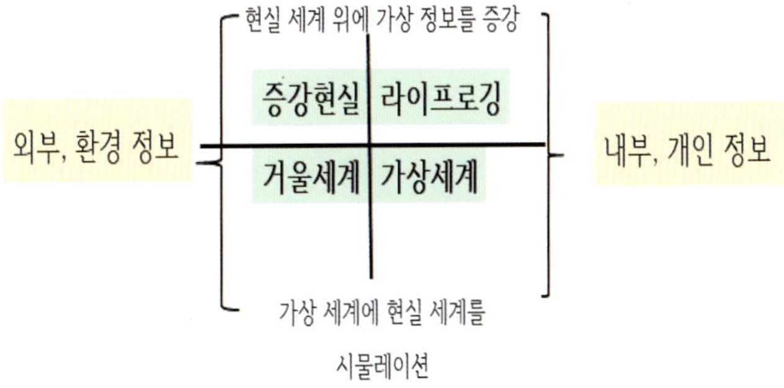

궁극적으로 메타버스는 디지털 기술의 발전을 활용하여 인간 환경을 다른 차원으로 확장하는 것을 목표로 한다. 이러한 확장은 결과적으로 인간과 삶과 문화에 혁신적인 변화를 가져오며 이전에 전통적인 가상세계에서 영위할 수 없었던 경제적, 사회적, 문화적 활동은 가상의 영역을 넘어 새로운 문화 프레임을 만들고 있다.

이제, 메타버스를 구성하는 요소를 살펴보자. 미래 가속화 연구 재단인 ASF은 메타버스 구성을 **구현 영역**과 **취급 정보**에 따라 크게 4유형으로 구분하고 있다. 즉, 구현하는 공간이 현실 중심인지 가상 중심인지와 구현하는 기술의 정보가 외부 환경과 관련이 많은지, 이용자와 개인적으로 관계가 많은지로 나눈다. 각 유형은 기존의 기술에 따라 독자적으로 발달했으나, 서로 연계하여 이용자 경험을 강화하는 방향으로 발전하고 있다. 이 기술들은 서로 융복합하거나, 공진화하면서 구현되는 것이 바로 메타버스 기술이다.

❷ 몰입(immersion)으로 완성되는 현실과 가상의 상호작용

1990년대 시작된 인터넷의 보급화가 온라인의 기반을 닦았다면, 21세기 초반 스마트 혁명은 디지털 기술을 기반으로 새로운 가상 세계인 메타버스(metaverse) 시대를 형성했다.[85) 메타버스는 현실과 가상세계가 동시에 함께 작동하는 원리이다. 앞선 장에서 언급해왔듯 인간의 내면을 외화하고, 그 이미지에 생명력을 주는데 디지털 기술의 효과는 과거의 매체에 비해 매우 강력하다. 따라서 인간의 상상력을 사실처럼 구현할 수 있는 **가상세계를 실시간 현실과 연결**은 인간의 느낌이나 상상이 사실처럼 눈앞에 펼친다는 것을 의미한다.

현재 메타버스는 상업적으로 또는 대중문화와 관련하여 지속적인 개발이 실행되고 있다. 시각예술의 경우 코로나 팬데믹의 여파로 메타버스의 활용을 강행하게 되었고 이후부터 새로운 플랫폼의 개발 역시 동시에 실천하고 있다. 미술관의 경우 전시 공간을 3D 구현으로 진행하던 것에서 메타버스 세계에 전시 공간을 열어 감상자들이 방문하도록 기술 실현에 몰두하고 있다. 이러한 기술의 실현은 가상 갤러리를 개관을 뜻한다. 이 공간은 감상자가 **주도적으로 공간 경험**을 유도할 수 있으며 사용하는 하드웨어와 인터넷 연결 속도에 따라 감상자와 작품 사이의 상호작용이 달라진다.

예술가의 작품 실현의 문제를 떠나 메타버스에 대한 이용자들의 긍정적 관심은 시장 가치에 있다. 마켓 메이커들은 메타버스가 예술, 엔터테인먼트, 소셜 미디어 및 암호 통화의 시점에서 크리에이터, 해설자, 갤러리와 수집가가 스스로 문제를 해결하고 실제로 상호 작용할 수 있는 플랫폼을 제공한다고 주장한다.[86) 또한 전통적으로 매 시대의 유명한 작품을 특정 그룹에 한정하여 거래하며 몇몇 수집가들이 독점적으로 부를 축적해왔다면, 메타버스는 모든 네티즌이 접근 가능한 공간이다.

이러한 이유로 예술가들은 더 큰 시장에 접근할 수 있게 되었음은 물론 민주적인 수집가들의 이용도 가능해졌다. 작품인증은 소유권과 가격이 투명한 블록체인 프로토콜에 보증된다. 메타버스의 이용자는 NFT와 같은 디지털 상품을 제작하고 토지를 매매하고, 상점이나 아트 갤러리 등을 설립할 수 있으며, 이 경험은 사용자를 다른 환경으로 이동시키고 대행사를 제공하며, 미지의 장소를 실제 방문하는 경험처럼 느껴지도록 한다.[87] 이용자는 자신의 아바타를 통해 실제 생활처럼 디지털 공간을 여행하고 이 과정에서 새로운 '사회적' 상호작용으로 가상 자아와 가상 사회의 일원이 되는 것이다.

● NFT 아트

예술작품은 경제활동과 밀착된 대상이다. 아무리 예술가가 개인적인 활동으로 작업을 마무리하더라도 결국 하나의 생산물로 거래의 경로를 거치게 되기 마련이다. 이러한 소비심리는 가상세계에서도 당연히 적용된다. 앞서 언급했듯이 메타버스 개발자들은 가상공간 안에서 실제 공간과 마찬가지의 활동 권한을 부여하려고 최선을 다하고 있다. 당연히 소비문화가 형성되고 이용자들의 심리를 바탕으로 마케팅 전략이 치밀하게 움직이고 있다. 메타버스의 특징 중 가장 논란이 되는 영역은 현실 세계와 마찬가지로 다양한 콘텐츠나 아이템을 만들고 디지털 화폐를 사용해 그것을 거래하는 경제활동이 가능하다는 점이다. 이는 가상화폐에서 출발해 암호화폐와 연결되었으며, 미술관에서도 적극적으로 확장되고 있다.

그림 7-1. Beeple,〈Everydays : The First 5000 Days〉부분, 2020
(Source:https://suspilne.media/112791-jpg-kartinu-hudoznika-beeple-prodali-za)

2020년 12월에 아트 바젤 마이애미에서 처음으로 블록체인, NFT 및 암호화폐를 기반으로 하는 디지털 작업이 예술계에 들어왔다. 이곳에서 미국 그래픽 아티스트 비플(Beeple, Mike

Winkelmann)의 작품 (그림 7-1)이 전시되었으며, 2021년 3월 11일에는 비플이 만든 NFT의 판매 가격이 경매에서 약 7,000만 달러로 매매되었다. 이를 기점으로 암호 화폐를 기본으로 하여 현대 디지털 아트의 새로운 작가들이 높은 가격의 작품을 꿈꾸며 미술계로 진입했다.

NFT는 거의 모든 것을 토큰화할 수 있으며, 블록체인 기술에 의해 디지털 소유권이 보장되고 비가역적 거래 증명이 가능하고, 복제가 어렵기 때문에 희소성을 보장할 수 있고 위조품이 나올 위험도 낮다.[88] NFT 아트는 일반적인 디지털 아트 제작 절차에 NFT 채굴 과정이 추가된 형태를 뜻한다. 즉 작품은 디지털 이미지 파일로 제작해 따로 저장하고, 이 파일에 대한 소유권 증서를 NFT로 발행한다. 이러한 NFT 아트는 크리스티 경매 등 전통적인 미술 시장에서만 거래되는 것은 아니며, NFT 시장을 통해서도 거래된다.[89]

NFT 미술에 대한 긍정적 의견보다는 부정적 의견이 더 많은 현재이다. NFT아트의 출발이 순수한 예술창작을 위한 하나의 도구라는 입장보다는 돈을 벌고자 하는 목적에 더 가깝기 때문인 듯하다. 이미 존재하는 이미지를 NFT 파일화 하는 부분은 일종의 상업화 러시로 보인다. 이탈리아 피렌체의 우피치, 상트페테르부르크의 에르미타주, 비엔나의 벨베데레, 런던 대영 박물관은 디지털 및 비재현성 형태로 작품을 판매했다. 피렌체 우피치 갤러리는 이탈리아 회사 시넬로와 합작해 미켈란젤로의 그림을 NFT에서 재현했으며, 140,000유로 모금했다. 2021년 미국은 21개 박물관 및 문화 단체가 NFT와 협력했다.[90] 이와 같은 현상은 가상공간의 문제로 끝나는 것이 아니라, 현실의 예술 생태계에 영향을 주고 있다.

무엇보다 예술의 의미와 예술가의 위치, 작품의 거래와 전시와 같은 다양한 문제에 새로운 입장이 생성되는 중이다. 메타버스 공간의 사회적 흐름 속 시각 예술의 위치는 지속적인 변화 속에 있으므로 명확히 정의 내릴 수 없지만, 다양성의 가치라는 긍정적 입장이 있다. 그러나 미술관 내에서 NFTs의 거래나 생성은 기술전문가의 자문이 필요하다. 암호화폐의 채굴 자체가 복잡하고 전문적 시각이 필요함은 물론 이미지의 NFT 파일로 전환하여 상호 교환이나 판매의 플랫폼을 형성하는 모든 과정은 전통적인 미술관의 방식과 매우 차이가 있다.

그림 7-2. Alexander Whitley, 〈Future Rites〉, 2022
(출처: https://schedule.exsw.com/2022)

● **메타버스를 활용한 작품 사례**

(그림 7-2)는 휘틀리(Alexander Whitley)의 <미래 의식(Future Rites)>로 실제 플랫폼에 올라간 형태는 아니었지만, 사우스 바이 사우 웨스트(SXSW)에서는 영국의 안무가 알렉산더 휘틀리의 XR 공연 '미래 의식'이 시연되었다. 이 공연 작품은 모션캡처 슈트를 입은 무용가와 함께 스트라빈스키의 '봄의 제전' 음악에 맞추어 참여자와 함께 가상세계 속에서 협동 공연을 하는 작품이었다. 가상세계의 안과 밖이 하나의 조화를 이룬 풍경이 되었는데 실제 작품 속에서 비록 한 명의 춤이지만 AI를 통해 여러 명이 함께 추는 군무화로 변환되는 무용가의 춤사위를 보고 즉흥적인 춤을 추게 되면서 자연과 춤과 하나로 교감하게 되는 작품이었다. 시공간이 확장되는 새로운 디지털 무대에서 '함께' 춤을 추고 아티스트와 소통하면서 작품의 일원이 되어 몰입하고 때론 공동체적 체험을 하는 것은 분명히 기존 물리적 무대가 줄 수 없는 새로운 가치를 주는 예술작품이다.

7.2. 가상현실과 가상의 연속체(VR/AR)

(표 7-2)와 같이 다양한 디스플레이가 제공하는 일련의 환경을 **현실-가상 연속체**[91]개념으로 일반화하고 있다.[92] 연속체의 좌우 양 끝에 **현실환경**과 **가상환경**이 있으며 현실환경은 인간이 사는 공간에 실제로 존재하는 사물과 요소들로 구성된 물리적인 환경이다. 가

상환경은 인공으로 모델링된 가상 **객체**나 **요소**들로 구성된 환경이다. 사용자는 가상환경 속에서 현실감을 느끼면서 동시에 상호작용을 할 수 있어서, 이러한 환경을 '**가상현실 환경**'이라고도 한다.

또한 **증강현실** 환경은 주된 구성요소가 실제 환경이며 일부 그래픽 객체 같은 가상 객체와 요소가 추가되어 자연스럽게 상호작용을 할 수 있도록 "**증강이나 향상된 현실환경**"이다. 그리고 **증강가상** 환경은 주된 구성요소가 인공적으로 만들어진 가상 요소들이며 실제 요소가 일부분 추가되어 자연스러운 상호작용을 할 수 있도록 "증강/향상된 가상환경"이다. **혼합현실**은 이들 증강현실과 증강가상을 통합하는 것으로 현실-가상 연속체에서 양 끝 사이의 어느 지점에서 현실요소와 가상요소가 혼합된 형태의 환경 전체를 말한다.

[표 7-2] 현실-가상 연속체

혼합현실 (mixed Reality)						
실제 환경	→	증강현실(Augmented Reality)		증강환경 (Augmented Virtuality)	←	가상환경
현실 -가상 연속체 (Reality-Virtuality Continum)						

처음, 밀그램(Paul Milgram)이 현실-가상 연속체 상의 증강현실, 증강 가상, 가상현실, 혼합현실 등의 개념을 도입할 때 주로 인공적인 컴퓨터그래픽 요소만을 고려하였으나, 점차 **시각, 청각, 후각, 미각, 촉각, 뇌파, 네트워킹** 등에 대한 모든 **디지털적 구성요소**를 포함하는 개념까지 확장되었다.[93] 최근 들어 증강현실보다는 혼합현실을 더욱 강조하여 (표 7-3)과 같은 **혼합현실 스펙트럼**이라는 용어를 정의하여 메타버스 개념으로 사용하고 있다.

물리현실은 실제 존재한다고 느끼는 사물의 상태이고, 가상현실은 인공적으로 생성된 사람, 환경, 혹은 객체들이 실제로 존재한다고 느끼는 감각 경험으로 **디지털현실**이라고도 한다. 물리현실과 디지털현실 요소들이 결합된 상태에서 몰입감을 느끼며 상호작용하는 감각경험을 **혼합현실**이라 할 수 있다. 이런 추세에 따라 HMD(Head Mounted Display)인 Hololens와 Acer등의 장비가 있다.

[표 7-3] 혼합현실 스펙트럼

← 혼합현실(mixed Reality) →		
물리현실		가상현실 (디지털현실)환경
혼합현실 스펙트럼		

증강현실과 혼합현실 개념이 정확하게 구분하여 사용하지는 않지만, 메타버스의 기초 기술로 활용한다.

가상현실을 위한 **하드웨어**는 HMD, 손 콘트롤러, 몸체 콘트롤러, 후각 콘트롤러, 청각 콘트롤러 등 다양하다. HMD는 머리에 쓰는 디스플레이 장치로 (그림 7-3)과 같이 사용 방법에 따라 네 유형으로 나눌 수 있다.

- 관통형(see-through type): 실제 환경을 디지털 변환 없이 안경이나, 투명 고글을 통해 볼 수 있다. 구글 글래스와 홀로렌즈
- 불투명형(opaque type):비디오 영상으로 보거나 완전 가상환경만을 본다. 구글카드보드 VR, 삼성 기어 VR, Aryzon 카드보드 AR, HTC Vive, Oculus rift, MS Acer
- **연결형**: 컴퓨터나, 노트북, 게임 콘솔 등에 케이블로 연결하여 사용 한다.
- **이동형**:케이블 연결 없이 자유롭게 움직일 수 있다. TRIVISIO LOC, 구글 카드보드 VR, 삼성 기어 VR, Aryzon 카드보드 AR, HTC Vive, Oculus rift, MS Acer

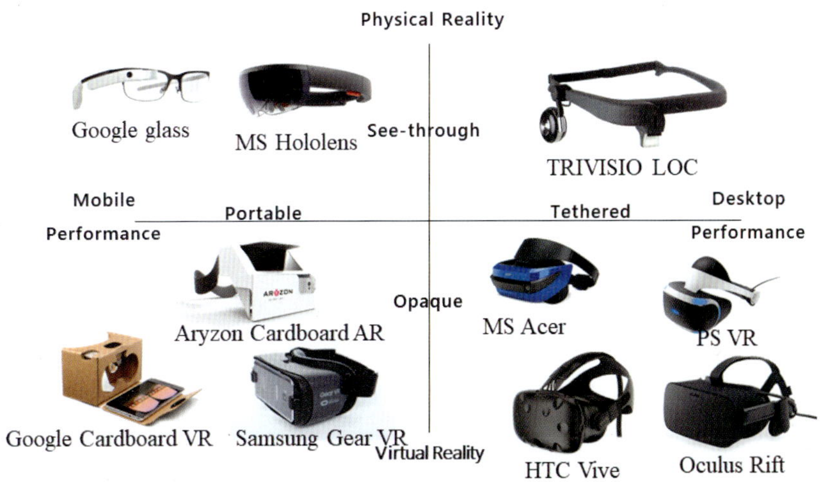

그림 7-3. 다양한 유형의 HMD

또한 (그림 7-4)와 같이 이동성 제약을 극복한 백팩형 컴퓨터가 있다.

(a) MSI VR ONE (b) ZOTAC VR GO (c) HP OMEN X

그림 7-4. 백팩형 PC

그립형 손 컨트롤러는 손으로 가상환경과 직관적으로 상호작용하는데, 그립형(grip type)과 손동작을 인식하는 제스쳐 인식 콘트롤러(controller) 유형이 있다. (그림 7-5) (a)는 그립형 손 콘트롤러이며, (b)는 오큘러스 리프트(Oculus rift)와 터치(Touch) 컨트롤러이다.

(a) 다양한 손 콘트롤러

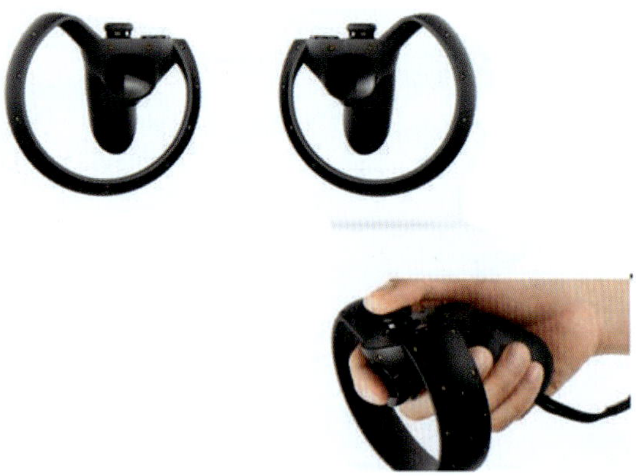

(b) Oculus rift와 Touch

그림 7-5. 그립형 손 콘트롤러

이외에도 (그림 7-6)과 같은 다양한. 동작이나 시선 추적 컨트롤러 장치가 있다.

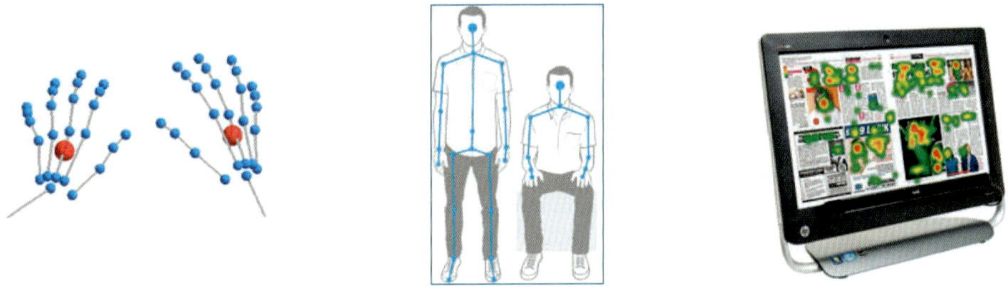

(a) LeapMotion (b) Kinect (c) eye tracker

그림 7-6. 동작이나 시선 추적 컨트롤와 센싱 정보

가상현실 어트랙션은 체감형 HMD를 착용한 체험자가 현실감을 뛰어넘는 새로운 몰입경험을 할 수 있는 다양한 자극을 인공적으로 만들어내는 시뮬레이터이다. 이러한 가상현실 연동형 어트랙션 장비들로는 스탠드형, 의자형, 레이싱형, 플라이형, 낙하산형 등이 있으며 이를 사용하여 게임, 영화, 체험 등의 다양한 형태의 체감형 가상현실 컨텐츠를 개발할 수 있다.

후각 컨트롤러는 가상현실이나 증강현실 환경에서 특정 상황에 맞는 냄새를 인공적으로 만든다. '누솔러스 리프트(Nosulus Rift)'는 게임 속 특정 액션에 따라 냄새를 맡을 수 있으며 코에 장착한다. 게임 안에 존재하는 들리지 않는 음파를 통해 센서가 활성화될 때마다 냄새가 구현되는 원리이다.

1 증강현실(Augmented Reality, AR)

현실 상황의 영상에 컴퓨터 그래픽이나 스마트폰 같은 시청각적 장치를 덧씌워 가상의 영상을 추가 즉, 덧붙여서 가상세계를 구축한다.

현실에서 감지하기 어려운 감각을 덧붙이는 것을 목표로 하기에 실제 공간 위에 가상의 정보를 겹쳐서 현실세계를 확장하는 기술이다. (그림 7-7)의 (a)는 마커 하나에 가상 객체를 증강한 것이고 (b)는 마커 여러 개에 가상 객체를 증강한 것이다.

(a) 단일 마커

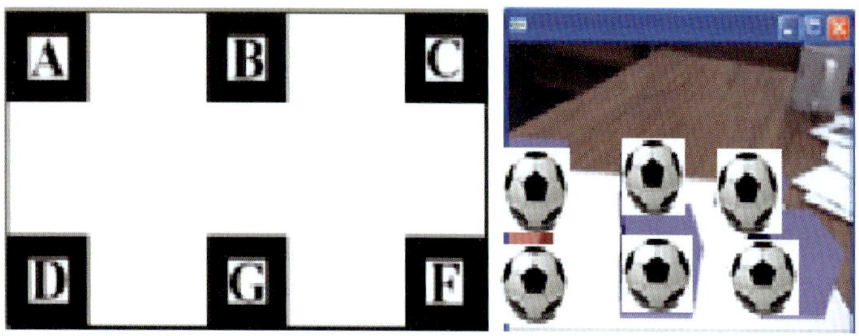

(b) 다중 마커

그림 7-7. 그래픽 객체를 마커위에 증강시키기

이러한 증강현실의 주요 기술은 컴퓨터 비전과 컴퓨터 그래픽이 결합한 기술 분야로, 핵심 기술로는 인식과 추적, 3차원 모델링과 렌더링, 디스플레이 하드웨어, 상호작용 기술 등이 있지만, 인식과 추적, 3차원 모델링과 렌더링에 대해 기본적인 개념만 간략하게 알아보자.

인식기술은 카메라 영상에서 마커나 특징점 같은 관심 지점을 찾아내는 기술이며 일반적으로 마커기반(markr-based), 비마커기반(markerless -based) 기술이 있다. 추적기술은 카메라의 포즈(pose: position and view direction), 즉 위치와 방향의 변화를 프레임 별로 연속하여 추적하는 기술이다.

이러한 인식과 추적기술은 컴퓨터 비전 기반, 센서 기반, 하이브리드형 기술로 분류할 수 있다. 하이브리드형은 컴퓨터비전 기술과 GPS, 관성 센서 등을 함께 사용한다. (그림 7-8)은 모바일 장치에서의 다양한 증강현실 인식과 추적 예이다. (a)는 실제 물체를 스캐닝하여 인식 객체로 등록한 후 인식 테스트이고, (b)는 이미지를 증강현실 환경에서 인식하는 예이다.

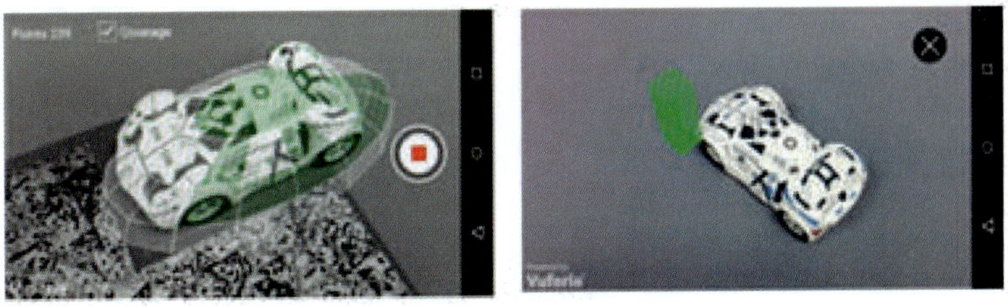

(a) 객체 스캐닝과 테스트

(b)이미지

그림 7-8. 증강현실 인식과 추적 예

증강현실에서 **3차원 모델링 기술**은 주로 실제 환경으로부터 3차원 정보를 획득하여 그래픽 객체로 모델링하는 것으로써, **영상기반 모델링**(image-based modeling)과 **깊이기반 모델링**(depth-based modeling)이 대표적인 기술이다. 영상기반 모델링은 한 장의 영상 혹은 비디오로부터 3차원 복원(3d reconstruction)을 하는 기술이다.

- **라이프로깅(Life-logging)**

개인이 현실에서 활동하는 정보가 가상에 연결돼 통합되는 형태로, SNS나 브이로그처럼 일상적 경험과 정보를 기록하거나 저장한 세계를 말할 수 있다.

- **거울세계(Mirror Worlds)**

가상공간에 외부 환경정보가 통합되는 구조로, 현실세계를 가상으로 재현한 것이다. 구글맵이나 배달의 민족, 줌과 같은 원격회의가 거울세계의 예이다.

2 가상현실과 혼합현실의 상호작용

우리가 이해한 가상현실과 혼합현실의 기본 개념에 상호작용 원리가 부가될 때 새로운 환경 안에서 새로운 문화가 조성된다.

(그림 7-9)는 현실환경의 상호작용과 가상환경 상호작용의 예가 된다. 현실 세계의 인간은

주변 객체나 다른 사람들과 직접 상호 작용한다. 이때 인간은 자신의 배경지식과 감각을 통해 주변을 인지하고 지각하여 동작을 제어하여 행동한다. 또한 인간은 현실 세계에 있으면서 가상세계와 상호작용하려면 가상세계 안에 있는 자신의 아바타를 통해 다른 가상 객체나 아바타와 상호작용한다. 아바타 모양이 반드시 사람 형체일 필요는 없으며 다양한 모양이 될 수 있다. 이와 같이 가상세계는 현실 세계와 단절된 공간과 환경이므로, 인간과의 상호작용은 **가상세계 안에서만 아바타를 통해서 간접적으로 행해진다.**

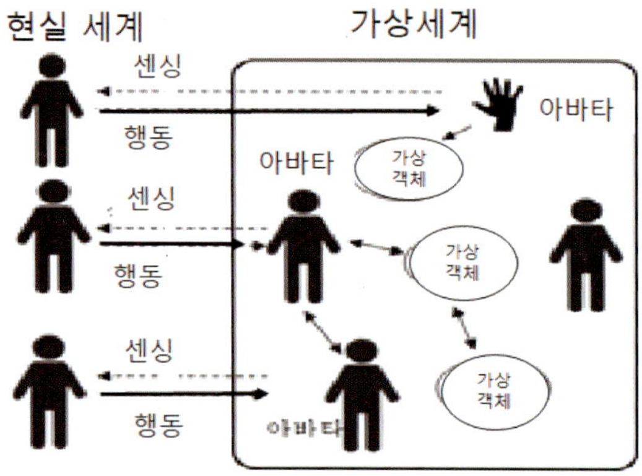

그림 7-9. 가상환경에서의 상호작용

혼합 환경에서의 상호작용은 (그림 7-10)과 같이 현실과 가상세계가 서로 연결되어 현실 세계에서 상호작용하는 객체와 인간이 가상 객체나 아바타와 직접적으로 영향을 주고받을 수 있다. 즉 가상세계의 객체를 공유하면서 현실 세계에서 그 객체를 증강한다.

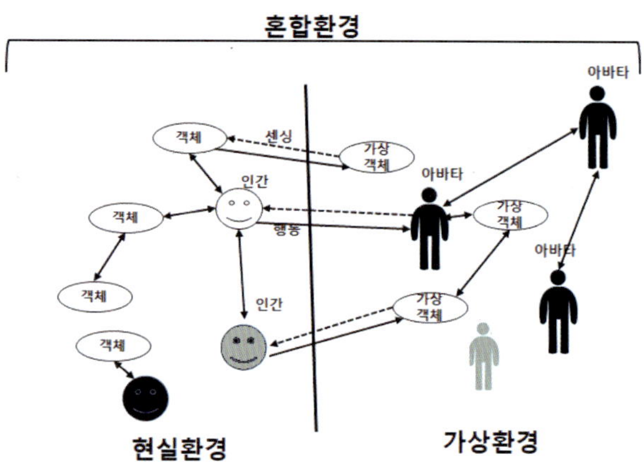

그림 7-10. 혼합현실 환경에서의 상호작용

우리가 게임 캐릭터와 사이버공간 안에서 상호작용한다면 혼합현실 환경에서는 가상공간에서 현실환경으로 확장된 상호영향력을 행사하는 상황을 겪는다는 것이다. 예를 들면 한 손은 실제 환경에서 다른 한 손은 가상공간에서 활동하는 상황이 일어나면서 가상과 현실의 경계를 모호하게 만들었다.

3 메타버스 공간의 새로운 문화

메타공간은 물리적 공간과 거리감을 좁히며 오늘 우리의 일상에 점진적으로 영향을 주고 있다. 메타공간 안에서 발생하는 경제적 활동이 이미 실경제에 영향을 미치고 있으며, 정치적 문화적 사안을 독립된 것으로 분리할 수 없는 실정이다. 이러한 메타버스 안에서 예술가와 예술 감상, 제작, 유통의 문제는 과거의 다른 방향으로 가고 있다. 메타공간에서 발생하는 새로운 문화에 대해 시대의 흐름을 읽는 눈으로 이해할 필요가 있다. '메타버스 아트'와 '메타버스 작품'을 혼용하여 새로운 예술 문화의 흐름을 따라가 보자.

먼저, 메타버스 작품의 미학적 관점에 대해 말하자면, 가상현실 기술로 구현하는 메타버스 작품들은 실재하지 않는 존재를 재현한다는 점에서 전혀 새롭게 창조한다는 의미에서 매우 중요하다. 즉, 컴퓨터가 데이터를 변환하여 현실을 모방하는 영상을 재생하는 것이 아니라, 그 자체가 현실이어야 하는 메타버스를 형성하는 이미지와 인간이 상호작용할 아바타를 창조한다.

그러므로 메타버스 예술가들의 작업 대상은 메타버스 안에 거주하는 존재자들이다. 메타버스 속에서 객체들은 물리적 대상들에 구체적으로 구현되는 것이 아니라, 디지털로 기술된다. 컴퓨터 안에 창조된 메타버스 세계는 기존 전통예술에 구축된 세계와 달리 일시적이며, 그 세계를 구성하는 존재자들은 추상적이고 비물질적이다. 그러나 메타버스 작품은 어떤 종류의 재현보다도 실재와 유사하며, 때로는 실제와 같은 기능이 있어야 한다.

관람자도 가상환경에 노출된 능동 사용자이다. 메타버스 작가는 관람자가 항해할 수 있는 공간을 창조해야 한다. 메타버스 예술 환경에서 관람자의 참여가 중요함에 따라 결과물보다는 과정에 충실하게 된다. 관람자가 우연히 상호작용하여 무작위로 생성된 영상이 구성한 결과의 작품을 누구의 작품으로 볼 것인가도 의미 있는 쟁점이다. 이러한 변화는 메타버스 작품이 대중주의의 감수성을 극대화한다고 할 수 있으며, 대중과 단절할 수 없는 영역이다. 메타버스 예술은 현실 세계의 삶과 분리할 수 없기 때문에 내용이나 형식에서 예술성만을 주장하기 어려워졌다.

더 나아가 과학과 기술의 발전은 인간의 몸(신체)과 **인조인간**인 **사이보그** 또한 구분하기 어려워졌다. 가상현실 기술에 의한 메타버스 경험은 실제 현실의 경험을 압도하며 인간의 신체 담론과 사이보그 담론은 현실의 경험을 위협하는 이슈가 되었다. 즉, 메타버스 아트 시대는 대중 참여의 문화 지배 시대가 되었으며, 작품 내용이 곧 현실 세계가 되었다.

작가와 대중 참여 그리고 아바타에 의한 메타버스 작품에서 이루어지는 대중적인 영상 창작이나 혹은 대중 미디어에 의한 기술적인 복제 방식 등은 순수예술이라는 것과 대중문화 사이의 경계도 허물어 버린다는 점에서 미학적 의미를 찾을 수 있다. 컴퓨터, 인터넷, 가상현실 기술을 기반으로 한다는 점에서 메타버스 아트는 작품의 콘텐츠는 정보의 차원으로 전환되며 콘텐츠의 저작, 합성, 편집 등의 기능을 강화하는 가운데 작품 자체의 **탈물질화**를 초래한다.

그러므로 예술에 대한 개념의 전환이 이루어져야 한다. 새로운 예술 개념은 시각 문화와 시각 소통이라는 큰 틀을 수용하고, 예술의 자율성을 기반하여, 기존의 예술 개념과 달리, 현시대의 삶과 문화의 차원을 꿰뚫는 것이어야 한다. 즉, ' 메타버스 엔지니어가 곧 메타버스 예술가이다'

이와 같이 예술창작 분야에도 인공지능이 참여하고 인간과 견주어도 손색없는 수준의 작품들이 만들어지고 있다. 미술과 음악, 수학 등 이른바 '창조의 영역'으로 확대되고 있다. 예술에서 인공지능 아트(AI Art)와 크립토 아트(Crypto Art)는 메타버스와 더불어 더이상 '도구'로 취급받을 수 없으며 '공동 창작자'로 인정받아야 한다.

(그림 7-11)은 한국 디지털 디자인 컴퍼니 '디스트릭트(District)'가 크립토 아트 프로젝트 dls '아르떼메타(ARTE META)'를 구성했다. 디스트릭트는 이번 프로젝트를 위해 크립토 아트 씬의 작가인 해카타오(HACKATAO)와 협업하여 첫 번째 NFT 작품 <[SPIRIT FOREST] INCANTO>를 제작했다. 디스트릭트는 NFT 프로젝트인 '아르떼메타'를 바탕으로 감상자이자 구매자인 고객에게 오프라인 전시와 함께 메타버스 공간에 전시를 동시 진행했다.[94] 온오프라인 공간을 아우르는 새로운 예술 경험 방식을 만드는 것을 목표로 예술 생태계의 변화를 기획했다.

그림 7-11. Arte Meta & Hackatao, 〈SPIRIT FOREST_ INCANTO〉 중 한 장면, 2022

(Source:https://m.post.naver.com/viewer/postView.naver?volumeNo=33694485&memverNo=36301288)

NFT (Non-Fungible Token)의 사례

NFT 작품을 공개해온 디스트릭트는 퍼블릭 아트 <WAVE>로 몰입형 미디어 작품을 선보여왔으며 크립토 아트 프로젝트 '아르떼메타(ARTE META)'를 NFT 아트 작가 해카타오(HACKATAO)와 협업하기도 했다. 듀오 작가인 해카타오는 NFT아트 씬의 변화를 만드는 영향력 있는 대표 작가로 2018년부터 자신들만의 독특한 아날로그 드로잉과 기술 융합으로 역사·사회·정치·환경 등 다양한 아젠다를 조명하는 작품 활동을 이어가고 있다. 작품 <SPIRIT FOREST>는 사슴 이야기에 특유의 감성을 더한 작품으로 '땅의 정령'인 사슴이 숲속에서 자유롭게 거니는 치유와 회복을 상징하는 존재로 해석하고 있다.

한국에서 활동하는 디스트릭트와 유럽에서 활동하는 헤카타오는 다양한 지리와 문화, 개인적 배경에서 받은 서로 다른 영감을 공유하며 사슴에 이를 투영했다. <SPIRIT FOREST] INCANTO> 작품은 관객의 움직임에 따라 실시간으로 변화하는 숲과 사슴을 만나 교감할 수 있다.

'NFT 레볼루션'의 저자 누모모(NUMOMO)와의 협력으로 완성했다. 가상현실을 구현하는 예술작품들은 실재하지 않는 존재를 재현한다는 점에서 기존의 디지털 아트와 다르게 논의할 필요가 있다. 즉 기존 디지털 아트는 보통 **투사나 투영**을 통해 외부 객체에 재현하지만, 메타버스 작품은 투영보다는 **참여**한다는 것이다. 그런 의미에서 메타버스 작품을 창작한다는 것은 복제나 투영보다는 새로운 방식으로 참여 창작하는 것으로 인식하는 것이 더 적절하다. 이때 창작하는 것은 넓은 의미에서 '가상현실'이다. 컴퓨터는 데이터를 변환하여 현실을 모방하는 이미지들을 만드는 것이 아니라, 그 자체로 현실이라 할 메타버스 세상을 구현하는 장면을 구성한다.

메타버스 작가들의 작업 대상은 가상현실 안에 존재하는 객체들이다. 가상현실 속에서 속성들은 물리적 대상들에 구체적으로 구현되는 것이 아니라, 컴퓨터 안에 창조된 세계로 전통 예술에 구축된 세계와 달리 일시적이며, 그 세계를 구성하는 존재자들은 추상적이고 비물질적이다. 실재와 가상의 경계를 모호하게 만드는 메타버스 작품 세계는 존재론이나 미적 경험과 관련하여 그 존재론적 위상을 어떻게 정의할 수 있는지?"를 합의하기는 쉽지 않다.

메타버스 작품에서 관객의 '참여'는 관객의 우연한 선택으로 유기적 영상이 무작위적으로 생성되어 창작되기 때문에, 결과적으로 얻어진 "작품의 작가를 누구로 해야하는가"는 매우 중요한 이슈이다. 즉, 아이디어 제공자인지, 관객인지, 혹은 메타버스 플랫폼인지 아직은 규정하기 어렵다. 그러나 메타 공간은 앞으로 올 시대를 위한 제 2의 공간으로 역할 하는 가능성을 품고 있는 것은 확실하다.

CHAPTER 08

Co-existence of Human & Artificial Intelligence

인공지능과 인간의 공존

웹에서 인간이 수 체계로 존재하게 되면서 적절한 기술만 사용한다면 인간은 마치 피와 살의 존재가 아닌 것처럼 편재(omnipresence)하는데, 이 새로운 존재 방식은 우리가 "어디에 있다"라는 정의를 다시 생각하게 하고, 늘 거기 있는 일상의 사물을 다르게 보도록 만들었다. 인간의 일상에 유입된 디지털 기술은 신체의 한계를 벗어난다는 상상에 한층 힘을 실어 주었다. 인간의 한계를 넘어서는 부자연스러운 어떤 것들이 생활화되면서, 예술창작의 영역 역시 그 영향을 피해 갈 수 없게 되었다.

프로그램 개발자들이 인공지능을 감성을 가진 '인간적'인 존재로 제안하면서, 4차 산업 혁명의 화두가 된 인공지능은 인간의 노동 영역을 넘어 창작의 지점까지 확장되고 있다. 이러한 사실은 인간의 감성이 가장 잘 드러나는 예술 영역에 인공지능이 활발히 응용되는 예술 실험에서 찾아볼 수 있다. 프로그램 개발자들은 인공지능을 예술 제작의 도구가 아니라 자율적인 제작자로 부상시키기 위해서 다양한 방법을 동원하여 감상자들이 소위 '예술작품'으로 인식할 만한 결과물을 만들고 있다.[95)]

인공지능과의 공존이 인류의 발전인가 멸망인가의 이분법적 생각에서 벗어나 이 새로운 도구가 어떤 방식으로 우리 삶과 예술에 영향을 주는가를 살펴보도록 하자.

8.1. 인간의 집단 지성: 인공지능

인공지능은 최초로 디지털 컴퓨터가 개발되면서부터 많은 사람의 관심을 가지면서 거의 같은 역사를 만들고 있다. 최초의 인공지능은 1951년 영국 옥스퍼드 대학에서 개발한 보드게임의 일종인 체커 게임(Checkers) 컴퓨터라 말하기도 한다. 인공지능이라는 용어는 학습이나 문제 해결 같은 인간의 두뇌나 심리를 적용하는 감정이나 마음과 연관된 속성을 기계에도 적용할 수 있다는 것을 의미한다.

그러므로 인공지능이 추구하는 이상적인 특성은 **특정 목표를 달성할 가능성이 가장 높은 행동을 합리적으로 택하는 능력**이다. 이러한 인공지능의 능력을 고도화하기 위해 기계학습(머신 러닝,machine learning,ML)으로 컴퓨터 프로그램이 인간의 도움 없이 자동으로 **새로운 데이터를 학습**하고 적응할 수 있다는 개념이다. **딥 러닝** 기술은 텍스트, 이미지 또는 비디오와 같은 방대한 양의 **비정형 데이터**를 입력으로 받아들여 이런 자동 학습을 수행한다. 즉, 인공지능은 기계에 인간지능의 시뮬레이션으로 근사치를 나타내고, 강화 학습, 추론이나 인식 등을 포함한다. 또한 금융이나 의료에 이르기까지 다양한 분야에 응용되고 있다. 일부에서는 부정적인 영향을 걱정하기도 한다.

기존의 많은 유사 기술이 있었지만, 이제는 인공지능 기술로 간주하지 않는 것도 많다. 예를 들면 문자 인식이나 지문인식 같은 것들이다. 오늘날 인공지능은 더욱 진화하여 수학, 컴퓨터 과학, 언어학, 심리학 등 학제 간 융합 방식으로 접근하여 연결된다. 일반적으로 우리가 인공지능을 떠올릴 때 컴퓨터를 연상하지만 사실상 인공지능은 프로그램의 하나로 보아야 할 것이다.

이러한 입장에서 보덴(Margaret Boden)은 인공지능을 가상기계(virtual machine)로 보았다. 왜냐하면 이 용어로 가상현실(VR)을 묘사하는 기계나 자동차나 기차의 엔진이라기보다 정보 처리 체계를 정의하고자 했기 때문이다. 이 가상기계의 체계는 프로그래머가 한 프로그램을 만들 때 생각하는 것 그리고 그 프로그램의 사용자 역시 마음에 떠올리는 무엇이다.[96] 20세기 중반 인공지능의 연구가 본격화되었을 때, 우리는 인간의 실용적인 이익을 추구하는데 이를 응용하고자 했다.

인공지능은 과학이 생산한 산물이 아니라 다수의 인간이 네트워크에 쏟아부은 정보의 합체이다. 엄밀히 인공지능의 출처는 인간의 지식이며 인공지능은 인간의 지식을 종합하여 관리하는 관리자가 된다. 다량의 정보를 신속하고 정확하게 다룬다는 점에서 인간의 능력을 넘어서지만 인공지능은 인간 자원이 없이 존재할 수 없다. 이 속에서 우리는 더욱더 인간적인 인공지능의 면모를 기대하는지도 모른다. 이러한 기대치는 인공지능의 개발에 단서를 마련하고 다양한 유형의 인공지능 개발이 뒤따랐다.

❶ 인공지능의 유형

인공지능은 네 유형으로 분류할 수 있다.

- **반응형 인공지능**은 알고리즘을 사용하여 일련의 입력을 바탕으로 출력을 최적화한다. 예를 들어 체스 게임 AI는 게임에서 이기기 위한 최선의 전략을 최적화하는 반응형 시스템이다. 반응형 인공지능은 상당히 정적이어서 새로운 상황에 적응하거나 배우지 못하는 경향이 있다. 따라서 같은 입력이 주어지면 동일한 출력을 생성한다.

- **제한된 메모리 인공지능**은 과거 경험에 적응하거나 새로운 관찰 또는 데이터를 기반으로 스스로 업데이트할 수 있다. 종종 업데이트의 양이 제한되고 메모리 길이가 상대적으로 짧다. 예를 들어 자율주행차는 "도로를 읽고" 새로운 상황에 적응하며 심지어 과거 경험에서 "학습"할 수도 있다.

- **마음 이론 인공지능**은 완전히 적응적이며 과거 경험을 학습하고 유지할 수 있는 광범위한 능력이 있다.

- **자기 인식 인공지능**은 이름에서 지각을 하고 자신의 존재를 인식한다. 이것은 인공지능이 결코 의식을 가질 수 없다고 한다. 인공지능은 다양한 수준으로 다양한 애플리케이션에 적용된다. 예를 들어 '추천 알고리즘,' '스마트 스피커(예: Alexa나 Siri),' '챗봇'등 다양하다.

다양한 인공지능의 유형에 따른 구체적 기술에 대해 알아보자.

- 인공지능은 학습, 문제 해결, 패턴 인식 등 인간이 지닌 지적 능력을 컴퓨팅 환경에 적용하는 알고리즘을 생성하고 구현하는 기술을 말하며, 데이터 처리 수준이 증가하고 저장 기능이 향상되었다. **기계학습**(머신러닝)과 **딥러닝**은 인공지능의 하위 개념이다.

- **기계학습(머신러닝)**은 인공지능을 구현하는 학습 방법으로, 인간이 일일이 프로그래밍 할 필요 없이 컴퓨터에게 대량의 데이터를 입력해 주면서 스스로 학습하여 규칙을 생성할

수 있도록 알고리즘(프로그램)을 만든다.

- **딥러닝**은 학습에 필요한 데이터를 인간이 제공하지 않고 입력 데이터를 가지고 스스로 학습하고 자체 신경망을 통해 예측의 정확성을 판단한다.

인공지능 기술을 적용하는 구체적인 시스템은 다양하다.

- 전**문가 시스템**(Expert System)은 인공지능 기술을 많이 적용하는 분야이며, 특정 문제에 대한 전문적인 지식을 규칙으로 컴퓨터에서 실행하도록 한다. 그러므로 비전문가도 전문지식을 활용할 수 있다. 대표적인 예로 의료 진단 시스템, 설계 시스템을 들 수 있다. 또한 자동차의 상태를 쉽게 파악하는 시스템을 볼 수 있다.
- **자연어 처리**(Natural Language Processing)는 인간의 언어, 억양과 맥락을 컴퓨터가 이해할 수 있도록 하는 분야로 대량의 텍스트에서 의미 있는 정보를 추출하고 활용할 수 있도록 한다. 기계 번역, 챗봇 등이 자연어 처리 기술을 활용한 것이다.
- **데이터 마이닝**(Data Mining)은 대량의 데이터를 분석하여 유용한 정보를 추출하고 조합하는 기술이다. 방대한 양의 데이터에서 특정 패턴을 추출하여 통계적인 방식으로 가치를 부여한다. 이 기술은 비데이터 분석에 많이 활용하고 있다.
- **컴퓨터 비전**(Computer Vision)은 디지털 이미지, 비디오 등에서 의미 있는 정보를 추출하는 기술로 지문인식, 얼굴인식 등에 활용하고 있다.
- **지능로봇**(Intelligent Robots)은 인공지능 기술을 활용하는 모든 로봇을 말하며, 오늘날 지능로봇은 외부환경을 인식하여 상황을 스스로 판단하고 자율적으로 움직인다.
- **인공생명**은 실제로 존재하지는 않는 기하학적 모양이나 특성을 가진 생명체를 특정 알고리즘으로 탄생시켜, 성장하도록 하며 주변 상황에 따라 다양한 변화를 일으키면서 성장하거나 소멸하도록 한다. 프랙탈이 특정 패턴을 지니고 동적으로 변화하면서 인공 생명체로 성장하도록 할 수 있다.

오늘날 이러한 인공지능 기술은 메타버스 기술과 융합하여 아래와 같이 새로운 인간 생활을 구현한다. 즉, 가상세계 안에서 사회경제 문화 활동의 가치를 창출한다.

[표 8-1] 시스템의 비교

현실 세계	혼합세계: 융합기술(Data, Network, 인공지능)	메타버스 세계
사회, 경제, 문화 활동	인공지능 네트워크(컴퓨터, 모바일) 사물인터넷 빅데이터(블록체인, 데이터 컴퓨팅) 혼합 현실(인식, 추적)	증강현실 거울세계 라이프로깅 가상세계

2 창작하는 인공지능

미술작품 중에 그림은 디지털 컴퓨터가 개발되고 약 20년 후인 1960년대 초부터 인공지능의 발전과 더불어 인공지능 기술을 이용해 예술 작품을 창작했다. 또한 2014년 이후 일부에서는 두 개의 "알고리즘"이 서로 경쟁하고 반복할 수 있는 기계학습 프레임워크인 GAN(Generative Adversarial Network)을 사용하여 작품을 창작하기도 했다.

GAN(Generative Adversarial Network)

GAN은 컴퓨터가 스스로 최상의 해를 찾는 데 사용하는 기술이다. 창작한 작품은 전통적인 순수 회화와 아주 비슷하게 그리며, GAN은 그림을 생성하는 데 자주 사용할 수 있다. 작품 생성기의 핵심은 인간이 텍스트로 설명을 하면 인공지능이 입력한 텍스트를 회화 그림으로 변환하도록 한다. 그러므로 그림 생성기를 통해 언어를 입력하여 그림을 창작할 수 있다. 일부에서는 처음부터 그리지 않고 그림 생성기를 이용하여 그림을 생성한 후에, 생성된 그림을 기초로 사용하여 개선하고, 편집하여 최종으로 새로운 디지털 그림을 만들기도 한다. 이것은 회화 창작 문턱을 크게 낮추고 회화 예술의 전통성에 도전하는 것이다.

입력은 보통 사용자가 설정하는데, 입력 내용은 사용자가 원하는 상세 사진 내용도 포함할 수 있다. 예를 들어 어떤 장면의 콘텐츠, 캐릭터, 날씨, 캐릭터 관계, 특정 항목 등이 될 수 있으며, 특정 아티스트 스타일, 화면 스타일, 이미지 픽셀 크기, 밝기 등을 선택할 수도 있다. 그러면 그림 생성기는 여러 개를 생성한, 즉, 입력에 따라 유사한 그림을 생성한다(일반적으로는 현재는 4개를 생성). 그림 생성기에서 생성된 결과를 받은 후 사용자는 원하는 결과로 한 개의 그림을 선택하거나 생성기에게 다시 그리도록 할 수도 있다.

(그림 8-1)은 구글의 인공지능 화가 **플랫폼 딥드림**(Deep Dream)이 빈센트 반 고흐(Vincent van Gogh)의 작품을 모사하는 훈련을 통해 도출한 작품 중 하나이다.

그림 8-1. 구글의 인공지능 화가 플랫폼 딥드림(Deep Dream)이 생성한 그림
(Source:SPRI, 소프트웨어 정책 연구소*)*

딥드림은 (그림 8-2)와 같이 실제 데이터인 원래 그림을 입력으로 하여 인공지능의 학습을 통해 이 그림에 대한 패턴을 분석하여 정해진 모델을 찾는다. 이 모델을 저장하여 기억하고, 사용자가 원하는 그림에 대한 정보를 입력하면 저장된 모델에서 가장 최적의 답을 찾아 원하는 그림을 생성한다.

인간의 창의력과 인공지능은 서로 상호배제적이라고 가정하고, 인공지능과 인간의 창의성을 결합하는 새로운 디지털 예술이 가능하다고 볼 수 있다. 또한 전통 회화 분야 화풍을 자동 모사하는 데 있어 인공지능 기반의 챗봇을 통해 수집한 인간의 감성 정보를 활용할 수도 있게 되었다.[97] 이와 같이 기계학습의 성능 향상과 더불어 유명 작가의 화풍을 '모사'하는 방법으로 인공지능이 발전하고 원하는 그림의 화풍을 학습하는 GAN과 같은 플랫폼이 개발되고 있다.

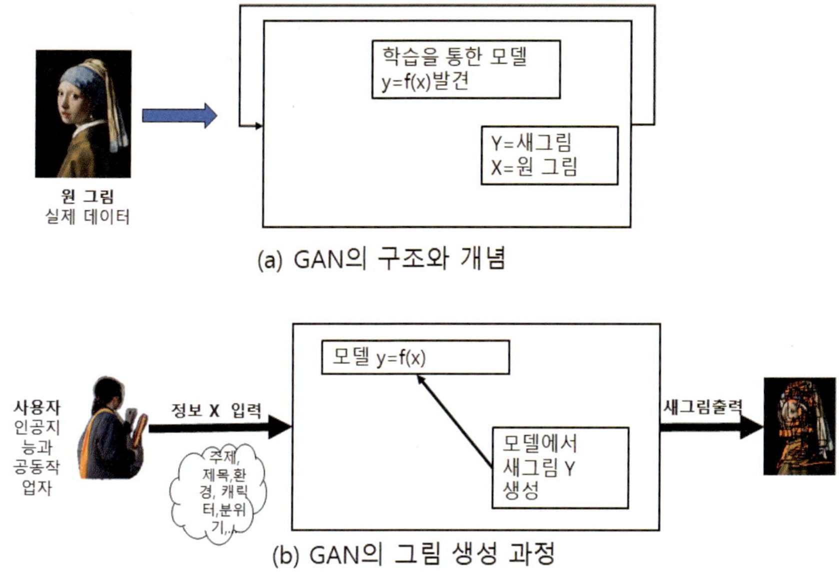

그림 8-2. GAN의 구조와 그림 생성 과정

CAN (Creative Adversarial Networks)

인공지능이 예술작품을 제작하기 위해 개발된 프로그램인 GAN에서 한 단계 더 진화한 버전으로 "창의적 적대 신경망CAN(Creative Adversarial Networks)"이 있다. 이 버전은 2017년 미국 뉴저지 러트거스대학(Rutgers University. NJ. US) 연구팀이 설계했다. CAN은 자기반성(self reflect)을 통해 정보를 수정하고, 미술 전공 학생과 마찬가지로 학습 시스템을 통해 다양한 이미지 생성이 가능한 프로그램이다. CAN은 이들 연구진이 앞서 연구한 GAN(Generative Adversarial Network)의 진화된 모델이다.

GAN은 두 개의 하위네트워크인 발생 장치와 식별 장치를 가지고, 이미지 판별력을 학습했고, 이 식별 장치는 주어진 특정 이미지에 접근하여 이를 학습한다. 이후 식별 장치는 '진짜' 이미지로 분류된 이미 훈련한 이미지를 발생 장치가 산출하는 '가짜' 이미지들 사이에서 판별하도록 했다. 따라서 GAN은 창의적인 시스템이 아니라, 명령 실행적(emulative) 네트워크이다. 명령어를 오류 없이 실행하는 시스템에 불과했던 GAN에 인간의 창의성과 닮은 시스템이 추가되면서, 한 차원 진화된 CAN이 개발되었다.

CAN은 이미 확고한 작품 스타일에서 편차(deviation)를 최대화하고, 예술작품의 관객 보급 편차를 최소화하여 이미지를 산출하는 인공지능 프로그램이다.[98] 이미지를 만들기 위해 CAN은 이미 보편화된 스타일을 추구하는 신호와 독자적인 스타일을 추구하는 두 신호 체계 사이의 상호작용을 통해 이미 유명한 작품 스타일에서는 벗어나지만, 일반인들이 예술이라고 수용할 수 있을 법한 이미지를 출력하기 위해 스스로 웹 정보의 공간을 탐험하도록 설계되었다. 이 때문에 혁신적인 이미지를 출력할 수 있는 능력을 갖추고, 이러한 상호작용을 통해 시스템이 구현한 이미지를 스스로 자체 평가할 수도 있다.

좀 더 간단히 설명하자면 러트거스대학 연구팀이 개발한 CAN은 자신의 생성물을 자율적으로 평가할 수 있다는 것이다. 애초에 인공지능은 기계학습과 시스템 신경과학의 기술을 결합하여, 강력한 범용 학습 알고리즘을 위해 만들어졌기 때문에 스스로 학습함으로써 진화할 수 있다. 이러한 진화 능력을 배경으로 CAN은 프로그램된 학습과 비판 기능을 작동하여, 소위 예술작품이라 할 수 있는 이미지들을 산출하기에 이른다. 예술 생성 알고리즘에서 필수적인 요소는 알고리즘의 창조적 과정을 인간 예술가들이 오랜 시간 동안 만들어 낸 예술과 연관 짓는 것이다.

연구팀은 인간 예술가의 작품 창작 과정에 다른 작품에 대한 경험과 노출이 중요한 도구라고 보았기 때문에 이와 같은 경험과 노출을 프로그램에 적용하기로 했다. CAN은 16세기부터 20세기 추상 미술에 이르기까지의 광범위한 작품 컬렉션에 노출되었으며, 이때 르네상스나 바로크, 인상주의나 표현주의 같은 각자의 스타일 라벨을 함께 사용하여 훈련했다. 이 훈련에는 1,119명의 화가가 그린 81,449점의 그림을 보유한 위키 아트(Wiki Art) 자료를 사용했다.

CAN은 여러 작품에 노출하여 예술작품의 정보를 축적하였고, 작품 특징에 대해 학습할 수 있었으며, 양식적 임의성을 극대화하여 기준을 최적화했다. 연구진은 인간 피실험자 그룹에 인공지능과 인간 예술가가 만든 이미지를 출처정보 없이 보여주고, 그 느낌을 주기적으로 설문 조사했는데, 피실험자들은 CAN이 생성한 이미지와 인간 예술가가 창작한 예술을 구별하지 못했고, 때로는 CAN이 생성한 이미지 중 와 같은 몇 개의 이미지는 인간의 작품보다 더 높은 평가를 받기도 했다(그림 8-3).[99]

이들 연구진의 연구 결과에서 우리는 감상자가 CAN이 산출한 이미지에 대해 인간 예술가와 같은 반응이나 그 이상의 반응을 나타냈음을 알 수 있다. 기계가 만들어 낸 이미지에서도 예술작품을 향해 보이는 인간의 심리적 반응이 유사하게 나타난다는 결과였다. CAN이 생성한 이미지에 대한 감상자의 반응과 관련된 좀 더 면밀한 연구가 다른 연구진들 사이에서도 전개되었다. 이들은 AI 예술 평가에 대한 선입견이나 기대치와 같은 외적 요소에 초점을 두었다.[100] 감상자들이 AI 예술에 대해 다른 인지를 보이는 것은 단순히 이미지 자체의 질이 아니라 인공지능에 대한 인간의 근본적인 태도와 관련이 있을 수 있다는 것이다. 따라서 또 다른 연구에서는 작품의 출처가 인간인지 인공지능인지를 미리 명백하게 밝혔다.

그림 8-3. 다양한 인간 예술작품을 학습 후 CAN이 산출한 이미지, 2017.
(Source: https://arxiv.org/pdf/1706.07068)

이후 연구진은 어떤 요소들이 예술작품의 평가에서 중요한 것인가의 객관적 잣대를 적용했다. 이들 연구는 피실험자의 반응과 설문 데이터를 바탕으로 인간과 인공지능이 산출하는 이미지가 구분되지 않는다는 러트거스대학 연구에 반박하는 결과를 얻었다. 러트거스대학팀에 반대하는 결과를 도출한 연구는 AI 예술과 인간 예술가가 생산하는 작품에 대한 미적 가치(aesthetic value)는 작품 제작자의 출처나 작품과 관련된 선입견에서 독립적일 것일 수 있으나, 감상자들의 미적 판단의 문제에서는 출처와 선입견이 중요한 요인이 될 수 있다는 것이다.[101)]

CAN이 산출한 이미지가 인간 예술가의 작품처럼 그럴듯하고 화려한 색상의 생생한 조합을 보여 주겠지만, 이 시스템은 인간 예술가의 축적되고 가공된 정보를 재조합하여, 그 결과물을 도출한 것이다. 물론 인간 예술가의 예술작품 역시 그들이 경험한 예술작품에 대한 작가만의 새로운 조합으로 보거나, 축적된 정보라고 볼 수 있지만, 이 작품들은 눈, 귀, 코, 손 등과 같은 감관을 통해 느끼고, 감지하고, 여과한 정보가 다시 뇌의 복잡한 정보 처리 과정을 통해 도출된 결과물로 보아야 할 것이다.

발달한 인지력 없이 시스템은 어떤 의도나 개념의 이해도 결핍된 상태이다. 시스템이 무언가를 생산할 수는 있지만, 무엇을 의미하고 왜 제작했는가를 설명할 수는 없다. 예술작품은 단순한 숫자 정보가 아니다. 작품은 수열의 색다른 조합으로 도출되는 그러한 수학적 계산 결과의 생산물이 아니라는 것이다. 인공지능이 심리적 창의성을 가진다는 의견에 동의하지만, 인공지능이 생성하는 이미지가 예술작품이 된다고 단정할 수 없다.

도구로서 인공지능

2022년 레픽 아나돌 스튜디오(Refik Anadol Studio)의 <**언슈퍼바이즈드 (Unsupervised)**>는 CAN과 유사한 이미지 작품을 위한 프로젝트이다(그림 8-4). 이 프로젝트는 서구 근대 미술의 메카인 MOMA(The Museum of Modern Ar)가 보유한 수만 개의 컬렉션의 이미지 데이터를 훈련한 신경망을 중심으로 한다. 이 프로젝트는 창의적이고 실험적인 시각 예술과 소통의 언어라는 목표를 두고 새로운 이미지를 제작하기 위해 1920년대에서 1970년대 서양 모더니즘 예술가의 다양한 실험적 작품을 학습했다.

그림 8-4. Refik Anadol Studio, 〈Unsupervised〉, 2022.
(Source: https://press.moma.org/exhibition/)

가장 큰 반어적 상황은 **생성적 AI 시스템**이 이미지를 만드는 과정은 사실 서구 모더니스트의 정신과 상반된다는 것에 있다. AI 시스템은 저항과 새로운 사고방식을 토대로 생산하는 것이 아니라, 선례를 순순히 학습하는 데서 비롯된다. 서양의 모더니즘은 아방가르드 미술 역사의 정점이었다. 20세기 추상 미술의 역사는 당시 예술가가 속한 시대에 이미 확립된 예술 형태와 전통 그리고 예술적이고 미적 타당성에 대한 도전과 저항에 바탕을 둔 스타일, 형태, 주제의 혁신에 대한 역사이다.[102] 이러한 측면에서 보자면 AI가 만든 이미지는 저항의 배경은 제쳐두고 이미지의 표면적 특성만 연구한다는 비판에서 자유로울 수 없게 된다.

그러나 마노비치(Lev Manovich)는 인공지능의 수용학습력을 더 넓은 의미에서 수용하고자 한다. 인공지능의 학습이 이미 만들어진 작품들의 예시를 수용하지만 이러한 수용도 예술가가 새로움을 개척을 위해 필요한 요소로 보고 있다. 모더니즘 예술가들은 시대의 지배적인 예술 패러다임이자 사실주의적인 살롱 예술을 거부했을 뿐 인간 예술의 역사 모두를 거부하지 않았다는 점을 강조한다. 이들의 아방가르드는 특정한 미학을 현대예술 맥락에 적용하는 방식으로 혁신을 성취했다. 이런 의미에서 인공지능의 학습방식이 인간의 것과 상반되지만, 출력된 이미지 (그림 8-4)는 이미 생성된 이미지의 기계적 복제나 단순한 시뮬레이션이 아닌 새로운 조합의 창작물로 받아들여야 한다고 설득하고 있다.[103]

인공지능이 이미지를 산출하는 과정에서 우리가 주목할 것은 각 세대의 적자(fittest)를 선택하는 일, 즉 미적으로 가장 만족스러운 패턴을 선별하는 일이 인간의 몫이라는 것이다.[104] 즉 인간 프로그래머의 '자아'가 사회적 '맥락'을 바탕으로 예술 작품의 규준을 인공지능에 지시하지 않는 이상 인공지능은 예술 작품을 학습하고 이를 판별할 수 없다. 프로그램의 각 세대 자체가 스스로 평가할 수 있기 충분하게 인간의 미적 가치를 명백히 정의하는 것은 어려운 일이다.

인간의 **미적 가치**는 인식하기가 어렵고, 이를 언어로 표현하는 것은 더 큰 문제이며, 실제로 명백하게 정의하기는 더더욱 까다로운 문제이다. 왜냐하면 한 컴퓨터 모델에 인간의 미적 가치를 입력하여 규준을 마련하기 위해서는 명료하고 분명한 언어들이 요구되기 때문이다. 무엇보다 미적 가치를 정의하는데 더 큰 난관은 이러한 가치가 끊임없는 변화의 과정 중에 있다는 것이다. 이러한 사실은 미술사의 변화하는 양상에서도 찾아볼 수 있다.

인간이 기꺼이 예술품의 관객이 되고자 하는 것은 아마도 창의적 활동에 사로잡히는 기회 때문일 것이다. 종종 예술작품을 감상하기 위해 인간에게 어느 정도의 창의력이 요구되기 때문이다. 예술은 감상자, 독자, 청자에게 의도적으로 여지를 남겨 이들이 자신들만의 이야기로 여백을 메우도록 한다.

모호함(ambiguity)은 관객이 창의적으로 되도록 여백을 형성하여 예술적 창작에서 중요한 역할을 한다.105) 일반적으로 예술이라고 수용한 대상은 한 사람이 자아를 창작 행위로 표현한 것으로 볼 수 있다. 따라서 창의성에 관한 기계의 근본적인 장애물은 자아(self)가 없다는 것이다. 그러나 창의성을 이미 존재하는 정보의 재조합으로 판단한다면 인간 외의 존재인 인공지능 역시 창의적 내용을 산출할 수 있다고 보아야 한다. 이러한 다양한 의견에서 추측할 수 있듯이 창의성과 창의적 활동은 이를 판단하고 정의하는 사회와 판단의 권위를 가진 사람들에 의해 결정되기 때문에 창의성의 결정은 매우 주관적일 수 있다. 인간의 예술작품과 유사한 이미지를 생성하기 위해 인간과 같은 창의성이 필수조건이 아니고, 인간과 인공지능의 창의성 차이가 인정된다면 서로 다른 창의적 발상의 연합은 더 풍성한 결과로 나타날 것이다. 인공지능은 미술 창작의 단순한 도구가 아니라 인간의 인식과 창의 능력을 견인하는 요인이기 때문이다.

8.2. 인간과 인공지능의 공동 창의성

공동 창의성은 컴퓨터와 인간이 서로 협력하여 공유된 창의적 인공물을 생산하는 것을 의미한다. 협력적인 창의적 활동을 지시하기도 하고, 최소한 한 명의 컴퓨터 실행자를 포함하는 활동과 '**계산적 공동 창의성(computational co-creativity)**'의 축약된 용어로 생각될 수 있다.106) 공동창의 활동에서 각자 다른 공동 참여의 기여를 인식하고 자율적인 행동을 통해 자신의 창의적인 아이디어를 표현해야 한다. 컴퓨터 기반의 창의적인 협력 기계는 사용자 인터페이스를 통해 인간과 상호작용하고, 함께 공동 창의적인 시스템을 형성한다. 공동창의 시스템은 **창의적 주도권(initiative)**을 참여자들 사이에 공유한다는 이유로 다른 시스템과 분명하게 구별된다. 공동창의는 인간-컴퓨터 상호작용(Human-Computer Interaction) 학자들 사이에서 더 많은 관심을 불러일으키기 때문에, 그것을 창작 관행, 예술적 협업에서 여러 에이전트 간의 또 다른 형태의 동료 관계로 비교하기 시작했다.107) 공동창의라는 단어에서 추측할 수 있듯이 하나의 목적을 두고 인간과 컴퓨터 시스템이 함께 작업을 처리한다는 의미는 단순히 인간의 명령에 특정 해답을 구한다기보다 복잡한 문제를 해결해 나가는 과정에서 인간과 컴퓨터의 **지속적인 연결**과 **공동제작**이 있음을 암시한다.

1 인공지능의 정보조합

호모파베르(Homo faber)의 역사에서 도구를 의인화하여 작업의 공로를 함께 나누고자 한 일은 없다. 훌륭한 피아니스트의 연주를 두고 음색이 뛰어난 피아노의 노고에 대해 언급하는 일이 없는 것은 자연스러운 일이다. 이 때문에 창의성을 바탕으로 창작을 연상할 때 인공지능의 인간적 자율성보다는 전체적 맥락으로 인공지능을 새로운 전자 시대의 한 도구로 보려는 학자들이 많다. 이들은 인공지능을 배척한다기보다는 인공지능을 통해 인간 업적 향상의 가능성에 더 비중을 두고 있다. 그러나 인공지능을 일종의 시대 매체로 생각하여도 인간의 역사에서 그 어떤 도구보다 인공지능만큼 다양한 작업에 색다른 방식으로 접근하지 못했다는 사실은 부정할 수 없다.

이전 세대 도구의 기능과 인공지능 사이의 이 같은 질적 차이를 인지하고 이를 인정하기 위해 '슈퍼 도구'[108]로 설명하거나, 인간의 인지와 정보 처리 방식을 변경하고 확장하는 인지 확장기(cognitive extenders)로 개념화하면서 인간의 전체적 코드를 확장하는 도구로 받아들이기도 한다.[109] 구현하고자 하는 세부 정보에 따라 컴퓨터는 잠재적으로 다양한 방식으로 사용자와 협업할 수 있다. 여기서 중요한 점은 컴퓨터가 상호작용을 안내하기 위해 미리 정의된 명령체계(script)를 따르지 않는다는 것이다.

프로그램은 사용자의 입력에 적응하고 창의적 계산 알고리즘을 기반으로 입력에 대한 응답을 생성한다. 이와 같은 인공지능의 반응은 기계의 창의적 과정으로 볼 수 있다. 특히 인간과 컴퓨터의 공동 창의성은 인간과 컴퓨터가 **실시간 즉흥적으로** 대상을 생산하는 상황을 설명한다.[110] 여기서 창의성은 인간과 컴퓨터의 상호작용을 통해 나타난다. 공동 창의성을 위한 상호작용 모델은 서로 다른 곳에서 창의적 활동을 도모하고 이후에 조합하는 과정이 아니다. 공동창의의 상호작용은 실시간 즉흥적으로 주고받으며 변화하는 것이기에 인간과 컴퓨터의 기여는 상호 영향을 나누며 하나의 목적을 달성하는 **즉흥성**(improvisation)이 본질이 된다.

공동 창의성에서 즉흥성은 재즈 공연에서 연주자들이 합주와 유사하다. 즉흥성은 다른 당사자의 기여를 이해하고 관련시키는 것이다. 성공적인 즉흥 연주에서, 개인은 패턴이나 주제를 분별하고 의미 있는 방식으로 그 주제에 반응할 수 있어야 한다. 이것은 재즈 즉흥 연주에서 기본적인 부르고 답하는 응답 형식이다. 이처럼 공동창의에서 바람직한 즉흥성을 달성하기 위해서는 패턴이나 테마를 설정하는 데 도움이 되는 기계, 즉 AI의 기여를 정확하게 설정해야 한다.

이것은 인간과 기계 사이의 대화에서 주제를 선택하는 일과 비슷하다. 컴퓨터를 실행하는 프로그래머나 사용자의 설정 작업의 표현력, 세부 정보 또는 명확성 정도가 전체 작업의 해석에 영향을 준다. 초기의 프로그램 설정이 너무 좁거나 모호할 경우, 인공지능은 문제 해결 방법을 이해하지 못할 수 있다.[111]공동 창의성의 본질을 즉흥성에 둔다면 양자의 작용에서 발생하는 결과물을 미리 정확하게 예측할 수 없다. 따라서 하나의 특정 목적을 두고 인간과 기계의 공동 창의성의 결과는 그 공로를 인간이나 컴퓨터에만 국한할 수 없이 두 공로자의 원래 의도를 능가하게 된다.

공동창의가 협력자들 간에 창의적인 경계와 영감을 주는 수단으로 작용하기 때문이며, 협력자들의 상호보완적이고 예상치 못한 기여는 결과를 각각의 역량 이상으로 상승시키는 힘이 되기도 한다. 인간과 인공지능의 공통된 노력 아래에서 인간만의 노력이나 기계만의 노력을 초월하는 결과물이 가능하다는 것이다.

자체적인 창의성이 가능한 사전 컴퓨팅 이니셔티브(proactive computational initiative)와의 상호작용은 인간 사용자의 창의성을 촉진할 수 있다.[112] 인간과 인공지능의 상호작용이 서로의 창의적 발상에 도움을 주고받는다는 생각은 인간-컴퓨터 상호작용에서 발생하는 **상호 주도적 공동 창의성(Mixed Initiative–Co Creativity)**에 대한 개념에서 출발했다. 인간의 창의성에 컴퓨터 자극이 미치는 영향과 컴퓨터의 창의적인 정보 처리에 인간이 설계한 제약이 주는 영향은 소프트웨어 목표, 그 유형과 소프트웨어의 인터페이스 그리고 인간과 컴퓨터의 주도권의 정도와 유형에 크게 의존한다.

컴퓨터가 생성한 제안이나 창의적 과정 중에 필요한 피드백을 주기 위해서 능동적인 컴퓨터 프로그래머의 자극은 **수평적 사고(lateral thinking)**[2]를 일으킨다. 컴퓨터는 인간의 주도권을 수용하기 위해 목표와 검색 방향을 조정하기 때문에 인간의 창의적 발상은 컴퓨터의 정보 처리 과정에도 영향을 준다. 인간 사용자는 선택적 제안이나 인간 창작물에 대한 명시적 변화를 위해 설계자의 수평적 사고를 자극하는 컴퓨터 입력에서 영감을 받게 된다. 이 과정은 인간과 컴퓨터 상호작용이 어떻게 영향을 미치고 향상되는지에 초점을 맞춘 컴퓨터 창의성뿐만 아니라 인간 창의성 이론과도 연결된다.

컴퓨터의 작동방식에 인간의 명령어나 제한이 알고리즘의 개발이나 수행에 직접적 영향을 준다는 것이다. 수평적 사고의 무작위 자극 원칙(random stimulus principle)은 사용자가 아이디어를 떠올리거나 해결책을 생산하는 과정에서 외부 요소를 통합하거나 활용하도록 강요함으로써 선입견과 습관적 사고 패턴을 방해할 목적으로 외부 개념 요소의 도입에 의존한다. 수평적 사고 안에서 무작위성은 이질성의 주요 담보가 되기 때문에 창의성 자극을 위한 중요한 보증이기도 하다.

그림 8-5. Jason Allen, 〈Théâtre D'opéra Spatial〉, 2022, AL Art using Midjourney

(Source: https://medium.com/enrique-dans)

2) 수평적 사고는 1967년 보노(Edward De Bone)가 최초로 사용한 기존의 사고의 틀에서 벗어나 생각을 새롭게 재구성하는 사고기법이다. 전통적이고 논리적인 수직적 사고와 달리 수평적 사고는 단계별로 옳아야 할 필요도 없고 관계없는 정보를 사용할 수 있으며, 상호보완적으로 여러 가지 대안을 만들 수 있다. 수평적 사고는 창의력과 밀접한 관련이 있지만, 창의성이 결과에 대한 설명일 뿐이라면 수평적 사고는 과정에 대한 설명이다. 우리가 결과에 대해 감탄하며 거기로부터 어떤 학습도 연결되지 않는다면 수평적 사고가 지향하는 과정으로부터 우리는 특정 방식을 학습할 수 있다. 더욱 많은 창의성이 변화와 진보를 위해 필수적인 요소로 가치 평가되는 현재, 변화와 진보 모두가 수평적 사고에 있으므로 지식과 기술보다 더 가치 있게 평가되고 있다. 창의력을 사용하기 위해서는 신비에 싸인 아우라를 없애고 이를 생각을 사용하는 방법, 즉 정보를 다루는 방법으로 간주해야 한다. 보노는 이것이 바로 수평적 사고라고 주장한다(Bono, E. (2016). *Lateral Thinking*. Penguin: London, pp. 5-7).

공동창의의 사례

시각 예술에서 인간-인공지능 공동창의의 핵심은 창작 대상에 대한 기여도에 있다. 공동창작에 대해 인간과 인간 사이에 발생하는 활동으로만 제한했던 과거와 달리 기계의 개입으로 작품의 전반이 완성된다는 새로운 구도로 진입했다. 한 사례로 최근 알렌(Jason Allen)의 작품 <우주 오페라 극장>(그림 8-5)는 인공지능 도구인 미니저드(Midjourney)를 사용하여 완성된 작품이다. 알렌은 이 작품으로 2022년 9월 콜로라도주 박람회의 연례 미술 대회에서 우승을 차지하게 되었다. 이 작품이 인공지능을 도구로 산출된 이미지임이 밝혀졌음에도 인공지능을 하나의 도구로 인정하면서 화제가 되고 있다.

예술가의 자격이나 창작된 이미지의 예술성과는 상관없이 도구가 변하고 더 정교해짐에 따라 우리가 예술을 정의하고 그것을 판단하는 방식이 달라질 것은 분명해 보인다.[113] 이미지를 만들기 위해 알고리즘 도구의 사용이 새로운 시대 매체의 수용으로 받아들여야 할지는 현재 진행 중인 논의이지만 이미 오늘의 미술은 인공지능을 사용하여 이미지를 제작하고 있다.

(그림 8-6)은 르네상스의 거장 라파엘로(Raphael)의 색상과 붓 터치의 전형적인 패턴을 연구하여, 1980년대 주로 활동했던 이탈리아의 여배우 오넬라 몬티(Ornella Muti)의 얼굴 사진을 라파엘로 형식의 초상화로 제작한 것이다. 이 프로젝트를 위해 프랑스 사진작가인 에일(Joseph Ayerle)은 인공지능이 르네상스 화가 라파엘로의 색채와 붓놀림에서 전형적인 패턴을 찾는 학습을 실행했다. 이 초상화는 라파엘로의 <젊은 여인의 초상>(그림 8-7)을 바탕으로 새로운 방식의 작품을 생산한 예이다. 에일은 포나리나의 얼굴을 분석하기 위해 인공지능을 도구로 사용했고, 분석한 데이터를 다시 재계산하는 과정을 통해 여배우 몬티의 초상화를 완성했다. 그는 라파엘로의 작품에서 포나리나의 팔찌에 새겨진 라파엘로의 서명과 대조적인 문신을 몬티의 팔에 넣음으로써 고전적 이미지에 현대의 이미지를 환기하고자 했다.

그림 8-6. Joseph Ayerle, 〈Diasec: La ragazza di Trieste〉, 2018.

(Source: https://www.saatchiart.com/account/artworks/854436)

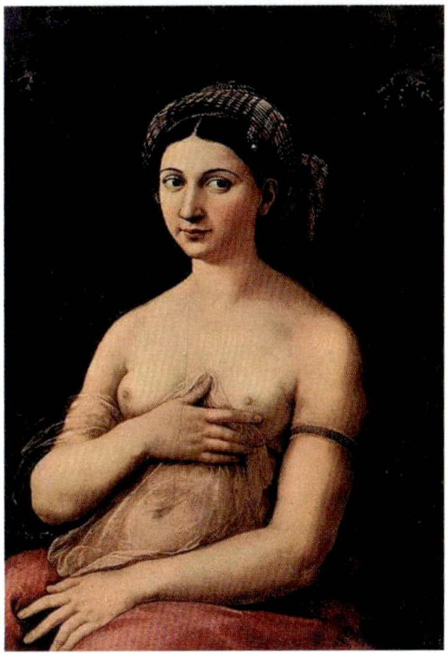

그림 8-7. Raphael, 〈Portrait of Young Woman La Fornarina〉, 1518–19

(Source: https://en.wikipedia.org/wiki/File:Fornarina.jpg

또한 사진의 배경으로 2015년 브레시아에서 작가가 찍은 광고판을 사용하여, 고전과 현대의 이미지를 합성하고 있다. 인간 예술가를 프로그램의 원천으로 사용한다면 애초에 인간 예술가의 존재 없이 인공지능의 존재도 생각할 수 없다. 에일의 작품은 인간 예술가의 개입이 더 강하게 작용하여 완성된 작품으로 인간과 인공지능의 협업을 통해 작품을 완성하고자 했던 이 프로젝트의 목표를 소정 달성했다고 볼 수 있다.

2 뇌와 컴퓨터의 공조가 만든 예술

공동창의의 맥락에서 인간의 두뇌와 컴퓨터 기술의 상호작용은 괄목할 만한 기술이다. 맥루한(Marshall McLuhan)은 매체를 의식의 확장이나 정신의 확장이기보다는 인간의 확장(extension of man) 즉, 인간 능력의 확장으로 간주하였다.[114)] 이미 우리는 우리 몸의 한계를 초월한 능력을 일상에서 경험하고 있다. 인간의 지성과 지각의 인공적인 확장은 신경망 네트워크와 고성능 원격 센서 시스템에 의해 가능하다. 지성과 지각의 확장은 인간의 지각을 증폭시키고, 지각 그 자체를 변화시킨다.

이 변화 중에는 보이지 않는 것을 가시화하려는 과학과 예술의 공통된 욕망이 있다. 1924년 독일 신경학자 한스 베르그(Hans Berger)가 알파파를 발견한 이후 오늘날까지, BCI 분야는 지속해서 발달해왔다. BCI는 뇌와 그 주변 환경 사이에 직접적인 의사소통 채널을 형성하기 위해 하드웨어와 소프트웨어를 통합하는 시스템으로 정의할 수 있다.

1970년대 초, BCI 연구의 출발 이후, BCI는 장애우만이 아니라 건강한 사람의 인지적이고 감각적 운동 기능을 복구하고 대체하며 도움을 주고, 이를 증대하거나, 기능 측정을 위해 사용되었다. 나아가 생물 감지 시스템 기술의 지속적인 진보는 실험실과 실생활 환경은 물론 애플리케이션에 응용된 BCI의 빠른 판독을 초래했다.115) 역사적으로 BCI는 부피가 크고, 사용이 번거롭고, 일반적으로 수술을 통한 체내 삽입구조이기 때문에 설치비용이 높은 경우가 많아 의학 분야에 더 집중되어 있다. 그러나 BCI와 이를 응용한 장치의 보급은 의료계 종사자가 아닌 사람들도 비가시적인 뇌의 처리 과정에 접근할 수 있게 했다.116) 저렴하고 신뢰할 수 있으며 사용하기 쉬운 BCI는 일시적인 흥분을 가져왔을 뿐만 아니라 여러 분야에 걸쳐 혁신을 불러왔다.

비가시적 영역을 가시화하는 새로운 기술의 개발은 인간의 감성을 외화 하는 예술의 표현을 위한 매체로 응용되었다. BCI는 인간의 정신적 작용인 **뇌파의 활동을 시각화와 청각화**할 수 있다는 점에서 예술 매체로 대두된 것이다. 예술의 역사에서 새로운 예술 매체가 도입되었을 때 그 첫 번째 작품은 대부분 매체 그 자체의 능력과 특성에 중점을 둔다. 이러한 성향은 작가와 비평가들이 새로운 기술에 집착하는 원인이 되기도 한다. 이와 달리 BCI의 경우 매체에 대한 흥미가 매개 과정을 지우거나 우회하고자 하는 희망과 관련이 있다.117)

[표 8-1] Type of Brain-Computer Interfaces118)

유형	특성
능동적 Active	- 의도된 업무에 의존 - 객관적으로 외부의 자극 없이 뇌 활동을 촉발하기 위해 정신적 연산, 손가락 두드림, 동작 영상(MI), 음악 영상 등을 활용
반응적 Reactive	- 다양한 외부 신호에 의존 - 시청각적 자극, 질문 형태의 자극, 통증을 수반한 자극을 사용
수동적 Passive	- 임의적이고 의도하지 않은 뇌 신호를 기록 - 긴장, 졸음, 피로 등 사용자의 정신 상태에 의존

BCI 활용은 비가시적인 것을 가시화하고 이를 정밀하게 측정하는 데 그 목적이 있다. 그 과정에 사용되는 기기의 최소화는 뇌파의 정확한 흐름을 획득하기 위한 최소의 자극을 위해 장비의 강조보다 약화에 주력한다는 것이다. 예술 실행에 BCI의 도입은 기계와 인간의 뇌 작용이라는 추상적이면서도 직접적이고, 무의식적인 영역에까지 도달한 매체 활용으로 볼 수 있다. BCI는 다양한 기준이 제시되면서 체내 삽입의 정도, 사용자가 발휘할 수 있는 제어의 단위와 뇌 활동을 유발할 수 있는 여러 자극의 유형을 바탕으로 분류되었다.

로베르토(Portillo-Lara Roberto)와 그의 동료들은 수행한 연구를 바탕으로 BCI를 세 가지 유형으로 분류한다. (표 8-1)에서 볼 수 있듯이 BCI의 유형은 피실험자 혹은 사용자에게 유도된 반응에 대한 실험자 의존도와 그 반응의 자율성을 기준으로 나누었음을 알 수 있다. 능동적, 반응적, 수동적 유형은 인간의 뇌 활동에 따른 뇌파 신호를 매개로 한 장치이기 때문에 자극의 임의성과 실험 주체자에 의해 자극이 계획된 것인지 아닌지로 구분한다. 객관적인 BCI 시스템의 분류는 수술을 통해 체내 삽입이 가능한 전극의 필요에 근거한다.

[표 8-2] Control Type of Brain computer Interfaces[119)]

조절유형	특성
수동적	- 미리 프로그램된 예술적 재료에 매우 의존적이며 특정한 뇌파 신호에 응답하도록 구성된 시스템 - 원하는 신호를 생성하기 위해 사용자의 의도나 상호작용이 요구되지 않음
선별적	- 최종 예술적 결과물에 영향을 주기 위해 흥분과 느긋함의 강도와 감정을 통제하는 방법으로 사용자와 상호작용을 허락 - 미리 프로그램된 예술적 재료에 의존하는 애플리케이션을 사용하기 때문에 사용자는 결과물에 직접적인 책임은 없음
직접적	- MS paint와 같은 스타일 응용 도구(tool - book-style application)에서 특정한 결과물을 사용자가 선택 - 사용자는 음조나 형태, 브러쉬 스타일 등을 직접적으로 선택 - 여전히 현재 사용 가능한 기술과 애플리케이션이 제공하는 옵션의 수에 제한
협력적	- 독특한 예술적 경험을 초래하기 위해 다수의 사용자가 개별적으로나 협력적으로 상호작용 가능 - 협력적 통제는 일반적으로 수동적이고 선별적 BCI 유형 - 다수의 사용자가 동시에 상호작용한다는 점에서 차별화

새롭게 개발된 간편한 BCI가 시각 예술에 활용되면서 이를 활용한 인터렉티브 아트에서 예술가는 설계자이자 기여자의 역할에서 한 걸음 물러나면서 감상자가 인터페이스와 상호작용하는 과정을 구성하도록 했다. 이러한 BCI 기술 응용에서 제어는 중요한 문제로 대두되었다. BCI는 인간의 뇌파와 컴퓨터 프로그램 사이의 상호작용이 바탕이 되기 때문에 상호 의존적 유형이라는 결점이 그 한계가 된다.

일반적으로 BCI 실행에서 낮은 비트 전송률, 부족한 정확성, 시간이 소모되는 것이 결점으로 작용할 수 있다. BCI 시스템에 예측할 수 있는 한계는 예술에 응용된 BCI는 사용자의 상호작용과 선택을 제한하여 사용자에게 다양한 단위의 창의적 제어 능력을 제공한다.[120] 이와 같은 제어의 유형은 다음 (표 8-2)와 같이 정리할 수 있다. BCI 작품에서 측정한 뇌파 데이터의 이미지화는 시각 예술의 정체성과 관련된 가장 중요한 부분이 될 수 있다. 결국 시각 예술의 강조점은 이미지로 정신을 구현한다는 의도에 있으며, BCI는 그러한 목적에 합당하기 때문이다.

3 유동하는 뇌파의 포착

BCI 중에서 **EEG**(electroencephalogram)는 뇌신경 사이에 신호가 전파되어 발생하는 전기의 흐름이다. BCI 중에서 체외 장치를 활용하여 인간의 뇌 신호를 수집하는 기술이며, 신체의 상태에 따라 **뇌파의 패턴**은 각각 다르게 나타나도록 하여, 뇌의 활동 상황을 측정할 수 있다. EEG는 뇌가 전기적으로(electronically) 어떠한 활동을 하는지 두피에 전극을 부착해 신경생리학적으로 측정한다. 신경과학자들은 뇌전도를 이용해 실험 중 통제된 행동을 하는 사람이나 동물의 뇌파를 측정해 뇌의 기능을 연구한다.[121]

EEG는 인간 뇌의 전자적 활동을 분석하는 실험인데, 이것은 각 뇌세포 사이의 의사소통을 위한 전자적 자극의 과학적 재현(representation)을 제공하기 때문에 과학 분야에서 EEG는 뇌의 전자적 활동의 잠재적 문제를 향상하기 위해 사용된다. 신경의 활동은 두피에 전선으로 부착한 전극(electrode)을 사용하여, 추적이 가능하고 시각화할 수 있는 전기적 영역을 만든다. 이러한 전극판은 EEG 데이터의 근원을 형성하는 뇌의 전자적 자극을 조사할 수 있다.

일반적으로 EEG와 같이 체내에 삽입하지 않는 기술은 인간의 뇌파 신호를 수술 없이 외부에서 기록할 수 있다는 점에서 최소의 위험률과 높은 편리를 제공한다. EEG는 다른 뇌파 기록술에 비해 비교적 낮은 비용과 높은 해상도, 편리한 휴대성으로 BCI 형성을 위해 가장 널리 사용되는 접근방식이다.[122] 이와 같은 뇌파 기록술은 인간의 뇌파 활동을 통해 일상에서 감지할 수 없는 부분을 보여주면서 뇌 활동의 면밀한 연구에 큰 도움이 되었다. 인공지능의 개발에 인간 뇌 작용의 면밀한 검토가 동반되는데, 이것은 인간의 뇌 활동 및 그 반응에 대한 심도 있는 연구가 AI 구현에 필요하기 때문이다. 이 분야에 개발된 기술이 시각예술에 흡수되면서 실험적인 작품 제작으로 이어졌다.

뇌파 신호에 대한 아이러니는 우리 스스로가 자신의 뇌파 활동에 대해 인식하거나 감지할 수 없다는 데 있다. 우리는 EEG를 통해 감각할 수 없는 어떤 작용이 끊임없이 일어나고 있다는 사실을 목격하게 된다. 특정한 자극 혹은 우리가 일상에서 겪을 수 있는 수많은 사소한 대상에 대한 우리의 숨겨진 반응이 시각화되면서 뇌와 컴퓨터의 상호작용은 예술의 영역에 진입하여 실험적 매개가 되었다.

BCI 작품 사례

그림 8-8. Alvin Lucier, 〈Music for Solo Performaer〉, 1965.
(Source: http://www.alvin-lucier-film.com)

BCI가 개발된 이후 실험적 예술 매체로 대두되면서, 몇몇 선구적 예술가의 작품 구현에 사용되기 시작했다. 1960년대에서 1970년대 BCI가 명성을 얻은 이후, 주로 시각 예술가와 음악가들이 그들의 작품에 BCI의 수용성을 실험해왔다. 1965년 루서(Alvin Lucier)의 <독주자를 위한 음악>(그림 8-8)은 증폭된 뇌 신호가 타악기들이 소리를 내도록 한다. 공연을 위해 헤드기어를 착용한 루서는 의자에 앉아 몸을 움직이지 않고 오로지 뇌파의 작용만으로 자신의 머리 위에 설치한 북을 울린다.

연주자는 어떤 동작도 없이 악기를 연주하는 실험을 통해 추상적 뇌파가 실제 작동하고 있다는 물리적 증거를 최초로 시현했다. 연주자의 신체적 개입 없이도 뇌파만으로 연주의 단계로 접어든다는 가능성을 보인다. 루서의 시도는 다른 여러 전위적 예술가에게 실험적 창작 활동에 대한 선례가 되었다. 그러나 BCI의 등장이 일부 관계자들에게 매력적인 실험이었으나, 지속적인 응용과 개발은 예술 분야에서 부진했기 때문에 1975년에서 2000년대까지 일종의 소강상태가 지속되었다. 21세기의 시작과 함께 인공지능이 부상하면서 BCI 역시 재조명받게 된다. 이러한 관심은 예술 영역에 기술의 흡수를 도모했다. 연주자들이 뇌파의 작용을 통해 악기를 연주하는 <다모드의 뇌 오케스트라>(그림 8-9)가 있다.

그림 8-9. 〈Multimodal Brain Oechestra〉, 2009.
(Source: http://commons.wikimedia.org)

이 작품은 한 사람이나 두 사람의 퍼포머가 아닌 다수의 연주자 뇌파를 겨냥하여 다양한 악기를 동시에 연주하는 것을 실험한 작품으로 의의가 있다. 또 다른 응용된 BCI의 사례로 아브라모비치(Marina Abramovic)의 두 퍼포머의 뇌 활동의 배열을 무대에 올리는 작품 <상호 응시의 마법 측정>(그림 8-10)이 있다. 이 작품에서 아브라모비치의 작품에서 실제로 관객과 예술가 사이의 공감이 형성되는 바를 시각적으로 경험하고자 했다. 그녀는 <상호 응시의 마법 측정> 공연을 위해 뉴욕 코넬 대학교 의과대학의 세클러(Sackler) 발달 심리 생물학 연구소의 연구진과 모스크바의 실험 예술과 과학 공간(Laboratoria Art and Science Space)의 기술진과 협업했다. 마리나 아브라모비치는 그녀의 퍼포먼스에 BCI 기술을 적용하여, 응시만으로 변화하는 실시간 뇌 이미지를 시각화하여 공감대 형성의 실체를 가시화하였다.

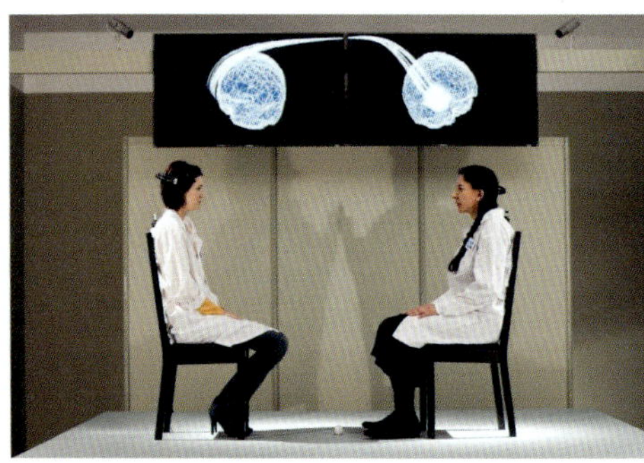

그림 8-10. Marina Abramovic, 〈Measuring the Magic of Mutual Gaze〉, 2011.
(Source: http://www.sciencefriday.com)

마리나 아브라모비치의 공감대 형성이라는 동일한 소재를 조금 다른 방식으로 적용한 작품이 있다. BCI가 응용된 작품의 다수가 실시간 뇌파를 화면에 보여주는 방식으로 전개되기 때문에 일종의 퍼포먼스 형식으로 공연되는 경우가 많다.

리(Eva Lee)와 기술 설계자 트로콜라(Aaron Trocola)가 작품에 대입한 BCI는 인간과 인간 그리고 기계 사이의 상호작용을 실시간 변화하는 화면과 함께 제시하는 인터렉티브 퍼포먼스이다. (그림 8-11)에서 리와 트로콜라는 70여 명의 관객 향해 눈을 감고 침묵하지만, 관객은 그들의 뇌파가 계속 변화하는 것을 목격한다. 이때 리와 트로콜라는 맞춤형 3D 프린팅 헤드셋을 착용하여 서로의 뇌신경이 기술적으로 연결되도록 했다. 이들이 몸의 움직임과 대화 없이 존재하지만 지속되는 뇌파의 움직임은 8개의 전극을 통해 신경 패턴과 심장 박동을 모두 확인할 수 있다. 리는 인간 사이의 신경을 연결하는 것과 각 개인의 의지가 타자를 돕는다는 마음의 선택과 서로 공감하는 방식에 관심을 두고 작업을 진행해왔다.

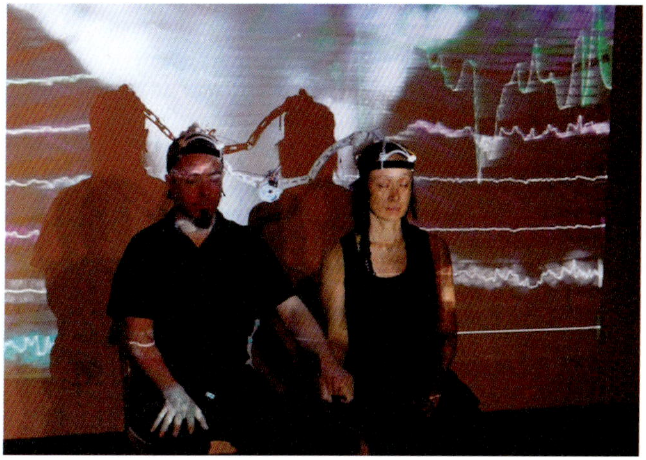

그림 8-11. 〈Dual Brain〉, 2018.

(Source: http://redshift.autodesk.com)

리의 이러한 작품 의도는 트로콜라의 신경 제어 인터페이스 (neural control interfaces)라 불리는 BCI를 통해 가시화되었다. NCI는 외부로 연결된 뇌와 외부 센서 장치 사이의 통신 경로를 열었다. 이 경우 증폭된 뇌파는 기술력을 바탕으로 지적, 감정적 수준 모두에서 관객과 연결되는 예술적 경험을 생성한다. <Dual Brains>는 버지니아 대학의 코엔 (James Coan) 박사가 분석한 스트레스와 공감에 관한 연구로부터 기획의 실마리를 얻어 작품으로 설계되었다. 코엔 박사는 "사회적 기준선 이론 (social baseline theory)"을 개발하여, 함께 같은 스트레스를 경험하는 개인들이 내적 의존성을 발달시킨다는 것을 보여주었다. 스트레스를 경험하는 당사자들은 신경적인 차원에서 서로를 돕는데, 궁극적으로 피실험자의 배우자나 심지어 낯선 사람과 손을 잡는 것이 실험 스트레스를 상당히 감소시킨다는 것을 보여주었다.[123] 코엔 박사의 연구는 리와 트로콜라가 각자 앉아 있을 때의 뇌파와 손을 잡았을 때의 뇌파 변화를 벽면 화면에 확대하여 나타내어 인간 사이의 작은 신체적 변화에서 오는 공감과 뇌파 변화의 상관관계를 이미지로 전환했다.

그림 8-12. Maurice Benayoun, 〈Brain Factory〉, 2016

(Source: http://benayoun.com)

NFT의 응용

작가의 뇌와 컴퓨터의 상호작용에서 감상자의 참여를 중심으로 하여 BCI를 응용한 모리스 베나윤의 작품을 살펴보자. <브레인 펙토리 프로젝트>(그림 8-12)는 추상적인 인간의 가치관을 측정할 수 있는 것으로 전환할 수 있는가에 대한 실험이다. 베나윤은 공학자인 클라인(Tobias Klein)과 협업을 통해 비물질적인 데이터를 물질적으로 전환하는 체계를 갖추었다. 클라인과의 협업은 예술과 공학의 융합을 통해 기술적 협업이 가능한 가운데 관객 상호작용에 대한 기술적 유연함을 높이도록 도왔다. 베나윤의 연구진은 BCI에 기반한 'Brain to Shape' 기계라고 불리는 기술을 개발했다. 이 기술은 사용자가 그들이 보는 다양한 형태에 어떻게 반응하는지를 알아내는 데 도움을 주는 EEG 기술을 중심으로 한다. 시스템을 정확하게 수치화하기 위해, 연구팀은 추상화 설계가 가장 어려운 감성에서 출발하여, 추상적 개념 구조를 통해 인간의 동기를 실험하고자 했다.

<Brain Factory>는 EEG 헤드셋을 사용하여 감상자의 뇌파를 모니터하면서, 추상적 이미지를 향한 감상자의 직관하는 뇌 활동을 전기 신호로 측정한다. 여기서 생성된 전기 신호는 감상자의 눈 앞에 펼쳐진 거대한 스크린 위에 나타난다. 예를 들어 이 추상적 이미지는 특정 상태를 상징하는 단어 LOVE, PEACE, SEX, MODEST 등과 함께 제시되는데 이 순간 감상자는 이미지와 형태의 조합에 대한 부정적 혹은 긍정적 반응을 보이면서 이미지를

평가하기 때문에 이에 따라 뇌파가 생성된다. 중요한 사실은 감상자 본인도 자신의 뇌파 작용을 의식하지 못한다는 것이다. 예술을 생산하는 원천으로 정신의 작용은 제작자의 무의식적 직관 혹은 축적된 경험의 논리적 조합이 자연스럽게 발생하기도 한다.

우리가 예술작품을 인간 정신의 산물이라고 생각한다면, <브레인 펙토리>에서 우리는 뇌 작용으로 하나의 구체적 산물이 도출되는 과정을 목격하고, 예술 제작의 시작과 끝을 형성하는 총체적 경험을 할 수 있다. BCI 활용에 따른 이 급진적인 해석은 이전의 인터렉티브 아트와 다른 방식의 예술 실행을 시도한다. 감상자가 스크린에 반응하거나 주어진 지시에 따라 행동하던 종래의 인터렉티브 아트와 달리 BCI를 활용한 작품은 예술가의 지시에 따른다는 가이드 라인 없이 감상자의 뇌 활동의 임의성에 전적으로 의존하고 있다.

알파노(Veronica Alfano)는 저자의 의식적 의도가 예술작품의 의미를 지시하거나 제한하지 않는다는 중요한 합의는 자족적 대상으로서 예술작품은 물론 작품에 중요한 의미가 있는 감상자의 역할뿐 아니라 저자의 무의식적 작용에까지 광범위한 흥미로 이어진다고 주장한다.[124] 저자 중심의 작품에서 감상자의 참여와 열린 의도를 통해 우리의 **무의식적 영역**으로까지 영향력을 행사할 수 있음을 암시하고 있다.

베나윤과 그 연구진은 <Brain Factory Project>의 실험에서 수집한 자료와 실행을 근거로 '가치관에 모양을 부여함으로써' 인간의 가치를 더 잘 이해할 수 있도록 돕는 <가치 프로젝트>(그림 8-13)을 설계했다. 이 작품에서 NFT 기술 응용은 만도자(Nicolás Mendoza)의 프로그램 설계가 주도적 역할을 했다.

멘도자가 블록체인 기술을 작품에 더했다면, 클라인은 BCI 기술인 EEG에서 블록체인 기술로 전개되는 상호작용에 초점을 두었다. 베나윤은 전체적인 작품의 설계 및 구조를 통해 세밀한 기술의 실현을 위해 두 협업 연구진과 거듭되는 회의와 기술적 전개의 수정을 반복하여 작품이 원래의 설계에 맞도록 그 완성도를 더했다.

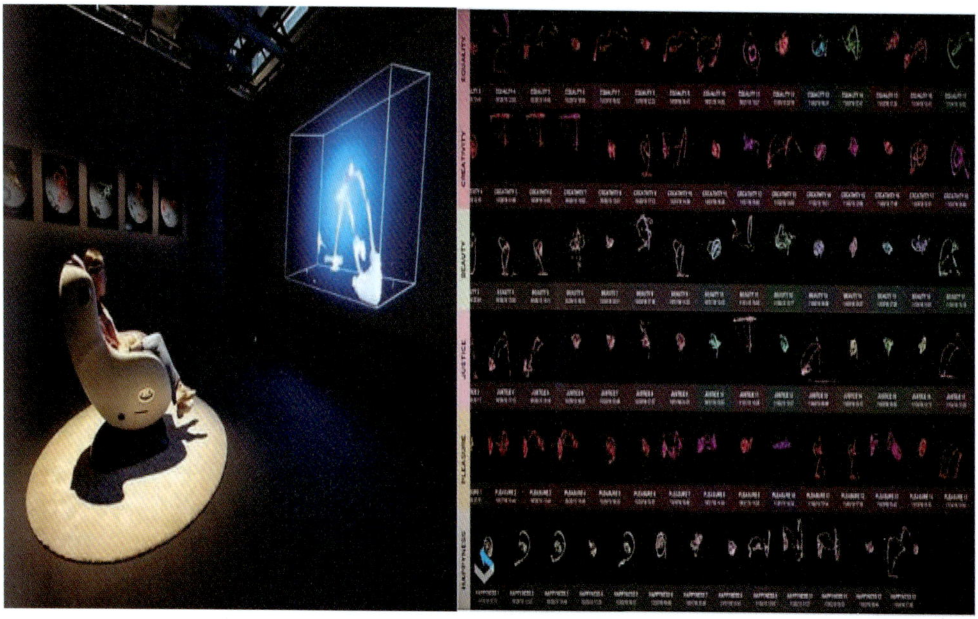

그림 8-13. Maurice Benayoun, 〈Value of Values〉, 2019
(Source: http://benayoun.com)

NFT 기술을 바탕으로 생성된 작품은 대체 불가능한 토큰(None Fungible Token)이 블록체인(Blockchain)에서 고유한 신원과 소유권이 확인되는 디지털 파일을 뜻한다. 이것은 NFT의 상호 교환할 수 없는 고유한 특성이 있으며, 전통적인 미디어아트의 무한 복제와 저작권 분쟁과 달리 한정된 발행량을 설정한다는 점에서 희소성의 가치가 있다. 또한 현재 기술로는 동일한 NFT 파일로 복제할 수 없어서 그 가치가 상승하고, 매체화된 대상(medialized object)과 마찬가지로 유일한 상품이 될 수 있다. 이러한 NFT가 파일 형태로 경매 시장에 업로드되면 하나의 상품과 같이 유통되어 실제 경제적 이윤을 만든다.[125)]

<브레인 펙토리>에 NFT 기술을 더하면서 <VoV>는 더 복잡한 과정을 거치는 것은 물론, 끝나지 않고 변화 속에 있는 작품으로 존재한다. <브레인 펙토리>와 마찬가지로 감상자의 뇌파의 추상적인 대상이 우리에게 익숙한 언어의 상징체계로 전환된다. 'Peace, Love, Money, Freedom', 등 우리에게 익숙한 단어로 전환된 EEG 시각화는 고유의 아이디를 부여받는데, 이것은 EEG의 최초 사용자를 표시하는 정체성이 되기 때문에 컴퓨터 프로그래밍에서 일반 변수(normal variable: 직접 값을 보유)와 대비되는 포인터 변수(pointer variable: 다른 값의 주소 (또는 null을 보유)와 유사한 방식의 구현이 된다.

실제 '나'라는 데이터가 저장되지 않지만 '나'를 지칭하는 가상의 주소가 저장되는 것이다. 그 값을 직접 저장하는 변수는 내용이 바뀔 때마다 변수에 접근하여 수정해야 하지만 포인터형의 변수는 나의 변화와 관계없이 항상성을 유지하고 있다.[126]

이 프로젝트에서 관객은 감상 과정의 마지막에 3D 프린트로 구체화한 추상적 감정의 조각을 얻는 대신 디지털 지갑(Digital Wallet)에 'VoV(Value of Values)' 토큰(Token)을 받아 블록체인에 등록된 조각을 소유하게 된다. 즉 NFT(Non-Fungible Token)를 지급 받는다.

베나윤은 이것을 뇌 노동자의 임금이라고 설명했다.[127] 이 다양한 이미지는 가상화폐 체계에서 그 '가치'를 교환하거나 팔 수 있도록 'VoV' 토큰으로 변환되면서, 관객을 예술 시장에서 활동하는 큐레이터, 수집가, 혹은 딜러로 활동하게 만든다. 이는 작가의 작품을 이해하고 홍보하고, 배치, 유통하는 큐레이터, 작품을 소유하여 미래의 가치를 기대하는 수집가, 다른 가치의 수집품과 교환하여 이익을 노리는 딜러의 역할이기 때문이다.[128] 거래는 주어진 가치에 대한 객관적 가치를 아는 유일한 방법이다. 만약 VOVS <PEACE0404 + LOVE0002>의 소유자가 그것들을 <MONEY0088>과 교환하기로 한다면, 이들은 관련된 모든 가치의 상대적인 가치를 정의한다.

이 복잡한 작품의 과정은 짧은 기간 발생하는 것이 아니라 데이터의 조합과 축적을 통해 끝없이 변화하는 새로운 데이터로 진입하고, 결과적으로 매 순간 진화하는 유기적 특성을 가진다. 감상자는 자신 뇌파의 기여가 거대한 집단적 결과물의 단편으로 흡수된다는 것을 목격하게 된다. 형태와 단어의 조합에 대한 한 감상자의 평가는 우리에게 항상 일어나는 일상 선택의 한순간과 흡사하다. 베나윤은 인터뷰에서 예술은 비평가나 큐레이터들이 규정하는 예술 정의의 결과라 말한다.[129] 따라서 각 감상자의 평가는 단어와 짝을 이루는 조화와 관련된 정의, 즉 형태의 정의에 대한 수용과 거부를 의미한다.

인터렉티브 아트의 상호작용은 관객과 작품 혹은 예술가 사이에 발생하는 행위에서 BCI를 응용한 뇌파 평가의 개입과 가상화폐 체계에서 발생하는 거래를 위한 평가로까지 상호작용을 확대했다. 인터렉티브 아트의 양방향 혹은 다방향 소통체계는 감상자(참여자)의 행동 개입으로 촉발되지만, BCI를 중심으로 하는 인터렉티브 아트는 행동을 중심으로 진행되는 상황과 차이를 보인다. BCI의 작동 원리는 대부분 행동으로 사물을 움직이고 영향력을 행사하는 것이 아니라, 주변의 환경으로부터 인간이 받는 자극에서 수렴되는 뇌파 분석이 핵심이다.

BCI가 응용된 예술작품은 급진적으로 상호작용적이고 감상자가 그들의 뇌 작용을 수단으로 작품을 직접적으로 수정하기 때문에 새로운 예술의 국면을 열고 있다. 이러한 예술 수행은 작품의 의미를 형성하는데, 감상자의 역할에 변화가 있다. BCI가 바탕이 된 예술은 집단적 형태의 저자에 의해 그리고 자신의 무의식적 충동에 창작자의 접근을 승인하면서, '저자의 죽음'이라는 논제의 재고를 촉구하고, 예술가의 의도에 내재한 의미를 재구성한다.[130] 이러한 집단적 저자에 의해 생산되는 예술을 **클라우드-소서드 아트**(crowdsourced art)로 분류할 수 있다.

이것은 웹상이나 다른 기기장치를 사용하여 다수의 참여자가 생성하고, 제작하거나 편집하는 예술방식이다. 이들은 시각 예술, 음악, 문학, 혹은 연극작품을 창작하기 위해 대중의 직접적인 참여를 독려한다.[131] 클라우드 소서 아트는 집단적 상호작용으로 하나의 작품이 제작되는 모리스 베나윤의 작품에도 해당 된다. 유럽과 아시아 대륙을 돌며 전시하면서 다양한 민족과 문화를 바탕으로 한 감상자의 뇌파 활동을 수집하고 각자의 뇌파 작용으로 수정되고 평가된 이미지는 예술가가 작품 생산자로 작품 제작에 핵심이 되었던 과거와 달리 중심이 해체되고 파편화됨과 동시에 저자의 경계를 허문다.

뇌파 신호를 파악하고 해독하여 실제 환경에 영향을 주는 기술 개발은 인간에게 오로지 생각만으로 사물을 움직이고, 대화하는 능력을 부여했다. 이것은 우리의 상상이나 우리의 무의식이 구체화하거나 물리적 영역으로 진입했다. 우리의 의식적 작용이 예술 생산의 근본이 되었으며 그 의식의 작용 속에 인간의 무의식적 작용이 스며있다. 즉 우리는 타자는 물론 자신의 무의식을 인지할 수 없기에 의식할 수 없다는 것이다. BCI는 이러한 무의식 활동을 시각화하여 우리에게 실제로 제시하면서 뇌파 상호작용의 현실감을 증대시킨다.

참고문헌

https://www.sciencetimes.co.kr/

www.MolecularAssembler.com/Nanofactory/TwoKeys.htm.

www.jetpress.org/volume14/freitas.html.

www.foresight.org/Nanomedicine/Respirocytes.html.

www.kunstverein-wiesbaden.de/en/exhibitions/exibition-details/

www.kenandjuliayonetani.com.

www.gvart.co.uk/ken-julia-yoneta.

www.spoon-tamago.com.

미주

83) Dionisio, J., W. III., & Gilbert, R. (2013). 3d virtual worlds and the metaverse: Current status and future possibilities, ACM *Computing Surveys* (CSUR), 45(3). pp. 1-38.

84) Wolf, F. A. (1988). *Parallel universes*, NY: Simon and Schuster.

85) 양초롱. (2022). 팬데믹 이후, 디지털 기술과 메타버스의 급성장, 팬데믹 이후 예술 생태계 변화 속 미술관의 역할 : 메타버스와 NFTs를 중심으로②, https://museumnews.kr/317column/

86) Ibid.

87) Ibid.

88) Frye, B. (2021) NFTs & the Death of Art. https://dx.doi.org/10.2139/ssrn.3829399

89) 양초롱. 2022.

90) Ibid.

91) Milgram, P. (1994). Reality: A class of displays on the reality-virtuality continuum, SPIE.

92) Ibid.

93) Milgram, P., Takemura, H., Utsumi, A. & Kishino, F. (1995). Augmented reality: a class of displays on the reality-virtuality continuum. *Telemanipulator and Telepresence Technologies*, proceedings 2351.

94) https://m.post.naver.com/viewer/postView.naver?volumeNo=33694485&member

95) 박연숙. (2022). 포스트 휴머니즘 시대의 예술창작과 인공지능에 대한 제언. 한국영상학회, 19(1).

96) Boden, M. (2018). *Artificial Intelligence: A Very Short Introduction*. London: Oxford University Press, pp. 1-5.

97) Tang, H., Bai, S., Zhang, L., Torr, P. & Sebe, N. (2020). XingGAN for Person Image Generation. ECCV. https://arxiv.org/abs/2007.09278

98) Elgammal, A. Liu, B. Elhoseiny, M. (2017). CAN: Creative Adversarial Networks Generating "Art" by Learning About Styles and Deviating from style Norms. *the eighth International Conference on Computational Creativity (ICCC)*. Retrieved from https://doi.org/10.48550/arXiv.1706.07068

99) Elgammal et al. 2017.

100) Hong, Jee Wha. & Curran, N. (2019). Artificial Intelligence, Artists, and Art: Attitudes Toward Artwork Produced By Humans vs. Artificial Intelligence. *ACM Trans. Multimedia Comput. Commun. Appl.*, 15(2), doi:10.1145/3326227

101) Hong et al. pp. 3 - 4.

102) Bru, S., & Martens, G. (2016). *The Invention of Politics in the European Avant-Garde* (1906-1940). Leiden: Brill., p. 21.

103) *Manovich, L. (2023).* Seven Arguments about AI Images and Generative Media. *Artificial Aesthetics*. pp. 13-14. Retrieved from http://manovich.net/index.php/projects/artificial-aesthetics-book

104) Boden, M. (2004). *The Creative Mind: Myths and Mechanisms*. Routledge: London & New York, p. 9.

105) Sautoy, M. (2019). pp. 283-284.

106) Karimi, P., Grace, K., Maher, M. L., & Davis, N. (2018). Evaluating creativity in computational co-creative systems. arXiv preprint arXiv:1807.09886

107) Bidgoli, A., Kang, E., & Llach, D. (2019). Machinic Surrogates: Human-Machine Relationships in Computational Creativity. *25th International Symposium on Electronic Art*, ISEA, 2019, p. 2.

108) Shneiderman, B. (2022). *Human-Centered AI*. London: Oxford University Press, pp. 100-102.

109) Sautoy, M. (2019). p. 279.

110) Davis, N. (2013). Human-Computer Co-Creativity: Blending Human and Computational Creativity. *The Doctoral Consortium at AIIDE 2013,* 9(6).

111) Ibid.

112) Alexopoulos, C., Liapis, A., Lopes, P., & Yannakakis, G. N. (2016), Can Computers Foster Human Users' Creativity? Theory and Praxis of Mixed-Initiative Co-Creativity. Digital Culture & Education, 8(2), pp. 136-153.

113) Enrique, D. (2022). It's AI: but is it art?
Retrieved from https://medium.com/enrique-dans/its-ai-but-is-it-art-fb7861e799af

114) McLuhan, M. (1967). The medium is the Message. London: A bentham Book, p. 91.

115) https://doi.org/10.1063.5.0047237 (2021.10.06)

116) https://www.researchgate.net/ (2021.04.13)

117) Alfano, V. (2019). Brain- computer interfaces and art: Toward a theoritical framework, International Journal of Humanities and Arts Computing, 13(1-2), p. 189.

118) [표 8-1]은 BCI유형을 분류한 내용을 바탕으로 표로 구성한 것이다. 더 자세한 내용은 Portillo-Lara Roberto 외, 2021 논문을 참조할 것

119) [표 8-2]는 BCI의 유형 사례를 다시 재편집한 내용임. Wadeson, A., Nijholt, A., & Nam,C.S., (2015). Artistic brain-computer interfaces: state-of-the-art control mechanisms", 2(2-3), p. 71.

120) Nam, C. S., & Nijholt, A. (2015). "Arts and Brain-Computer Interface(BCIs)", Brain-Computer Interfaces, 2(2-3), p. 58.

121) 김은솔., 김현주, (2018). 미디어아트를 위한 생체 센서의 활용- EEG 인터페이스를 활용한 뇌파 데이터를 중심으로-, 디지털예술공학멀티미디어논문지, 5(2), p. 150.

122) https://doi.org/10.1063.5.0047237 (2021.10.06)

123) https://redshift.autodesk.com (2022.01.30)

124) ibid. p.188.

125) Bsteh, S. (2020) From Painting to Pixel: Understanding NFT artworks. Available at:
https://www.researchgate.net/pub
lication/351346278_From_Painting_to_Pixel_Understanding_NFT_artworks

126) 김영호., 오나예., 박진완. (2021). ISEA 2019의 디지털 미디어 전시기획과 인공지능 데이터 작품 사

례 분석. 디지털콘텐츠학회논문지, 22(2), p. 248.

127) 박연숙, 모리스 베나윤과의 Zoom 화상인터뷰. (2022.05.25)

128) 김영호., 오나예., 박진완, (2021). p. 248.

129) 박연숙, 베나윤과의 Zoom 화상인터뷰 (2022.05.25)

130) Alfano, (2019). p. 182.

131) Literat, I. (2012). The work of art in the age of mediated participation: crowdsourced art abd collective creativity. International Journal of Communication, 6, p. 2962.

PART V

모든 것이 디지털화되어가는 현대사회를 이해하기 위해서는 디지털 문화를 읽어내고 문화에 참여할 수 있는 정보이해 및 표현능력이 요구된다. 인터넷과 디지털 기술의 발전은 다양한 가능성을 지니고 있으나 새로운 기술에 대한 충분한 이해가 없으면 활용에 어려움이 있다. 따라서 미디어아트 예술가는 예술가이자 동시에 기술전문가여야 한다. 본인의 작업에 적합한 기술을 선택할 수 있고 그에 맞는 기술력을 갖추는 것은 미디어아트 작가들의 과제이기도 하다. 작업에 대해 지속적으로 연구하고 새로운 작품을 만드는 것은 예술의 형태에 상관없이 당연하지만, 특히 미디어아트는 하루가 다르게 발전하는 소프트웨어와 기술에 민감하고 꾸준한 공부가 필요하다.

미디어아트는 현대미술을 대변하는 중요한 형식으로 부상하였으며 관람객의 접근성과 상호작용성을 높이고 일상에서 쉽게 접할 수 있는 장점을 지닌다. 하나의 소스를 다양하게 사용할 수 있는 디지털 이미지의 특징은 미디어 소프트웨어가 사회전반에서 필드를 가리지 않고 요구되는 이유이기도 하다. 이 장에서는 현재 미술을 전공하는 예비예술인들이 미디어아트 작업을 위해 가장 많이 사용하고 있는 소프트웨어에 대해 알아보겠다.

미디어 소프트웨어

Media Software

CHAPTER 09

Drawing with Software

소프트웨어로 그리기

9.1. 3차원 컴퓨터 그래픽스(3D Computer Graphics)

3차원 컴퓨터 그래픽은 컴퓨터 소프트웨어 및 하드웨어를 사용하여 3차원 디지털 이미지 또는 애니메이션을 생성, 조작 및 렌더링하는 것을 말한다. 이는 실제 세계의 깊이와 관점을 시뮬레이션하는 개체, 환경 또는 캐릭터의 시각적 표현을 생성하는 작업이 포함된다.

3차원 컴퓨터 그래픽스는 실제 객체나 캐릭터를 3차원 모델로 변환하는 모델링(Modeling), 3차원 모델에 움직임과 동작을 부여하는 애니메니션(Animation), 3차원 모델의 표면 속성을 정의하는 요소와 장면 분위기를 설정하는 머티리얼 및 조명(Material &Lighting) 그리고 최종적으로 3차원 장면을 2차원 이미지로 변환하는 렌더링(Rendering) 단계로 이루어져 있다. 게임 개발, 영화, 및 애니메이션 제작, 가상현실(VR), 증강현실(AR), 공학 및 건축 시뮬레이션 등 다양한 산업 분야에서 활용되고 있다.

1 3D 모델링 구성

3D 모델링(Modeling)은 사물의 형상을 디자인하여 수학적 모델을 만들어가는 과정이다. 가상의 공간에 사물의 기본 골격을 만드는 과정으로, 3차원의 형상으로 표현하는 모델링 제작의 대표적인 방식은 다음과 같다.

● 폴리곤(Polygon)

모델링 방식중 가장 전통적인 방식으로 점, 선, 면의 집합으로 메쉬(Mesh)를 제작하는 방식이다. 입체공간에서 3개의 점을 선으로 이어 만들어지는 면의 기본단위를 폴리곤이라고 한다. 폴리곤 모델링을 사용하면 모델의 모양과 세부 사항을 정밀하게 제어할 수 있으며 유지 및 단단한 표면 모델링에 적합하다.

● 넙스(Nurbs)

Non-Uniform Rational B-spline의 약자로, 곡선(Curve)을 그려서 형태를 잡고 그 선들을 이용하여 면을 구현하는 방식이다. 복잡한 곡면을 표현하는 정밀도와 정확성으로 잘 알려져 매끄럽고 상세한 표면을 생성할 수 있도록 하며 유선형의 물체를 모델링하는데 적합하며 폴리곤보다 속도는 느리다.

● 스컬핑(Sculpting)

점토로 빚듯이 모델링을 할 수 있는 방식으로, 조형에 대한 이해가 있어야 가능하나 숙련과정을 거치면 직관적이고 빠르게 모델링 가능하다. 브러쉬와 같은 도구로 유기적이고 상세한 모델을 조각하는 물리적 프로세스를 시뮬레이션하는 기법이다.

● 세분화 모델링(Subdivision surface)

3D 모델링에서 폴리곤을 더 작은 삼각형 또는 쿼드로 분활하는 세분화 알고리즘을 통해 매끄럽고 유기적으로 보이는 표면을 만들도 사용되는 기법이다. 기본 메시를 더 작은 다각형으로 나누고 표면을 세분화하고 매끄럽게 하여 지오메트리(geometry)를 반복적으로 다듬는 작업이 포함된다. 스무딩 프로세스는 인접한 정점의 위치를 기반으로 재분배하여 둥근 모양을 만들기도 한다.

● 파라메트릭(Parametric)

모델의 치수, 비율와 같은 속성을 제어하는 매개변수 및 수학적 관계를 사용하여 개체의 형상(모델의 크기)을 쉽게 조정하거나 모양을 변경한다. 매개 변수 또는 설계제약 조건 변경에 따라 쉽게 수정하고 업데이트할 수 있는 모델을 생성하는 방법을 제공한다. 컴퓨터 지원 설계(CAD)시스템에 쓰이는 기법 중 하나이다. 파라메트릭 모델링 소프트웨어로는 Autodesk

Fusion360, SolidWorks(솔리드웍스) 또는 Rhino with Grasshopper(라이노, 그라스호퍼)이다.

텍스처링(Texturing)은 3D 모델의 표면에 질감과 색상을 적용하는 과정이다. 외형을 입혀주는 과정으로, 미리 제작되어진 다양한 2D 텍스처를 사용하기도 하고, 3D 소프트웨어를 통해 텍스처를 생성하기도 한다.

디지털 페인팅, 텍스쳐(Digital painting and Texture)

전통적인 모델링 기법은 아니지만 디지털 페인팅 및 텍스처링은 3D모델링의 필수요소이다. 3D 모델의 표면에 질감과 색상을 만들고 적용하여 시각적 모양과 사실감을 향상시킨다.

UV매핑

UV 매핑은 3D 모델의 표면에 2D 텍스처 또는 이미지를 적용하기 위해 3D 컴퓨터 그래픽에 사용되는 기술이다. UV맵은 3D모델 표면의 특징 지점에 해당하는 좌표로 구성되어있고 이러한 좌표를 UV 좌표라고 한다. 2D 텍스처 이미지가 3D 모델에 적용되는 방법을 정의하는 그리드 또는 좌표계로 생각하면 접근이 쉽다.

이 프로세스에는 모델의 개별 면 또는 영역을 선택하고 텍스처 이미지가 모델의 표면과 올바르게 정렬되도록 UV 좌표의 배치를 최적화하는 것이다.

UV 맵이 생성되면 이미지 편집 소프트웨어를 사용하거나 3D 모델링 프로그램 자체 내에서 UV 맵의 해당 영역에 텍스처를 칠하거나 적용할 수 있으며 그런 다음 텍스처는 UV 좌표를 기반으로 3D 모델에 투영되어 3D 형상 주위에 2D 이미지를 효과적으로 매핑한다. UV 매핑은 텍스처와 재료가 모델에 적용되는 방식을 정밀하게 제어하여 사실적인 렌더링 및 시각적 효과를 가능하게 하므로 3D 모델링의 필수적인 기능이다. 실제와 같은 모양을 얻기 위해 정확한 텍스처 배치가 필요한 복잡하거나 유기적인 모델을 작업할 때 특히 중요하다.

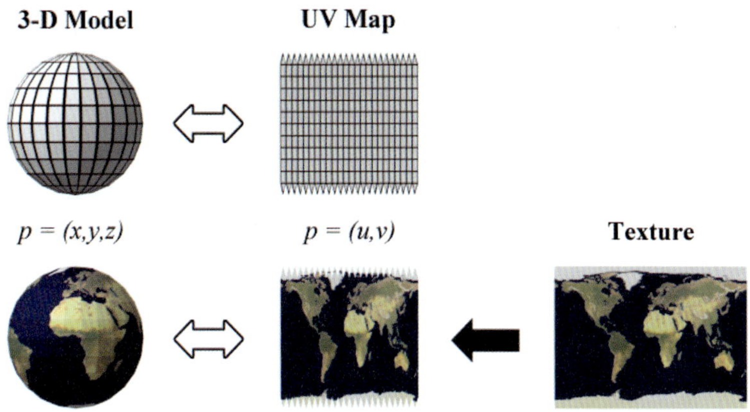

그림 9-1. UV Mapping

(Source :https://commons.wikimedia.org/wiki/File:UVMapping.png#/media/)

노드 기반 텍스쳐(Node-based texture)

노드 기반 재질 또는 절차 텍스처라고도 하는 노드 기반 텍스처는 노드 기반 인터페이스를 사용하여 3D 소프트웨어에서 텍스처를 생성하는 방법이다. 전통적인 이미지 기반 텍스처에만 의존하는 대신 노드 기반 텍스처는 상호 연결된 노드 네트워크를 사용하여 재질의 모양과 속성을 정의한다. 노드 기반 텍스처 시스템에서는 특정 기능이나 작업을 수행하는 개별 노드로 작업이 가능한데 각 노드는 텍스처의 최종 모양에 기여하는 절차적 또는 수학적 작업을 나타낸다. 노드는 색상 혼합, 노이즈 생성, 패턴 생성, 매핑 변환 등과 같은 다양한 기능을 나타낼 수 있으며 시각적 그래프로 함께 연결되어 상호 연결된 관계의 네트워크를 형성한다.

노드의 입출력은 라인으로 연결되어 노드 사이에 정보와 데이터의 흐름을 생성한다. 이를 통해 노드의 값과 설정을 조정하여 텍스처 속성을 제어하고 조작할 수 있다. 또한 실시간으로 동적으로 조정 및 업데이트할 수 있는 절차적 텍스처를 생성할 수 있기 때문에 텍스처 생성 프로세스에서 더 나은 제어와 유연성을 제공한다.

노드 기반 텍스처는 Blender, Cinema 4D, Unreal Engine 및 Substance Designer와 같은 3D 소프트웨어에서 적용되며 텍스처를 만들고 조작하는 직관적인 방법을 제공하여 아티스트에게 3D 모델의 시각적 특성을 정의할 때 높은 수준의 제어와 창의적 표현이 가능하다.

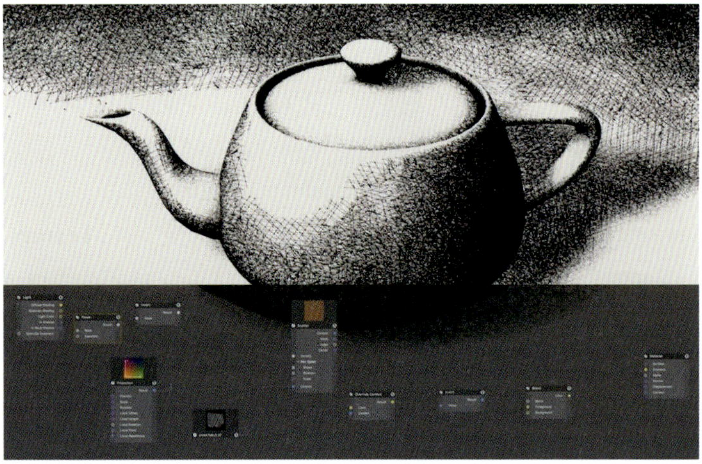

그림 9-2. 노드 기반 텍스쳐(cinema 4D)

(Source: https://www.maxon.net/ko/cinema-4d/features/node-based-materials)

2 3D 애니메이션과 렌더링

3D애니메이팅(Animating)은 3차원 디지털 환경에서 움직이는 이미지 또는 영상을 만드는 과정을 말한다. 개체, 캐릭터 및 환경 등에 움직임 부여하여 창의적으로 동작을 연출하고 생명력을 불어넣는 작업이다.

키프레이밍(key-Framing)

키프레임은 움직임의 중요한 순간이 되는 프레임으로 2D에서의 키프레이밍이 3D 컴퓨터로 확장된 것이다. 연속된 움직임을 만들 때 키가 되는 주요 장면의 위치를 키프레임으로 설정하면 컴퓨터가 그 사이 부분을 처리하여 쉽고 짧은 시간에 부드러운 동작을 가능하게 하는 방법을 말한다. 3장에서 언급한 전통 애니메이션의 작동원리는 컴퓨터 애니메이팅에서도 동일하게 작용한다.

리깅(rigging)

리깅은 컴퓨터 그래픽스와 애니메이션에서 캐릭터나 객체에 뼈내와 제어 시스템을 만들어 움직임을 부여하는 과정을 말한다. 캐릭터의 뼈대 시스템인 스켈레톤 (skeleton)을 만드는 과정으로 시작되며 스켈레톤은 캐릭터의 뼈와 관절을 구성하며 각각의 뼈는 위치, 회전, 스케일 등의 트랜스폼(transform) 속성을 가지고 있다. 이 뼈들은 키프레임 애니메이션

을 통해 움직임을 제어하는데 사용된다.[132)]

모션캡쳐(Motion Capture)

카메라나 센서와 같은 특수장비를 사용하여 캡쳐한 모션 데이터를 3D 공간상에서 대상체의 움직임에 대한 위치와 방위를 측정하고 컴퓨터가 사용할 수 있는 형태의 정보로 기록하여 분석 및 응용하는 기술이다. 중요 위치에 일일이 키프레임을 설정해야 하는 시간과 노력을 절약하기 위해 발명된 동작을 그대로 키프레이밍으로 기록해주는 장치이다. 사람이나 물체의 움직임의 뉘앙스와 미묘함을 캡쳐하므로 사실적이고 자연스러운 애니메이팅을 제공한다.

모션캡쳐 시스템은 일반적으로 여러 개의 센서나 카메라를 사용하여 움직임을 촬영하고 분석한다. 센서는 인체의 움직임을 추적하는데 사용되며 주로 관절 부근에 부착된다. 촬영된 움직임 데이터는 특수한 소프트웨어를 사용하여 처리된다. 이 소프트웨어는 센서나 카메라로부터 얻은 데이터를 분석하여 움직임의 키포인트(keypoint)를 추출하고 이를 3D모델에 적용하여 실제 움직임을 재현한다.

믹사모(Mixamo)

Mixamo(믹사모)는 3D 캐릭터 애니메이션 및 리깅도구 라이브러리를 제공하는 웹 기반 서비스 및 플랫폼이다. 2015년 Adobe에서 인수했으며 현재 Adobe의 Creative Cloud 도구 제품군에 통합되어 있다. Mixamo는 다양한 3D 모델링 및 애니메이션 소프트웨어에서 모든 3D 캐릭터 모델에 사용자가 정의하고 적용할 수 있는 사전 제작된 3D 캐릭터 모델 및 애니메이션의 모션캡쳐(mocap)데이터를 가진 라이브러리를 제공한다.

Mixamo의 주요 기능은 3D 모델을 자동으로 리깅하거나 조작 및 애니메이션이 가능한 디지털 골격을 생성하는 기능이다. 이를 통해 수동 리깅 없이도 3D 캐릭터에 모션을 쉽게 추가할 수 있으며 사용자가 여러 애니메이션을 하나의 매끄러운 애니메이션으로 결합할 수 있는 애니메이션 혼합 도구를 제공한다.

또한 Mixamo는 립싱크를 비롯한 얼굴 애니메이션용 도구와 캐릭터의 표정과 감정을 조정하는 기능을 제공하여 이 서비스에는 스무딩, 루핑 및 시간 스케일링을 포함하여 애니메이션을 최적화하고 개선하기 위한 다양한 도구도 포함되어 있다.

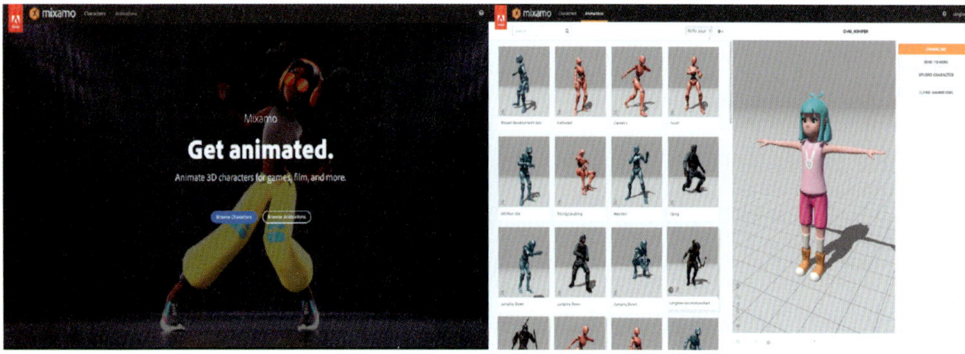

그림 9-3. Mixamo(믹사모)
(Source: https://www.mixamo.com/#/)

3D렌더링(Rendering)은 3D모델에서 2D 이미지 또는 애니메이션을 생성, 또는 생성하는 프로세스를 말한다. 컴퓨터 알고리즘을 사용하여 가상 3차원 장면에서 빛과 물체의 상호작용을 계산한 다음 해당 정보를 2D 표현으로 변환하는 작업이 포함된다. 3D 렌더링의 목표는 빛이 실제 세계의 표면, 재료, 및 환경과 상호작용하는 방식을 시뮬레이션하여 사실적이고 시각적으로 이미지를 만드는 것이다.

레거시 렌더링(Legacy Rendering)

물체의 고유한 성질이나 색 반사, 주변광이나 반사광, 표면 거칠기, 투과율과 같은 물리적 특성은 물론 재료의 미세 구조와 빛의 상호 작용을 고려하므로, 작동방법의 이해에 시간이 걸린다.

레거시 렌더링은 물리적 기반 레더링(PBR)이 등장하기 전에 3D그래픽을 렌더링하는 전통적인 방법을 말한다. 알고리즘을 사용하여 빛이 장면의 객체와 상호작용하는 방식을 계산하므로 PBR에 비해 조명과 그림자가 덜 사실적이다.

대표적인 레거시 렌더링 종류는 2D 화면에 픽셀로 렌더링하는 방식인 스캔라인 렌더링(Scanline Rendering), 광선추적을 사용하여 현실적인 조명, 그림자 바광선 추적 및 라디오시티(Radiosity: 빛이 표면에서 반사되는 방식을 시뮬레이션하고 간접조명 효과를 만드는 렌더링 기술)가 포함되며 여전히 특정 애플케이션에 사용될 수 있으며 고유한 미학을 가진다.

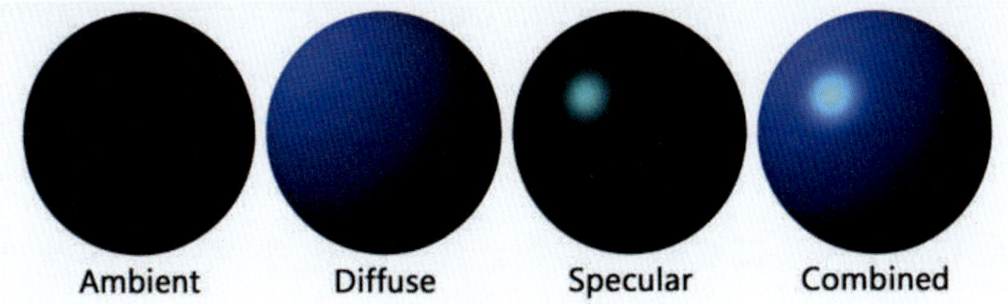

그림 9-4. 레거시 렌더링

(Source: https://clara.io/learn/user-guide/lighting_shading/materials/material_types/webgl_materials)

● **물리 기반 렌더링(PBR: Physically Based Rendering)**

빛이 실제 세계에서 재료와 상호 작용하는 방식을 시뮬레이션하여 사실적인 렌더링을 달성하는 것을 목표로 하는 렌더링 기술이다. 물체의 색, 금속이나 재질의 정도에 관한 확인이 직관적이고 사용자 친화적이어서 더욱 쉽게 사실적인 이미지와 장면을 만들 수 있도록 도와준다. PBR은 3D 모델링 및 렌더링 소프트웨어, 게임 엔진 및 가상현실 응용 프로그램에 널리 사용된다.

● **실시간 렌더링(real-time rendering)**

대화형 프레임 속도로 실시간으로 컴퓨터 생성 이미지를 생성하고 표시하는 프로세스를 말한다. 비디오 게임, 시뮬레이션, 가상현실(VR) 및 증강현실(AR) 경험과 같이 즉각적인 시각적 피드백과 상호작용이 필수적인 애플리케이션에서 일반적으로 사용된다. 실시간 렌더링은 속도와 상호작용을 우선시하므로 동적변경이 발생했을 때 장면을 즉시 렌더링하기 위한 효율적인 알고리즘과 최적화가 필요하다.

LOD(Levle of Detail)는 뷰어로부터 거리에 따라 객체, 텍스처 또는 형상의 세부수준을 동적으로 조정하는 것과 관련된다. 실시간 조명 및 음영 근사화, 병렬처리에 탁월한 그래픽 처리 장치(GPU)의 기능을 활용하여 렌더링 계산을 가속화한다.

아래에서 3D를 지원하는 파일 형식인 OBJ, FBX, STL, 3DS, PLY, DAE, MAX 등을 살펴보자

● **OBJ(Wavefront OBJ)**

OBJ는 3D 기하학을 저장하기 위해 널리 사용되는 파일 형식이다. 정점, 면, 선 및 텍스처

좌표와 같은 기본 기하학 데이터를 지원하고 OBJ 파일은 많은 3D 모델링 및 렌더링 소프트웨어에서 편집할 수 있다.

FBX(Filmbox)

FBX는 Autodesk에서 개발한 독점 파일 형식이다. 3D 모델, 애니메이션, 재료 및 기타 관련 데이터를 저장할 수 있다. FBX 파일은 일반적으로 서로 다른 3D 소프트웨어 응용 프로그램 간의 교환에 사용할 수 있다.

STL(Stereolithography)

STL은 3D 프린팅에 일반적으로 사용되는 파일 형식이다. 삼각형 패싯(facet) 모음을 사용하여 3D 개체의 표면 형상을 나타내며 일반적으로 신속한 프로토타이핑 및 적층 제조 프로세스에 사용된다.

3DS(3D Studio)

3DS는 원래 Autodesk에서 3D Studio 소프트웨어용으로 만든 파일 형식이다. 기본 지오메트리, 재료, 텍스처 및 애니메이션 데이터를 지원한다. 이전 형식이지만 일부 응용 프로그램에서 여전히 사용되며 다른 형식으로 변환할 수 있다.

PLY(Polygon File Format)

PLY는 포인트 클라우드 및 메쉬 데이터를 저장하는 데 일반적으로 사용되는 파일 형식이다. 색상 정보, 법선 벡터 및 기타 속성을 저장하고 PLY 파일은 스캔 및 디지털화 응용 프로그램에 자주 사용된다.

DAE(Collada)

DAE는 서로 다른 소프트웨어 애플리케이션 간의 3D 자산 및 데이터 교환을 지원하는 XML 기반 파일 형식이다. 형상, 재료, 애니메이션 및 기타 장면 정보의 저장이 가능하며, 자산 전송 및 공동 작업에 자주 사용된다.

MAX(3ds Max)

MAX는 Autodesk의 3ds Max 소프트웨어의 기본 파일 형식이다. 지오메트리, 재질, 애니메이션 및 기타 3ds Max 관련 설정을 포함하여 전체 장면 데이터를 저장한다. MAX 파일은 주로 3ds Max 소프트웨어 내에서 사용된다.

9.2. 3차원 CG 프로그램

1 스케치업(SketchUp)

스케치업(SketchUp)은 트림블사(Trimble)의 3D모델링 프로그램으로 건축, 인테리어에 유리하다. 직관적이고 사용자 친화적인 인터페이스로 그래픽 도구와 커스텀 팔레트를 사용하여 빠르게 3D 모델을 만들 수 있다. 스케치 업만의 고유한 'Push/Pull'기능은 3D를 그릴 수 있는 가장 쉬운 방법을 제공하며 기하학적 도형(사각형, 원, 다각형 등)을 만들고, 폴리곤(Polygon) 메시(mesh)를 조작하며, 모델 변형이 가능하다. 모델에 적용될 재질 및 텍스처를 편집할 수 있는 기능을 제공한다.

이러한 기능은 3D 모델의 스케치업 자체내에서 해결이 부족한 표현에, '**브이레이(V-ray)**', '**트윈모션(twinmotion)**', '**루미온(Lumion)**' 등 다양한 렌더링 프로그램들과의 연결작업을 가능하게 한다. 사용자가 모델을 조작할 때마다 실시간으로 업데이트되는 동적 모델링 기능 또한 모델링 프로세스를 더욱 효율적으로 수행하게 한다.

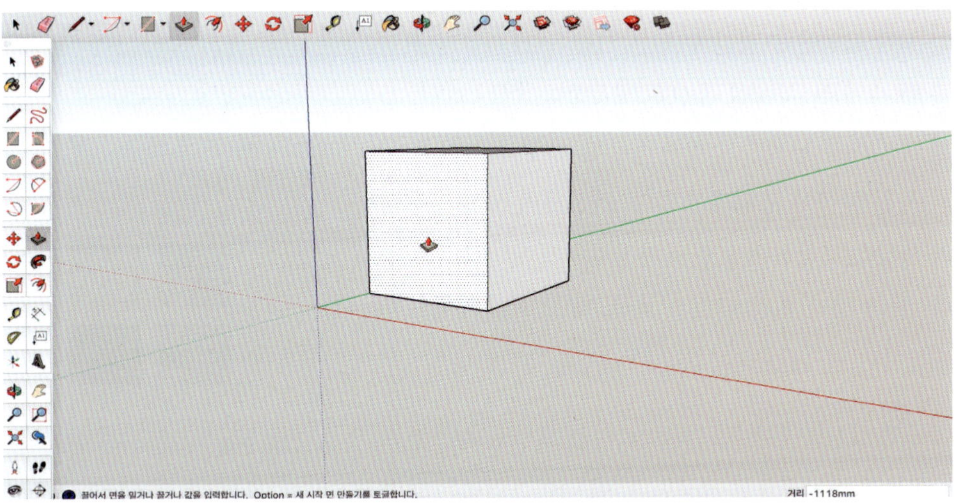

그림 9-5. 스케치업(SketchUp)의 'Push/Pull'기능을 활용한 3D 모델링

파일 형식

스케치업은 Collada(.dae), AutoCAD(.dwg) 및 3D Studio(.3ds)와 같은 다양한 다른 파일 형식(sti, obj, fbx 등이 포함)으로 내보낼 수 있지만 저장을 위한 기본은 .skp 파일 형식이다. 스케치업 파일 형식은 스케치업을 만든 Trimble Inc.에서 개발한 독점 형식이다. 이는 지오메트리(geometry), 텍스처(texture), 레이어(layer), 구성 요소 및 기타 관련 데이터를 포함하여 스케치업에서 만든 3D 모델을 저장하도록 설계되어 있으며 2D 및 3D 요소를 모두 지원하므로 사용자가 디자인을 하나의 파일로 만들고 저장할 수 있다.

스케치업 파일(.skp)은 바이너리(binary)파일이다. 즉, 사람이 읽을 수 있는 텍스트 형식이 아닌 작고 효율적인 바이너리 형식으로 데이터를 저장하기 때문에 이것은 파일 크기를 최적화하고 복잡한 모델로 작업할 때 성능을 향상시킨다. 여기서 .skb파일은 .skp파일로 만든 3D 모델의 백업 파일이다. 원본파일 손상의 경우를 대비해 스케치업 저장 기능에 의해 자동으로 백업저장되어 생성된다. 스케치업 파일 형식은 소프트웨어의 다른 릴리스에 따라 다른 버전을 가질 수 있다는 점에 유의해야 한다. 최신 버전의 스케치업에서는 파일 형식이 변경되거나 향상될 수 있으므로 파일을 공유하거나 열 때 이전 버전과의 호환성을 고려해야 한다.

스타일(style)과 라이브러리(library)

스케치업의 '스타일(style)' 메뉴는 사용자가 3D 모델의 시작 모양을 조정할 수 있는 기능이다. 사용자 정의를 할 수 있는 다양한 옵션을 제공한다. 이는 파선, 점선 및 실선을 포함한 스케치 스타일, 음영 스타일 등 여러 사전 설정이 포함되어 있다. 가장자리 설정은 두께와 색상을 포함하여 모델의 가장자리의 모양을 제어한다. 면 설정과 배경 설정은 색상, 텍스처 및 투명도를 포함하여 면, 배경의 시각적 이미지를 제어한다.

그림 9-6. 스타일(style) 메뉴

대규모 3D 모델링 프로젝트를 위한 모델링 컴포넌트 라이브러리를 무료로 제공한다. 이 라이브러리는 일반적으로 사용되는 물건(가구, 창문, 문 등)의 3D 모델을 포함하고 있어 사용자는 이를 프로젝트에 쉽게 삽입할 수 있다.

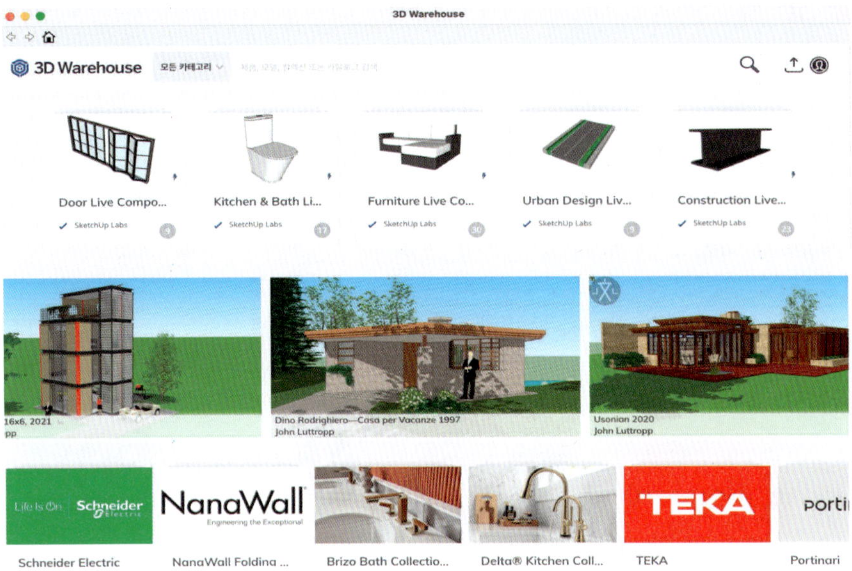

그림 9-7. 3D Warehouse

(Source: https://3dwarehouse.sketchup.com)

스케치업의 가장 큰 특징인 컴포넌트 라이브러리로 '**3D Warehouse (3D 웨어하우스)**', '**Extension Warehouse (확장 웨어하우스)**'를 제공된다. 3D 웨어하우스는 스케치업 3D모델을 스케치업 사용자가 자발적으로 업로드하여 무료로 다운로드가 가능하게 공유하는 플랫폼이다. 확장 웨어하우스는 소프트웨어 기능을 확장하도록 설계된 플러그인(plug-in) 공유 플랫폼이다[133] 사용자가 특정 요구 사항에 따라 워크플로우를 향상하거나 새도구의 추가가 가능하다.

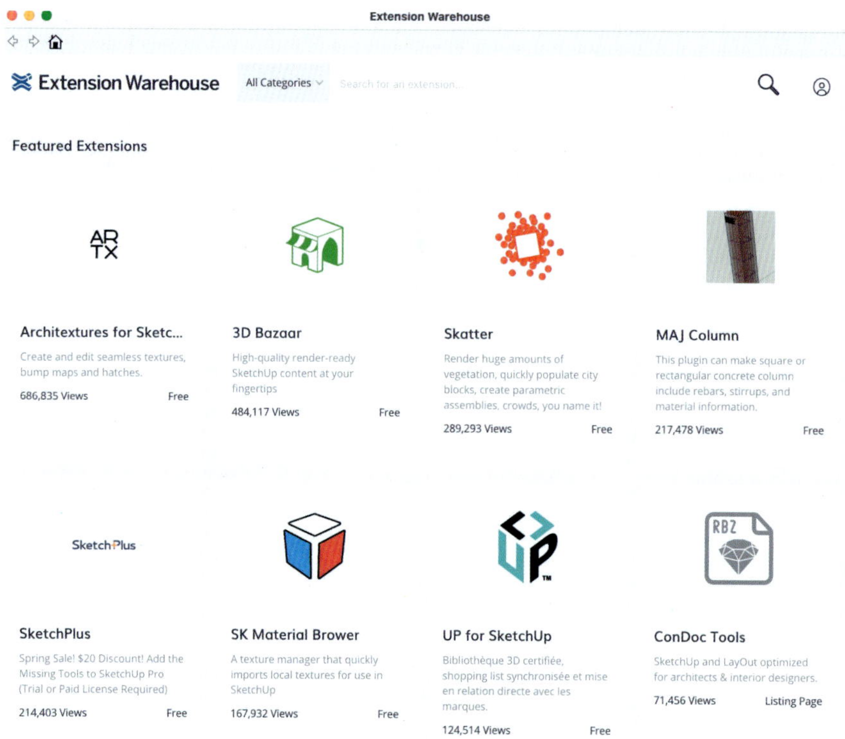

그림 9-8. Extension Warehouse

(Source: https://extensions.sketchup.com)

2D 도면 생성 기능

3D 모델에서 2D 도면을 생성할 수 있는 기능을 제공한다. 이를 통해 건축, 인테리어, 가구 제작 도면 등을 제작할 수 있다.

3D 모델이 완성되면 [카메라] 메뉴로 이동하고 [평행 투영]을 선택하여 [2D 보기 모드]로 전환한다. [확대/축소] 및 [이동]도구를 사용하여 2D 도면에 대해 원하는 보기의 프레임을 지정한 후, 다음으로 [파일] 메뉴로 이동하고 [내보내기] 선택한다.

위의 과정에 내보내기에 적합한 PDF 또는 2D 도면에서 사용되는 DWG 및 DXF와 같은 파일 형식으로 내보내기가 가능하여 다른 프로그램의 파일 형식과 원활하게 공유하고 교환할 수 있다. 내보내기 설정에서 요구 사항에 맞게 선 두께, 배율 및 용지 크기와 같은 옵션을 사용자 지정이 가능하다. 내보낸 후, Adobe Illustrator(일러스트) 또는 AutoCAD(캐

드)와 같은 프로그램을 사용하여 파일을 추가로 편집하여 주석, 치수 또는 기타 세부 정보를 추가 할 수 있다. 또는 2D 그림 및 프리젠테이션을 만들기 위해 특별히 설계된 동반 응용 프로그램인 스케치업의 기본 제공인 'LayOut' 기능을 사용할 수 있으며 스케치업 3D 모델을 가져오고, 여러 뷰포트(viewport)를 만들고, 치수, 레이블 및 주석을 추가하고, 전문가 수준의 2D 도면을 직관적인 인터페이스를 통해 생성할 수 있다.

사례 1

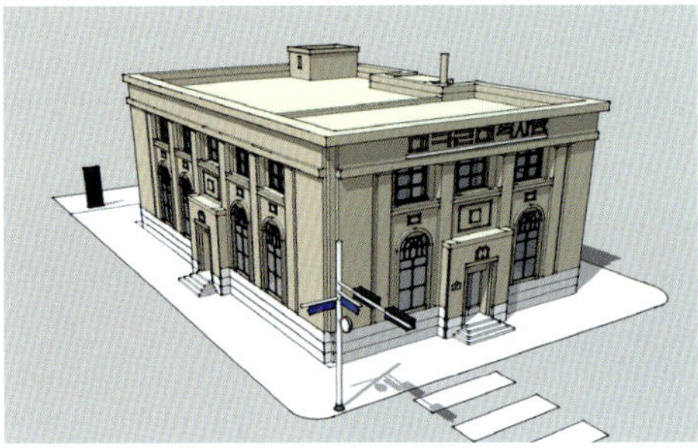

그림 9-9. '건축물 3D 모델링' 학생작품(이정인, 정혜진, 김도연, 박소진, 안아현, 이아라, 박소현, 여의민) 2019~2023.

사례 2

스케치업에서 3D 모델에 '스타일(style)'과 '그림자' 기능을 적용하여 사용자가 정의할 수 있는 다양한 스타일과 설정을 선택하여 시각적 스타일, 선의 두께와 색상을 조정하는 선 작업, 모델에 깊이와 사실감을 주는 음영 등으로 기본 텍스쳐를 입혀 표현하는 것보다 자신만의 예술적 표현이 가능하다.

그림 9-10. '산타마리아 노벨라, 페렌체 대성당, 학생작품(윤재경), 2019, 〈매체연구3 수업(서상희)〉

그림 9-11. 창경궁 대온실 내부, 학생작품(지현정), 2020.

그림 9-12. 창경궁 대온실 외부, 학생작품(정유진), 2021.

그림 9-13. 스타일, 그림자 활용한 학생작품(김민주, 강유니, 김하늘) 2020~2021.

② 지브러쉬(Z-brush)

지브러쉬(Z-Brush)는 Pixologic사에서 개발한 3D 디지털 조각 소프트웨어로 캐릭터 표현에 적합하며, 주로 게임, 영화, 애니메이션 산업에서 많이 사용된다. 2.5D 기능도 제공하여 모델에 평면 이미지를 삽입하고 간단한 페인팅 및 그리기 작업을 수행할 수 있다. 고해상도 디테일을 저해상도 모델에 적용하여 같은 디테일을 유지하도록 도와주는 스컬프트맵(Sculpt Maps)도 유용하다. 지브러쉬는 2.5D 및 3D 브러시를 사용하여 고해상도 모델을 생성하는 강력한 기능과 도구를 제공한다.

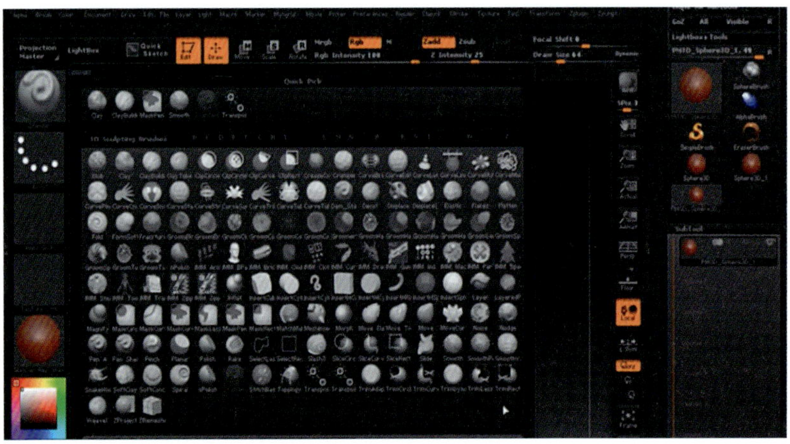

그림 9-14. 지브러쉬(Z-brush)의 인터페이스와 브러쉬 팔레트

(Source: https://www.maxon.net/ko/zbrush)

파일형식

.zpr 파일 확장자는 도구, 모델, 텍스처 및 설정을 포함하여 지브러쉬 프로젝트와 관련된 모든 정보를 포함한 프로젝트 파일에 사용된다. 여러 도구와 모델이 포함되어 있으며 전체 프로젝트를 저장하고 로드하는데 사용한다.

.ztl 파일 확장자는 시브러쉬의 조각 도구를 사용하여 편집할 수 있는 단일 3D 모델을 포함하는 도구 파일이다. 그러므로 .ztl파일은 .zpr파일에 비해 용량이 적은 장점이 있다.

.zbp 파일확장자는 3D모델을 조각하고 페인트하는데 사용할 수 있는 사용자 지정 브러쉬가 포함된 브러쉬 파일에 사용된다. 또한 OBJ, FBX 또는 STL과 같은 다양한 다른 형식으

로 모델을 내보낼 수 있는 옵션도 제공한다.

디지털 스컬프팅(Digital Sculpting)

가상 점토로 조각하는 직관적인 방식으로, 모델의 세부 정보를 조정하고, 물결 모양, 질감, 주름, 기타 특성을 추가할 수 있다. 페인트 브러시, 마스킹 브러시, 클리닝 브러시, 소리 브러시 등 다양한 유형의 브러시와 스컬프팅 도구로 모델의 형태와 외형을 변경할 수 있다. 다중 해상도 기능을 제공하여 다양한 해상도에서 모델 편집이 가능하다.

폴리 페인트(Polypaint)

폴리 페인트(Polypaint)는 텍스쳐맵(Texture Map)을 먼저 지정하지 않고도 3D 모델 표면에 직접 페인팅이 가능한 기능이다. 다양한 브러쉬 도구를 사용하여 특정 영역에 색상을 입힐 수 있다. 단순한 컬러 페인팅을 넘어 디테일한 텍스쳐 생성을 지원하므로 이를 통행 UV매핑이나 외부 텍스쳐링 소프트웨어 없이도 매우 사실적인 텍스쳐를 생성할 수 있다. 이미지 편집 소프트웨어에서 레이어(layer)로 작업하는 것과 유사한 레이어 페인팅을 지원한다. 페인트 작업을 위해 여러 레이어를 생성할 수 있어 특정 영역을 쉽게 수정하고 세부적이고 유동적인 페인팅이 가능하다. 또한 폴리 페인트 데이터를 다른 소프트웨어에 사용할 수 있는 텍스쳐맵으로 따로 내보낼 수 있다.

사례 1

그림 9-15. 지브러쉬(Zbrush)의 디지털 스컬프팅을 통한 3D 모델링, 학생작품(김진, 김하연, 황태희, 김수정, 김민주, 강유니, 권준희), 2020~2023.

사례 2

그림 9-16. 지브러쉬(Zbrush의 폴리페인트(Polypaint) 적용한 학생작품(이정인, 박소현, 김민주, 유영신, 김하영, 지현정), 2020~2023.

③ 블렌더(Blender)

블렌더(Blender)는 3D 모델링, 애니메이션, 게임 개발, 비디오 편집, 시뮬레이션, 렌더링 등 다양한 기능을 무료로 제공하는 3D 컴퓨터 그래픽 제작 소프트웨어이다. 이는 오픈소스 GPL 라이센스로 사용자들이 프로그램을 지속적으로 수정하고 블렌더의 개발 및 개선 가능성이 높다는 점이 가장 큰 강점이다. 기본적인 **모델링(modeling)부터 재질 입히기(Texturing), 그리기(Texture painting), 렌더링(rendering), 스컬프팅(Sculpting), 애니메이팅(Animating), 리깅(Rigging), 물리 시뮬레이션(Physics)** 등 하나의 프로그램 내에서 모든 것이 가능하다는 범용성의 특징을 가지고 있다.

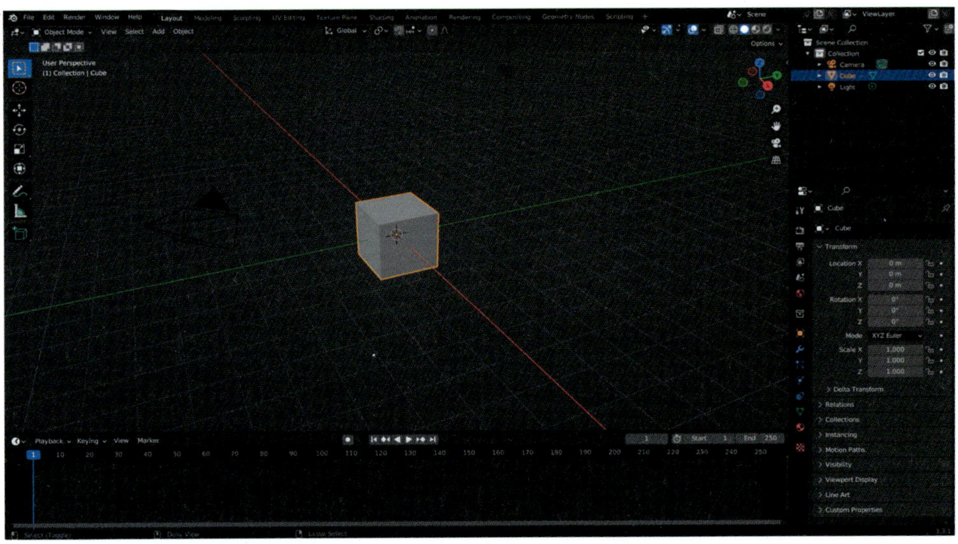

그림 9-17. 블렌더(blender) (**출처**: https://www.blender.org/)

● 파일형식

블렌더의 기본 파일 형식은 **.blend**이다. 이 형식은 모든 3D데이터, 재질, 애니메이션, 조명 등의 정보를 포함하고 있어서 전체 블렌더 프로젝트를 저장할 수 있다.

.blend파일은 블렌더 내에서만 열 수 있으며 다양한 기능을 활용할 수 있다. **OBJ, FBX 및 STL** 형식 등을 포함하여 여러 가지 내보내기 옵션을 제공한다. 모델을 가져오면 블렌더를 사용하여 토폴로지(topology)를 미세 조정하고, 텍스처를 추가하고, 모델을 리깅하고, 애

니메이션을 만들 수 있다. 또한 블렌더는 지브러쉬와 동일한 형식으로 모델을 내보낼 수 있는 기능을 제공하여 두 프로그램 간의 원활한 워크플로(workflow)를 허용한다.

Add-on(애드온)

플러그인(plug-in)과 같은 개념이며 블렌더에서는 애드온(Add-on)이라 지칭한다. 애드온은 블렌더의 사용자들이 블렌더 소프트웨어를 확장하고 개선하기 위한 도구로 추가 기능을 제공하거나 작업 흐름을 개선하는 역할을 한다.

사용자의 필요에 따라 선택하여 설치하고 활성화할 수 있으며 개인적인 요구에 맞게 블렌더를 사용자 정의할 수 있는 유연성을 제공한다. 또한 반복적이고 번거로운 작업을 자동화하는 기능을 제공한다. 사용자는 자주 사용하는 작업을 애드온으로 스크립팅하고 한번에 실행하거나 자동으로 수행할 수 있다. 블렌더와 다른 소프트웨어나 서비스를 연결하여 통합할 수 있는 기능을 제공한다. 이를 통해 다른 도구들 간의 작업 흐름을 통합하고 협업을 용이하게 할 수 있다.

애드온은 일반적으로 .zip 또는 .py파일로 배포된다. 'Blender Market', 'Blender Artists' 포럼 또는 공식 블렌더 문서를 비롯한 다양한 소스에서 다운로드할 수 있으며 다운로드한 애드온 파일이 설치되면 애드온 목록에 표시가 되고 활성화하면 기능을 사용할 수 있다. 모든 애드온이 블렌더 개발팀에서 공식적으로 지원하는 것은 아니다. 일부 애드온은 개발자가 만들고 유지관리할 수 있기 때문에 필요한 애드온을 조사하고 선택하는 것이 좋다.

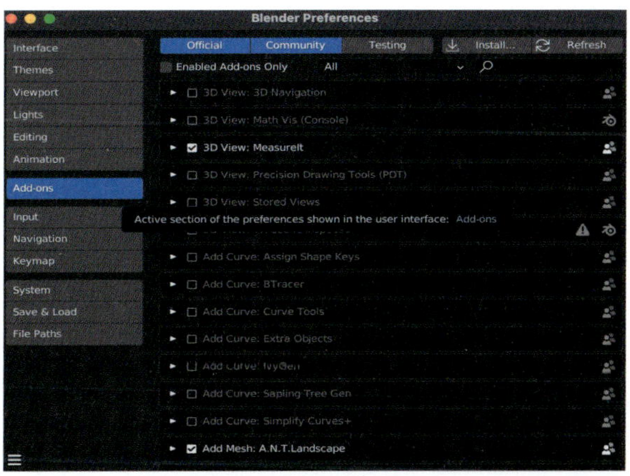

그림 9-18. 블렌더의 애드온(Add-ons)

● 렌더 엔진: 이브이(Eevee) & 싸이클(Cycles)

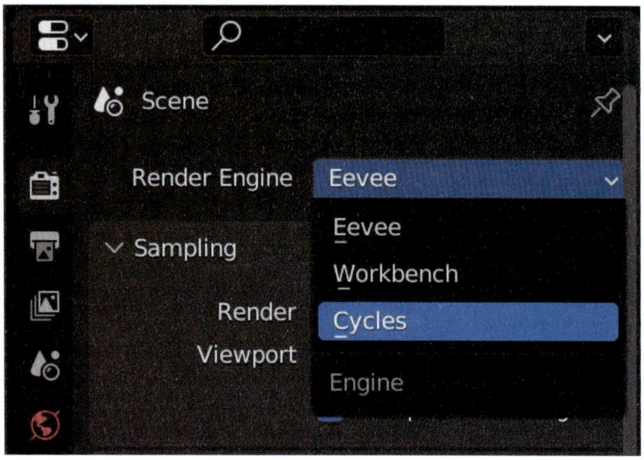

그림 9-19. 블렌더의 렌더 엔진(Render Engine)

블렌더 자체 내장된 렌더 엔진은 실시간 방식의 '이브이(Eevee)', 광선추적(Raytracing)방식의 '싸이클(Cycles)' 2개의 물리 기반 엔진으로 구성되어있다. 싸이클에서는 렌더장치로 CPU와 GPU 동시에 가능하며 GPU는 손쉽게 여러 개씩 쓸 수 있고 GPU를 사용하더라도 시스템 메모리를 사용하기 때문에 그래픽 용량에 제약되지 않는다.

싸이클(cycles)은 광선의 경로를 추적하여 장면에서 빛의 동작을 시뮬레이션하는 광선추적 엔진이다. 빛과 재료 간의 상호 작용을 계산하여 사실적인 결과를 생성하고 반사, 굴절 및 전역 조명과 같은 효과를 시뮬레이션을 할 수 있다. 싸이클은 CPU 또는 GPU를 사용하여 계산을 수행하며 경우에 따라 렌더링 속도가 이브이(Eevee)보다 느릴 수 있지만, 고품질 스틸 이미지, 애니메이션 및 시각효과에 적합하다.

반면 이브이(Eevee)는 래스터화 기술을 사용하여 장면을 렌더링하는 실시간 엔진이다. 속도와 상호 작용에 최적화되어 있으며 복잡한 장면을 실시간으로 렌더링할 수 있으며 이브이(Eevee)는 GPU를 사용하여 계산을 수행하며 대부분의 경우 싸이클(Cycles)보다 빠를 수 있다. 특성 측면에서 싸이클(Cycles)는 표면산란(Surface scattering), 볼류메트릭(volumetric), 파티클 시스템(particle systems)과 같은 고급 렌더링 기능을 제공한다. 또한 물리적 기반 재료 및 쉐이더(shader)와 같은 고급 재료를 더 잘 지원한다. 이브이(Eevee)는 실시간 그림자, 반사(reflection), 앰비언트 오클루전(Ambient Occlusion)을 제공하여 실시간 애플리케이션에서 장면을 더욱 사실적으로 표현한다. 렌더 엔진의 선택은 프로젝트 요구 사항과 원하는 결과에 따라 다르게 나타난다.

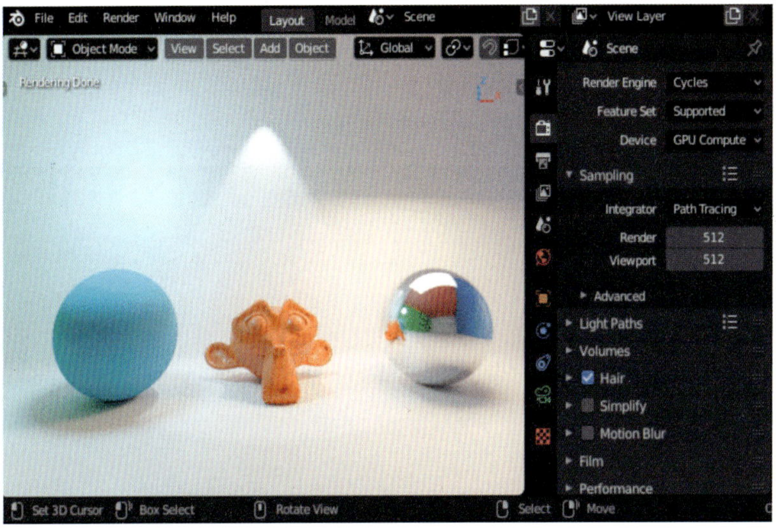

그림 9-20. 렌더 엔진 비교(이브이(Eevee) vs 싸이클(Cycles))

[표 9-1] 블렌더 렌더엔진 이브이(Eevee)와 싸이클(Cycles) 차이점

	이브이(Eevee)	싸이클(Cycles)
방식	래스터화(Rasterization)	광선추적(Raytracing)
리얼리즘	실시간 상호 작용에 적합	높은 복잡도 처리에 적합
계산방식	GPU지원	CPU 및 GPU지원
속도	대부분의 경우 빠름	상대적으로 느릴 수 있음
고급기능	실시간 그림자, 반사(reflection) Ambient occlusion	표면산란(Surface scattering), 볼류메트릭(volumetric), 파티클 시스템(particle systems)
재료지원	기본적인 재료 지원	물리적 기반 재료 및 쉐이더(shader)
제어와 정밀도	상대적으로 제한된 제어와 정밀도 제공	더 많은 제어와 정밀도 제공
애플리케이션	실시간 애플리케이션에 적합	고품질 스틸 이미지 애니메이션 및 시각효과에 적합

사례 1

그림(9-21)은 지브러쉬(Zbrush)에서 제작한 3D 모델링을 블렌더에 불러와 조명(light), 카메라(Camera) 설정하여 이브이 렌더로 렌더링한 학생작품이다.

그림 9-21. '모노톤 분위기 표현 ' 학생작품(지현정),2020.

사례 2

믹사모(Mixamo)를 블렌더(Blnder)와 함께 사용하기 위해서 먼저, 믹사모 라이브러리에서 캐릭터 모델과 애니메이션을 선택하고 FBX와 같은 호환 파일 형식으로 다운로드한다. [파일]-[가져오기]에서 FBX를 선택하여 다운로드한 캐릭터 모델을 블렌더로 가져와 블렌더의 [도구]를 사용하여 캐릭터의 텍스처, 리깅 및 애니메이션을 수정할 수 있다. 믹사모 애니메이션을 직접 제작한 인물 또는 캐릭터에 적용하기 위해 동일한 방식으로 애니메이션 파일을 불러온다. 인물 또는 캐릭터를 제작할 때 'T-포즈', 'A-포즈' 로 만들어야한다. 인물, 캐릭터 모델을 선택하고 [속성] 패널의 [애니메이션 탭]으로 이동, [모션 캡처]섹션 아래 드롭 다운 [메뉴]에서 가져온 애니메이션 파일을 선택한다. 원하는 대로 애니메이션 설정을 조정하고 애니메이션을 재생하여 수정된 캐릭터 모델에서 어떻게 보이는지 확인한다.

스케치업(Sketch Up)
- 배경, 공간 제작

+

지브러쉬(Zbrush)
- 인물 및 캐릭터 제작

+

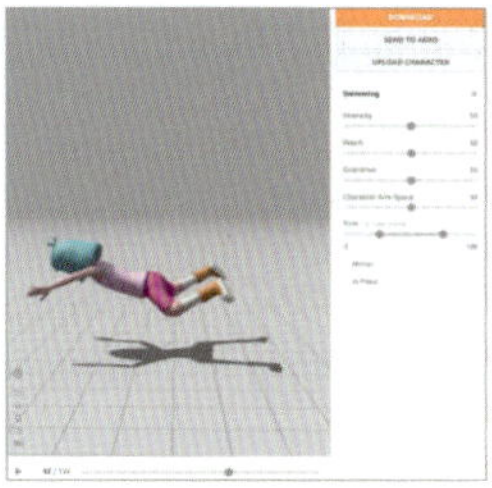

믹사모(Mixamo)
- 모션, 애니메이션 적용 /FBX

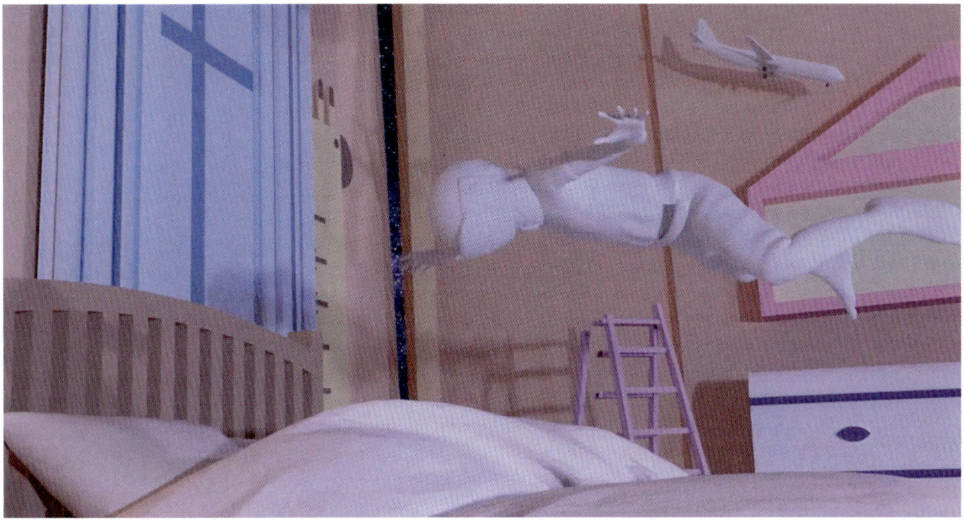

그림 9-22. '믹사모(Mixamo)적용한 학생 작품(김도연), 2020,

사례 3

블렌더에서 VR 렌더링 및 영상 출력 형식을 지원하는 싸이클(Cycles)에 VR렌더링 엔진이 내장이 되어있기 때문에 블렌더 프로그램에서 VR영상 추출이 가능하다. 싸이클 렌더를 사용하면 사용자는 3D 장면을 'Oculus Rift', 'HTCVive' 또는 'Google Carboard'와 같은 가상현실 헤드셋에 적합한 이미지 또는 영상으로 렌더링한다.

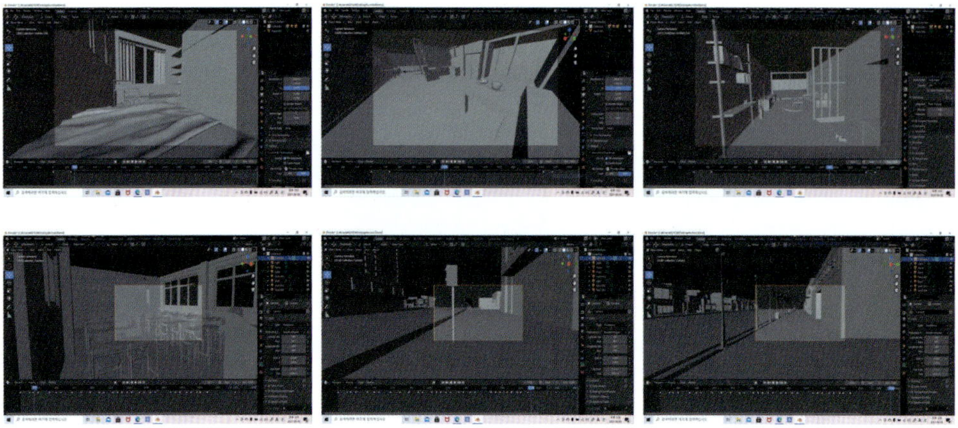

그림 9-23. 카메라(Camera)를 통한 장면 설정

카메라 설정 전에 렌더엔진을 싸이클(Cycles)로 설정해야 카메라 렌즈 유형의 Panoramic(파노라마) 옵션 선택이 가능하다. 원하는 구성으로 장면을 설정한 후, [출력] 에서 영상의 출력 형식과 [해상도]를 설정하는데 해상도는 최소 4K 이상으로 하며 360도 영상의 일반적인 가로세로 비율은 2:1이다. 카메라 설정에서 [Lens Type]을 넓은 시야각을 포함하는 [Panoramic]을 선택하고 [Panorama Type]에서 [Equirectangular(등장방형)] 옵션을 선택한다.

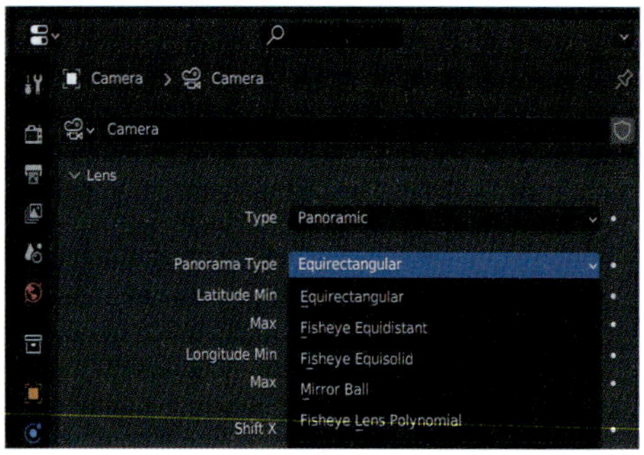

그림 9-24. 카메라 렌즈 유형 설정 창

(그림 9-24)는 전체 구(sphere) 또는 파노라마 시야를 2D 직사각형 이미지에 매핑하는 방식으로 360도 뷰어, VR플랫폼 영상에서 주로 사용되며 몰입형 콘텐츠를 만드는데 도움을 주는 기능이다. FOV(시야각: Field of View)이 360도이기 때문에 영상의 왼쪽 끝과 오른쪽이 이어지는 형태이며 구 형태로 맵핑이 되어 있는 이미지들을 펼친 형태로 보여주고 있기 때문에 본래 구의 극(pole)부분이였던 위와 아래의 부분에 왜곡이 생성되어 보인다.

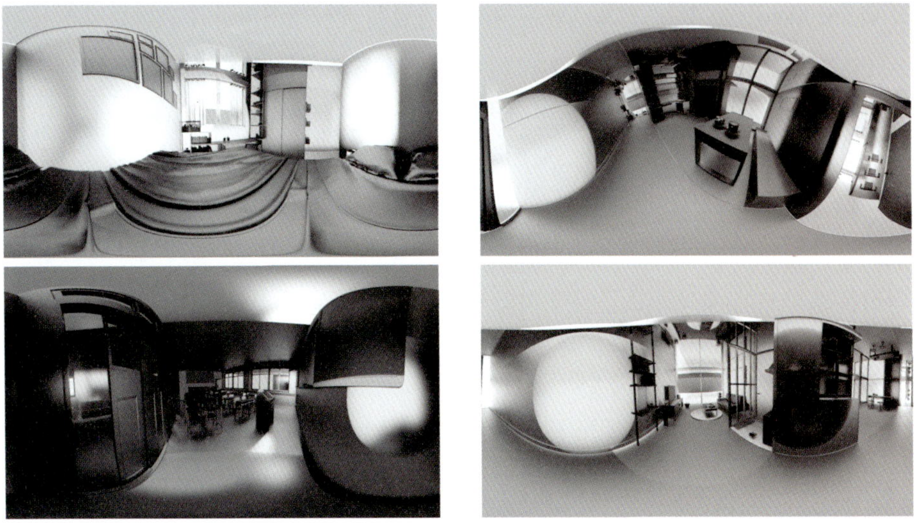

그림 9-25. VR 렌더링 작업 예시1 학생작품(김태언,박수빈), 2021.

블렌더에서 렌더링된 VR영상을 유튜브(Youtube)에 업로드하기 전, VR기기에 적용하기 위한 추가적인 컨버팅 과정이 필요하다.

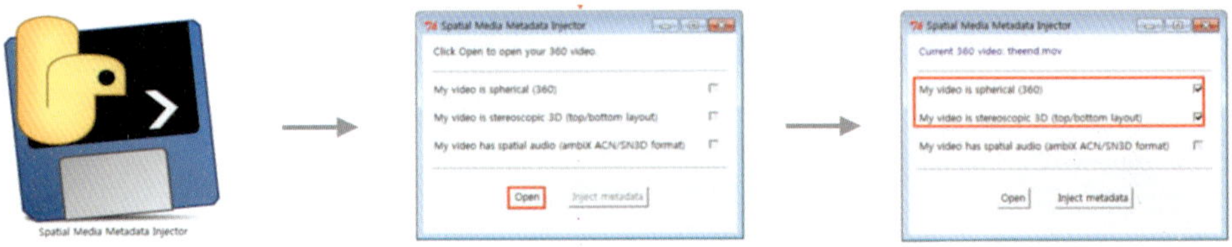

그림 9-26. '360 Video Metadata Tool' 활용한 추가 컨버팅 과정

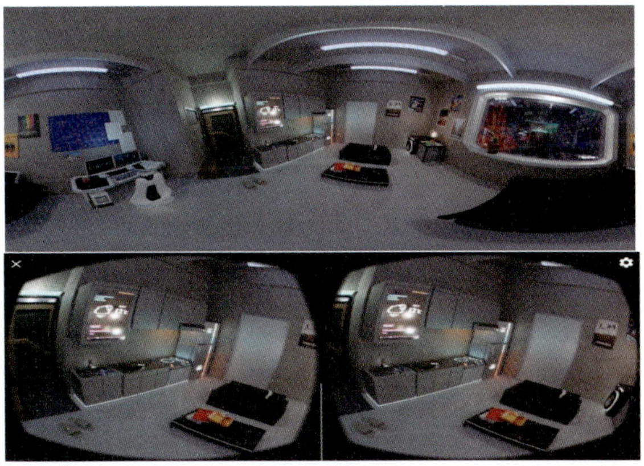

그림 9-27. 컨버팅 후 유튜브에 업로드한 VR버전, 학생작품(강유니, 김하늘), 2022.

'360 Video Metadata Tool' 프로그램은 360도 영상에 메타데이터를 추가하는데 사용되는 소프트웨어 및 도구이다. 이 메타데이터는 비디오의 형식 및 속성에 대한 정보를 제공하여 플랫폼과 플레이어에서 영상을 360도 또는 VR경험으로 적절한 환경에 적용될 수 있도록 도와준다.

영상의 공간 레이아웃, 방향 및 YouTube, Facebook 또는 VR비디오 플레이와 같은 플랫폼이 영상을 올바르게 해석하고 몰입형 시각 환경을 제공하는데 필요한 기타 특성에 대한 정보가 포함되어 있다.

이는 다양한 비디오 메타데이터 도구 프로그램을 독립 실행형 소프트웨어 및 영상 편집 또는 스티칭 응용 프로그램 내의 통합기능으로 사용하는데 이것은 필요한 메타데이터를 추가하는 프로세스를 단순화하여 다양한 플랫폼 및 장치에서 360도 영상이 적절하게 재생하고 상호작용할 수 있도록 한다.

---

4 시네마 4D(Cinema4D/C4D)

시네마4D(Cinema 4D)는 독일의 회사 Maxon이 개발한 소프트웨어로 모션 그래픽, 시각적 특수효과 VFX(Visual Effect), 게임 개발 등의 분야에서 3D 모델링, 애니메이션, 렌더링을 할 수 있는 프로그램이다. 3D맥스(3D Max), 캐드(Cad)와 같은 프로그램에 비해 상대적으로 사용하기 쉬운 인터페이스와 직관적인 워크플로를 제공하여 입문자도 쉽게 3D 모델링과 애니메이션을 할 수 있다.

시네마4D는 높은 수준의 3D 모델링, 애니메이션, 렌더링 등의 다양한 기능을 제공한다. 특히 MoGraph(모그라피) 기능은 다양한 모션 그래픽 디자인을 가능하게 한다. 충돌 및 버그가 적은 블렌더(Blender)보다 더 안정적인 프로그램으로 알려져 있다.

다양한 3D 파일 형식을 지원하며, 다른 3D소프트웨어와 호환성이 높다. 특히, 어도비(Adobe)사의 애프터이펙트(After Effetcts)와 같은 2D시각 편집 프로그램과 쉽게 통합된다. 시네마4D와 애프터 이펙트는 상호 호환 가능한 파일 형식을 지원하며 프로젝트를 공유하고 내보내어 애프터 이펙트에서 불러올 수 있다. 이를 통해 시네마4D에서 제작한 3D 요소를 애프터이펙트의 2D 컴포지션(composition)으로 편집하고 효과를 추가할 수 있어 시네마4D에서 작업한 렌더링 결과물을 애프터이펙트에서 포스트 프로덕션 작업에 활용할 수 있다.

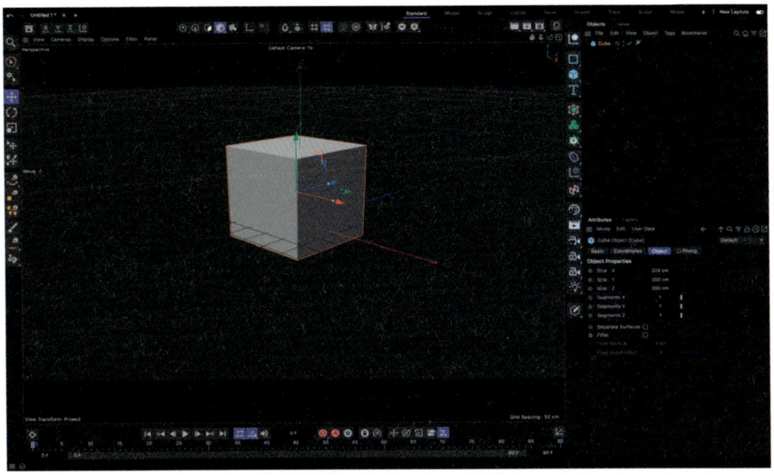

그림 9-28. 시네마 4D(Cinema4D/C4D) R25**버전**

(Source:https://www.maxon.net/ko/cinema-4d)

파일형식

시네마4D의 기본파일 형식은 **.c4d**이다. 이 형식은 모든 프로젝트 데이터를 포함하며 장면의 3D 객체, 애니메이션, 재질, 조명, 카메라 등의 정보를 포함한다. **.c4d**파일은 시네마4D에서만 열리고 편집할 수 있으며 프로젝트의 전체적인 설정과 구성을 유지한다. 이외에도 시네마4D는 다른 포맷의 **이미지파일(.jpg, .png, .tiff 등) 및 비디오 파일(.avi, .mov, .mp4 등)**을 포함한 파일 형식도 지원한다.

렌더 엔진

시네마4D의 기본 렌더 엔진은 Standard/Physical 자체 렌더러로 다른 렌더링 소프트웨어에 비해 렌더링 속도가 빨라 비교적 짧은 시간에 결과물 생성이 가능하여 작업 효율성이 높은 편이다.

시네마4D에는 '**Arnold(아놀드)**', '**Octane(옥테인)**', '**Redshift(레드시프트)**', '**Corona(코로나)**'

등을 비롯한 여러 외부 렌더러가 있다. 이러한 렌더러는 실시간 렌더링, GPU 렌더링, 물리적 기반 렌더링 지원과 같은 고급 기능을 제공하며 이러한 외부 렌더러는 시네마4D 워크플로에 통합되어 사용자가 고품질의 사실적인 3D 그래픽 및 애니메이션을 생성할 수 있도록 도와준다. 각 렌더러가 가지는 특징이 있어 작업 스타일에 맞춰 렌더러를 선택하면 된다.

● **모그라프 (MoGraph: Motion Graphics) 기능**

Motion Graphics의 줄임말인 모그라프(MoGraph)는 시네마4D에서 가장 핵심적인 기능으로 사용자가 복잡한 모션 그래픽과 절차적 애니메이션을 쉽게 생성할 수 있도록 해주는 모션그래픽 및 애니메이션 워크플로우를 제공하는 도구이다. 모그라프는 반복적인 요소를 생성하고 배열하는 기능과 요소의 움직임, 변형, 회전, 크기 조절 등을 키프레임(key frame) 애니메이션 또는 효과 기반 구현을 통해 2D 및 3D 요소를 조합하여 다이내믹한 모션 그래픽을 표현하는데 도움을 준다.

사용자들에게 빠르고 직관적이며 유연한 작업 흐름을 제공하며 복잡한 모션 그래픽 작업을 간편하게 구현이 가능한 저작도구이다. 그리고 다른 시네마4D 도구 및 플러그인(plug-in)과 통합하여 활용할 수 있다.

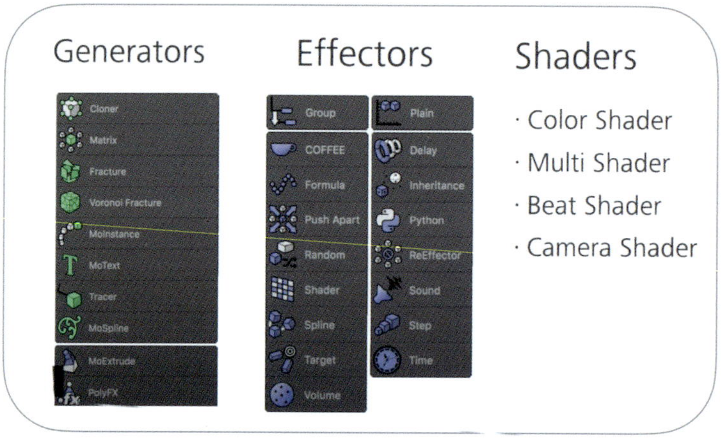

그림 9-29. 모그라프(MoGraph) 메뉴

모그라프는 크게 'Generator(생성)', 'Effectors(이펙터)', 'Shaders(쉐이더)'로 나눌 수 있으며 그 안에 다양한 도구와 기능을 제공하고 있다.

클로너(Cloner)객체는 모그라프의 기본도구로 객체를 쉽게 복제하고 그리드, 배열 또는 사용자 정의 모양과 같은 다양한 패턴을 배포한다.

이펙터는 모그라프 요소의 동작과 애니메이션을 제어에 주로 사용된다. 특정 기분에 따라 변형을 적용하거나 속성을 수정할 수 있다. 쉐이더는 개체의 표면이 빛과 상호작용하는 방식과 뷰어에 표시되는 방식을 결정하는 요소이다. 모그라피 컬러 쉐이더 같은 경우에는 모그라피 요소에 대한 색상 변화와 그라데이션을 제공한다. 개체 속성, 노이즈 패턴 또는 기타 절차적 방법에 따라 다른 색상의 할당이 가능하며 모션 그래픽의 시각적 매력을 향상한다.

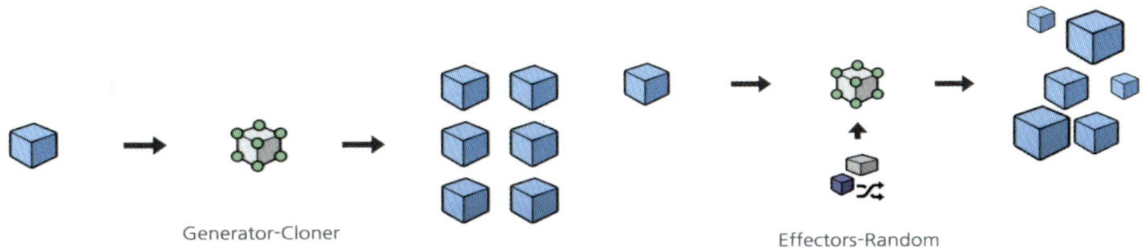

그림 9-30. 클로너(Cloner)의 작업 흐름(workflow)

(Source: https://www.maxon.net/ko/cinema-4d/features/mograph-basics)

애프터이펙트(After Effects) 통합

2013년부터 Cineware는 시네마4D 에셋(asset)들을 애프터이펙트로 통합할 수 있는 기능을 제공해왔다. Cineware는 시네마4D 파일들을 애프터 이펙트 안으로 손쉽게 드래그 앤 드롭(drag-and-drop)할 수 있을 뿐 아니라, 이들 3D 요소들을 애프터이펙트 내에서 직접 조작할 수있고 렌더링이 가능하다.

시네마4D와 애프터이펙트는 통합 작업을 통해 상호 보완적인 기능을 제공한다. Cineware를 통하여 시네마4D에서 작업한 3D컨텐츠를 애프터이펙트의 컴포지트에 레이어(layer)로 추가하고 '카메라', 'null 오브젝트' 및 '조명'과 같은 개별 시네마4D 요소들을 가져와 합성하고, 애프터이펙트에서 비주얼 효과를 시네마4D 프로젝트에 통합할 수 있다. 이들은 서로 보완적인 역할을 수행하며, 협업하여 다양한 시각화 작업을 수행할 수 있는 환경을 제공한다. 예를 들어, 시네마4D에서 만든 3D 모델을 애프터이펙트로 가져와 텍스트나 그래픽과 결합하여 동적인 애니메이션을 생성할 수 있다. 애프터이펙트의 효과와 애니메이션 기능을 사용하여 시네마4D에서 만든 3D 요소에 다양한 시각적 효과를 표현할 수 있다.

만일, 시네마4D 라이선스(licence)가 없다면 'After Effect CC'에 통합되어 제공되는 'Cinema4D Lit'에 자동적으로 액세스하게 되며 'Cinema4D Lit'는 Maxon 3D 소프트웨어 패키지의 제한된 버전으로 기본적인 기능들이 무상으로 설치가 된다.

Cinema 4D Lit는 애프터 이펙트 내에서 [파일]-[메뉴]을 통하여 또는 [컴포지션(composition)]의 시네마 4D 레이어(layer) 상의 [Edit Footage]를 클릭하여 액세스할 수 있다.

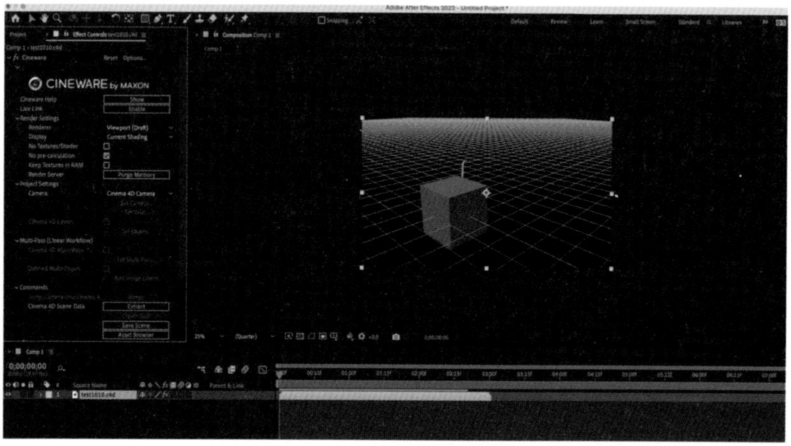

그림 9-31. 애프터이펙트(After Effect)의 Cineware

사례 1

시네마4D(Cinema 4D)의 '거북선' 작업

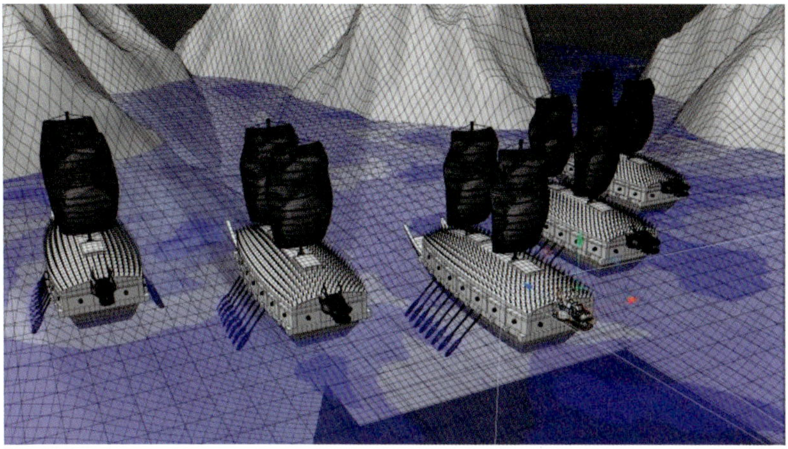

그림 9-32. 시네마4D(Cinema 4D) '거북선'3D 모델링

시네마 4D에서 세분화 모델링(Subdivision Sufrace)을 통해 거북선의 머리 부분을 부드럽게 모델링하고 장면에서 카메라를 선택하고 초점거리, 시야, 피사계 심도와 같은 설정을 조정하여 이미지의 원하는 구도와 프레임을 구성한다. 물 재질(water material)은 물의 색상, 투명도, 반사도, 잔물결 등을 설정하여 원하는 물의 형태을 표현하고 Environment(환경)의 'sky lighting'을 통해 시간에 따른 빛의 변화를 실시간 렌더링을 통해 다양한 조명 강도, 색상 및 그림자를 시뮬레이션하여 조명 효과와 원하는 분위기를 제어한다.

그림 9-33. 시네마 4D(Cinema 4D) water texture, sky lighting 설정을 통한 렌더링

사례 2

Cinema 4D 외부 렌더러 통한 렌더링

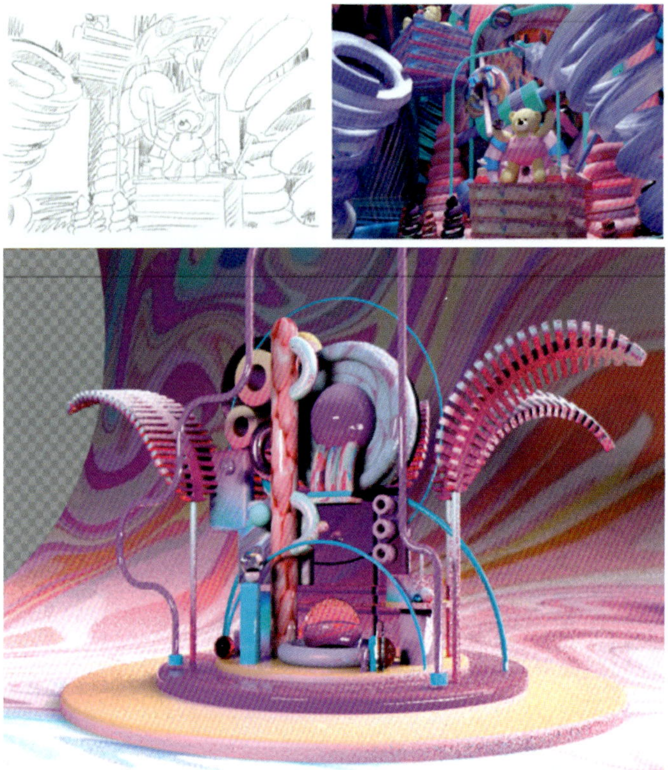

그림 9-34. Cinema 4D로 작업한 학생작품(김은서), 2021

사례 3

모그라프(MoGraph) 기능을 활용한 모션 그래픽 영상 작업

캐릭터를 3D로 직접 모델링하거나 믹사모에서 모션이 추가된 캐릭터를 준비하여 캐릭터 오브젝트에 헤어(hair) 객체를 생성하여 추가한다. 모그라프에서 '클로너' 기능을 사용하면 특정 오브젝트를 일정한 방법으로 복제 및 생성한다. 이 과정에서 헤어 오브젝트(hair object)를 생성하고 시뮬레이션을 적용한다. 헤어의 재질 속성을 통해 길이, 굵기, 중력, 공기 저항력 힘 등의 요소를 고려하여 랜덤(random)하게 설정하고 헤어에 추가적인 모션을 적용하여 움직임을 자연스럽고 생동감 있게 표현한다.

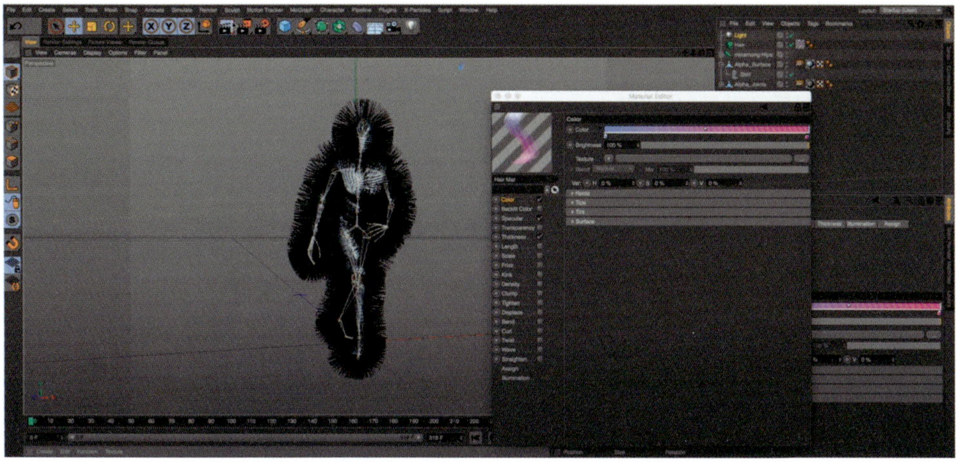

그림 9-35. 믹사모에서 가져온 모션에 헤어 재질 입히기

믹사모에서 가져온 애니메이션을 선택한 상태에서 시네마 4D 뷰포트의 리깅된 3D 모델로 드래그 앤 드롭한다. 믹사모 애니메이션을 모델에 적용되며 시네마 4D의 타임라인 및 애니메이션 컨트롤을 사용하여 필요에 따라 애니메이션의 타이밍, 재생 속도를 타임라인에서 키프림과 애니메이션 곡선을 통해 추가적으로 조정이 가능하다.

이다음, 원하는 카메라 각도 조명을 설정하고 렌더링 기능을 사용하여 최종 애니메이션을 이미지 시퀀스 또는 비디오 파일로 렌더링한다.

그림 9-36. '움직이는 3D 시퀀스 표현 '학생작품(김아로), 2019.

5 언리얼엔진(Unreal Engine)

언리얼 엔진(Unreal Engine)은 에픽게임즈(EpicGames)에서 만든 3D 비디오 게임, 가상 현실 및 시뮬레이션 개발에 사용되는 게임 개발 플랫폼으로 몰입형 인터랙티브 경험을 만들 수 있다. 사실적인 비주얼과 물리적 움직임을 2D 및 3D 게임을 모두 제작하고 개발할 수 있는 다양한 도구와 기능을 제공한다. 직관적인 시각적 스크립팅 시스템(Blueprint)와 프로그래밍 기능을 사용하여 실재적인 게임 환경, 캐릭터, 애니메이션 및 게임 플레이 매커니즘 요소를 만들 수 있다. 시각적 스트립팅 시스템을 갖추고 있어 코드를 작성하지 않고 사전 구축된 노드(node)를 연결하여 환경에서 개체의 동작과 기능을 정의할 수 있는 노드 기반 인터페이스를 사용하여 AI동작 및 상호작용 매커니즘에 쉽게 접근가능하다.

그림 9-37. 언리얼엔진(Unreal Engine) 공식 웹 사이트

(Source: www.unrealengine.com)

언리얼 엔진 프로그램의 가장 큰 특징 중 하나는 사실적인 그래픽 기능이다. 개발자가 시각적으로 놀랍고 몰입감 있는 경험을 만들 수 있게 해주는 최첨단 렌더링 기술로 유명하다. 물리 기반 렌더링(PBR), 실시간 글로벌 일루미네이션(Global Illumination, GI)[134], HDR(High Dynamic Range)렌더링, 광선 추적, 스크린 스페이스 리플렉션(Screen Space Refelction)[135] 등의 기능을 통해 시각적으로 사실적인 환경 및 현실적인 느낌을 제공한다. 또한 실시간 물리 엔진을 제공하며, 물리 기반 시뮬레이션을 지원한다. 이를 통해 사용자는 자연스러운 움직임과 충돌을 시뮬레이션할 수 있다.

게임 엔진

게임 엔진은 개발자에게 비디오 게임을 만들기 위한 도구와 기능을 제공하는 소프트웨어 프레임워크이다. 일반적으로 개발 도구 모음, 렌더링 엔진, 물리 엔진, 애니메이션 도구, 사운드 및 음악 도구, 스크립팅 도구 및 완전한 게임을 만드는 데 필요한 기타 구성요소가 포함되어 있다. 게임 엔진은 사전 구축된 구성요소와 이를 조작할 수 있는 시각적 인터페이스를 제공하여 개발자에게 적은 프로그래밍 지식으로 게임을 보다 효율적으로 만들수 있는 방법을 제공하며 2D 모바일 게임에서 3D 콘솔 및 PC 게임에 이르기까지 다양한 유형의 게임 개발에 사용된다.

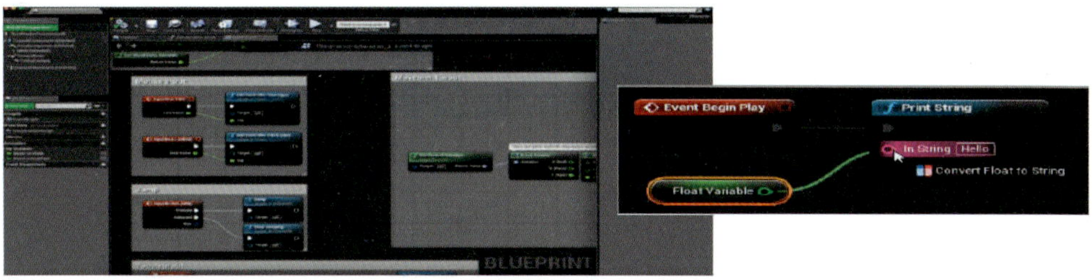

그림 9-38. 블루프린트(blueprint) 에디터와 노드 연결 방식

(Source:https://docs.unrealengine.com/4.27/ko/ProgrammingAndScripting/Blueprints/GettingStarted/)

비주얼 스크립팅 시스템: Blueprint(블루프린트)

비주얼 스크립팅 시스템인 Blueprint(블루프린트)는 언리얼 에디터 안에서 노드(node) 기반 인터페이스를 사용하여 프로그래밍 없이도 게임플레이 매커니즘, 상호작용 시스템, 복잡한 동작 요소를 만드는 개념을 토대로 한 비주얼 스크립팅 시스템이다. 직관적인 블루프린트와 프로그래밍 기능을 사용하여 실재적인 게임 환경, 캐릭터, 애니메이션 및 게임 플레이 매커니즘 요소를 만들 수 있다. 입력, 출력, 수학연산, 애니메이션, 물리 환경 등 기능을 포괄하는 방대한 사전 구축 노드 라이브러리를 제공한다. 사전 구축된 노드를 연결하여 환경에서 개체의 동작과 기능을 정의할 수 있는 노드 기반 인터페이스를 사용하여 AI동작 및 상호작용 메커니즘에 쉽게 접근이 가능하다. 하지만 프로그래밍 언어에 대한 최소한의 기본 문법 정도는 알고 있어야 한다.

사례 1

퀵셀 브릿지(Quixel Bridge)[136]에서 애셋(asset)을 다운받아 언리얼엔진 맵에서 배치 작업 후 스카이돔[137]을 이용하여 시간대에 따른 빛의 움직임과 전반적인 색감 변화 적용한 환경 제작한 학생작품이다.

그림 9-39. 언리얼 엔진의 시간대에 따른 빛의 움직임 학생작품(윤근영), 2021.

그림 9-40. 언리얼 엔진의 노드기반 적용한 학생작품(윤근영), 2021.

그림 9-41. 언리얼 엔진의 노드기반 적용한 학생작품(윤근영), 2021.

사례 2

메타휴먼 (Metahuman)

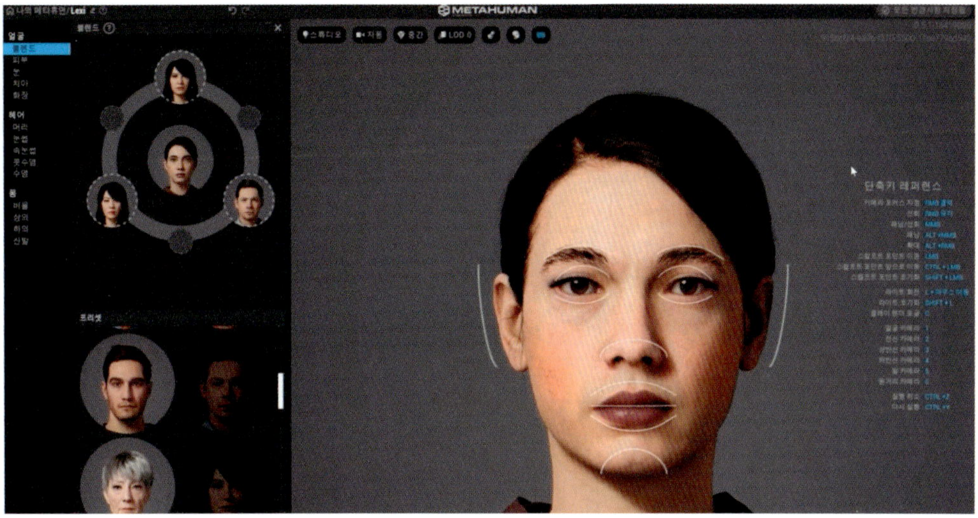

그림 9-42. 언리얼 엔진의 메타휴먼(Metahuman)

언리얼 엔진의 메타휴먼(Metahuman)은 사실적이고 사용자 지정 가능한 디지털 휴먼 캐릭터를 생성할 수 있는 혁신적인 기술이다. Epic Games에서 개발한 메타휴먼은 아티스트, 개발자 및 크리에이터에게 게임, 영화, 가상 현실 등을 포함한 다양한 애플리케이션을 위해 클라우드 기반의 도구인 '**메타휴먼 크리에이터(MetaHuman Creator)**'를 제공하여 온라인에서 자신만의 커스텀 메타휴먼 캐릭터를 디자인하고 저장 및 수정이 가능하며, 애니메이션화할 수 있는 강력한 도구 세트를 제공한다. 커스터마이징 옵션을 제공하기에 아티스트와 개발자는 얼굴 특징, 신체 비율, 머리 스타일, 의상 등 캐릭터의 외모에 대한 다양한 측면을 수정할 수 있으며 이러한 유연성을 통해 독특하고 사실적인 캐릭터를 쉽게 제작할 수 있다. 메타휴먼은 매우 실제 같은 얼굴 리그를 포함하여 완전한 리깅 시스템과 함께 제공되어 이것은 인간 감정의 미묘한 뉘앙스를 포착하여 사실적인 얼굴 애니메이션과 표정을 가능하게 한다.

그림 9-43. '메타휴먼' 학생작품(김규리, 안아현, 정수진, 석희담), 2023.

CHAPTER 10

Coded Sensibilities

코드화된 감성

10.1. 코딩언어

① 프로세싱(processing) 언어

프로세싱(Processing)은 2001년 MIT미디어랩에서 벤 프라이(Ben Fry)와 케이시 리즈(Casey Reas)에 의해 개발된 크리에이티브 코딩(creative coding)을 위한 오픈소스 프로그래밍 언어 및 개발환경이다. 그래픽, 애니메이션, 인터랙션, 오디오 등 다양한 매체를 다루는 예술 작품 및 인터랙티브 작업에 활용된다. Windows, MacOS, Linux와 같은 다양한 운영체제에서 동작이 가능하며, 자바 언어를 기반으로 하기때문에 자바의 상속과 객체지향 프로그래밍 개념을 사용하므로 다양한 자바 라이브러리(Java library)와 상호작용이 가능하다.

간결한 문법과 사용이 쉬운 API(Application Programming Interface)를 제공하기 때문에 비전공자 및 코딩 경험이 없는 사용자들도 쉽게 접근이 가능하다. 프로그램 자체 내에서 그래픽 관련 함수와 라이브러리를 포함하고 있어 다양한 그래픽 효과 및 동적 애니메이션을 사용자 입력에 따라 그래픽이 변형되거나, 소리와 움직임 등의 요소를 조작하는 인터랙티브한 표현을 쉽게 구현할 수 있다.

프로세싱을 실행하면 프로세싱 통합개발환경(pde)창이 열린다. pde는 processing Development Environment의 약자이며 프로세싱의 확장자이다.

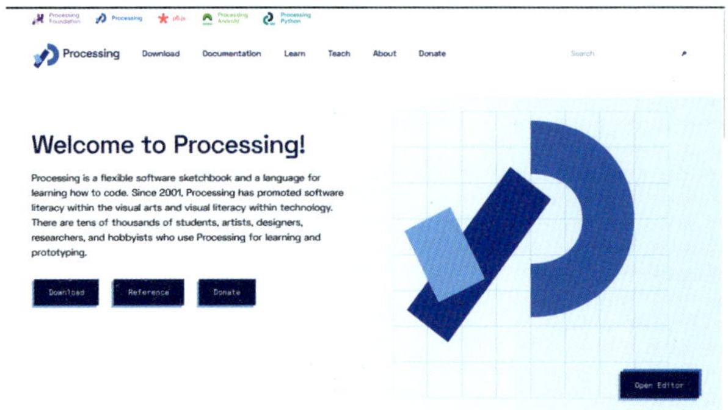

그림 10-1. 프로세싱(Prcessing) 공식 사이트(출처:https://processing.org/)

프로세싱의 개발환경은 컴퓨터 코드를 작성하기 쉽도록 단순화된 환경이다. 이것은 간단한 텍스트 에디팅 소프트웨어(메모장 같은)가 미디어 플레이와 결합한 형태라고 생각하면 된다. 각 스케치(프로세싱 프로그램은 '**스케치(Sketch)**'로 불린다)는 파일이름, 코드를 타이핑할 수 있는 공간, 저장, 열기, 스케치를 실행할 버튼을 가지고 있다.138)

> 스케치는 프로그램의 최소 단위이며, setup()과 draw() 함수를 포함한다. 프로세싱의 동작과정은 setup() 함수와 draw() 함수로 구성된다. setup() 함수는 프로그램이 처음 실행될 때 한 번만 실행되며, 캔버스의 크기, 그래픽 설정, 변수 초기화 등의 필요한 설정을 구성하는데 사용된다. draw() 함수는 프로그램이 실행되는 동안 반복적으로 실행되며, 그래픽을 업데이트하고 애니메이션 또는 상호 작용 동작을 생성하는데 사용된다.

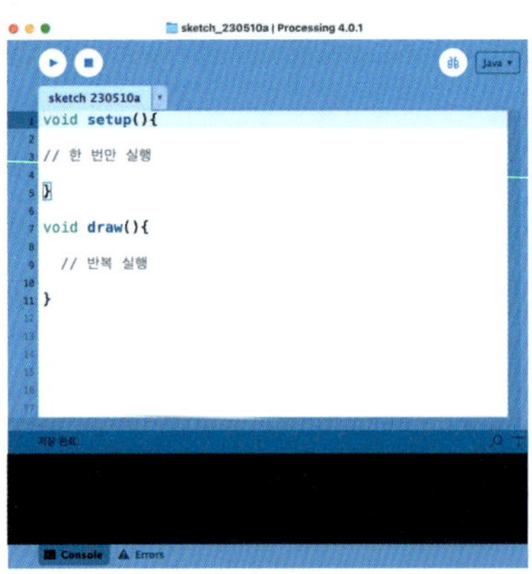

그림 10-2. 프로세싱의 '스케치 창'

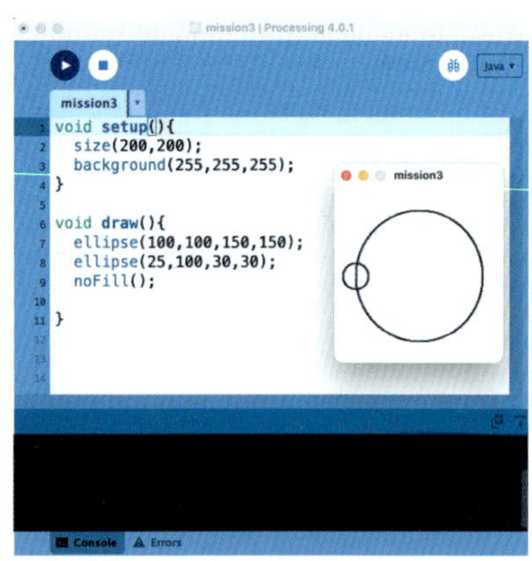

그림 10-3. 프로세싱의 스케치와 실행창

프로세싱은 마우스 클릭, 키보드 입력 및 실행 창 이벤트와 같은 이벤트 기반 프로그래밍을 지원하여 사용자 상호작용에 응답이 가능하다. 기능을 확장하는 라이브러리 및 확장의 풍부한 생태계가 있다. 이러한 라이브러리는 컴퓨터 비전, 사운드처리, 네트워킹, 물리적 컴퓨팅(아두이노 통합) 등과 같은 영역에 대한 추가 기능을 제공한다. 이는 스케치에서 쉽게 가져와서 사용할 수 있다.

2 프로세싱 그림

이미지 표현

좌표는 그래픽 작업 공간에서 위치를 나타내는 값이다. 프로세싱의 그래픽 작업공간은 일반적으로 x축과 y축으로 이루어진 2차원 좌표계이다. 좌표는(x,y) 형식으로 표현되며 **x축은 가로방향, y축은 세로 방향, 원점(0,0)은 좌측 상단 모서리**를 나타낸다. 따라서 (0,0)좌표는 그래픽 작업 공간의 가장 왼쪽 상단에 위치하며 양의 값은 우측과 아래로 이동하는 방향이다.

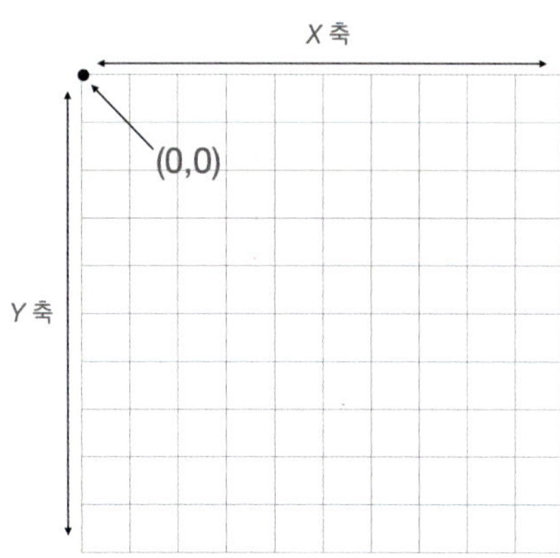

그림 10-4. 2차원 좌표계

프로세싱의 2차원 좌표계에 기본 도형인 점, 선, 사각형, 원을 표현한다면 이때 사용자는 컴퓨터에게 점, 선, 사각형, 원을 긋기 위해서 컴퓨터에게 'point', 'line', 'rect', 'ellipse' **라는 이름 붙여진 명령어(함수)**를 사용하여 그리도록 지시한다.

10픽셀 높이와 10픽셀 너비를 가진 좌표에 그린다고 가정해보자.

point(점)을 그리기 위해서는 x와 y좌표만 있으면 된다.
line(선)은 두 점이 필요하다. **시작점 xy좌표값, 끝점 xy좌표값**을 지정하여 두 점들을 연결하여 선이 그려진다.
rect(사각형)은 사각형의 왼쪽 위 모서리를 기준점으로 하여 그 기준점에서 **너비값(w)**과 **높이값(h)**를 지정해야 해당 위치에서 사각형이 그려진다.
ellipse(원) 중점 xy좌표값과 **반지름**, 지정 위치와 크기를 가지는 원을 그린다. 원 형태의 패턴으로 수많은 사각형들이 모여 원만한 곡선을 표현한다.

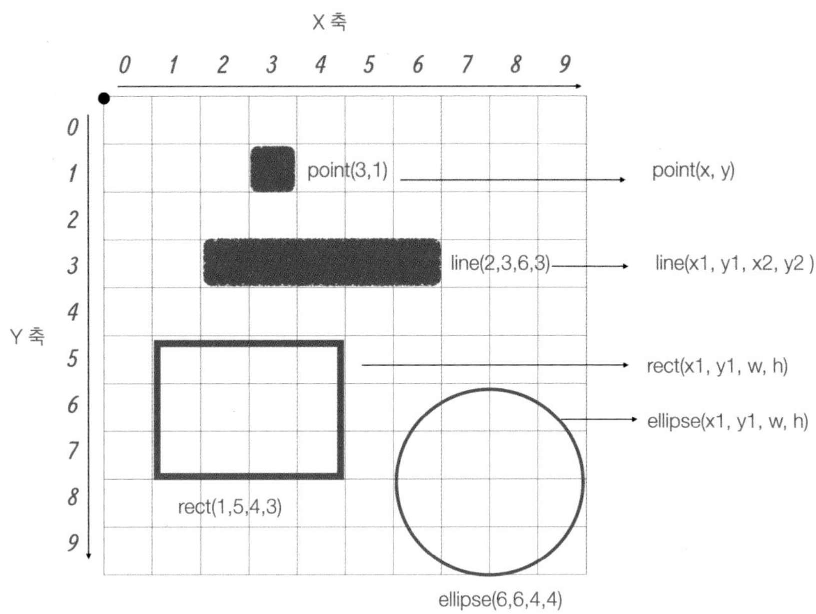

그림 10-5. 10x10픽셀에 점, 선, 사각형, 원 그리기

프로세싱에서의 모든 도형은 도형의 외곽선을 나타내는 stroke() 함수 또는 도형의 내부 및 색상을 표현하는 fill()함수값이 된다.

픽셀(pixel)은 디지털 이미지를 구성하는 기본단위이다. 디지털 이미지는 작은 정사각형 영역인 픽셀로 나뉘어있으며 각 픽셀은 색상정보(RGB)를 저장한다. 여기서 색상은 일반적으로 RGB(Red, Green, Blue) 혹은 RGBA(Red, Green, Blue, alpha:**투명도**)값으로 표현된다. 각 색상 범위는 0~255까지의 값으로 표현된다.

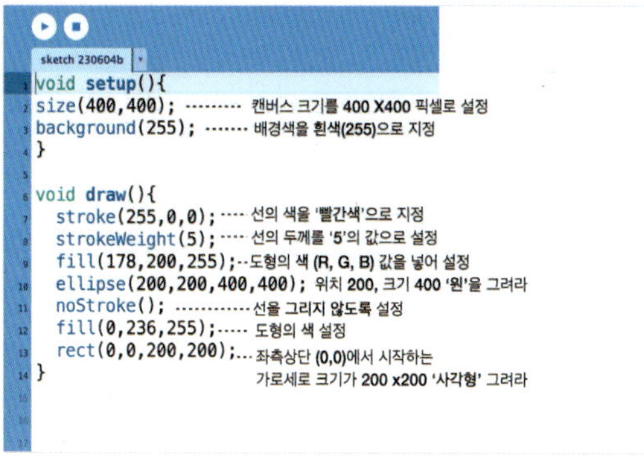

그림 10-6. 선, 도형, 색 활용한 프로세싱 스케치

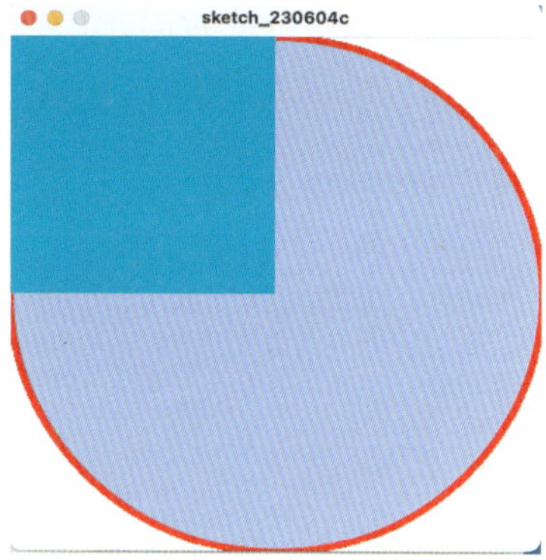

그림 10-7. 그림(10-6)의 실행된 이미지

그림 10-8. 500X500픽셀에 코딩으로 시각화한 학생작품예시, 2019~2022,〈매체연구2 수업(서상희)〉

움직이는 그림

애니메이션(animation)은 여러 프레임(frame)의 이미지를 연속적으로 보여주어 정적인 이미지가 움직이는 것처럼 보이게 만드는 과정이다. 이를 위해 프로세싱은 다음과 같은 함수를 활용한다. **frameRate()** 함수는 프로세싱에서 '**프레임 속도**'를 설정하는데 사용하는 함수이다. setup() 함수에서 호출되며 매개변수로 프레임 속도를 나타내는 값을 전달한다.

```
Void Setup( ) {
    Size(400,400);
    frameRate(60);  // 초당 60프레임으로 설정
}
```

frameRate(60)은 **초당 60프레임**으로 애니메이션을 실행하도록 설정한다. 프레임 속도는 초당 프레임 수로 표현되며 일반적으로 30~60프레임이 부드러운 애니메이션을 만들기 위한 권장 범위이다.

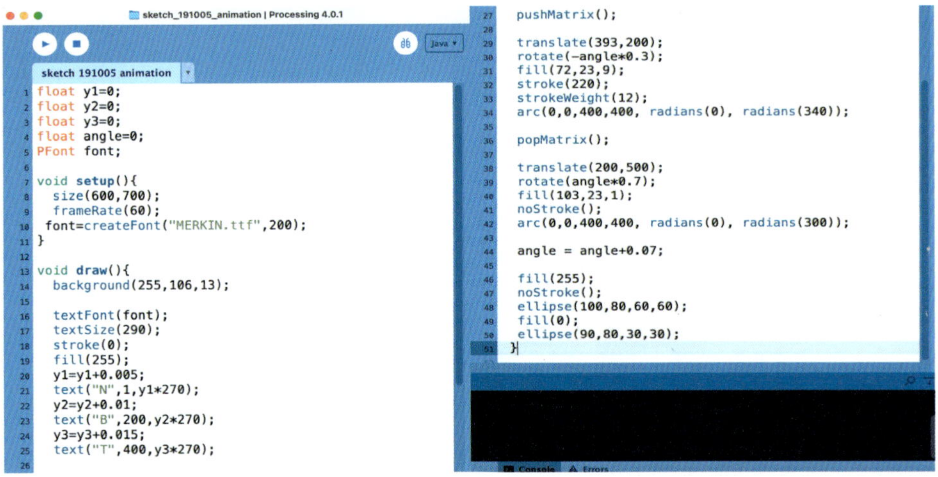

그림 10-9. 'frameRate(), 텍스트, 기본도형 활용하여 움직이는 그림 스케치

(그림 10-9) 학생작품의 스케치를 보자.

> 먼저, 변수로 y1, y2, y3, angle, font을 선언하고 초기값을 할당한다.
> y1, y2, y3는 텍스트의 **y좌표를 조절하는 변수**, angle은 **회전 각도를 조절하는 변수**이고 font는 **사용할 폰트를 저장하는 변수**이다.
> setup()에서 캔버스 크기를 600x700 (size(600,700)), 프레임 속도를 60 (frame(60)) 으로 설정한다. createFont()함수를 사용하여 "MERKIN.ttf"라는 폰트를 생성하고, font변수에 할당한다.
> draw()에서 background(255, 106, 13)은 배경색을 주황색 지정, textFont(font)와 textSize(290)로 폰트와 텍스트 크기를 설정한다. stroke(0)은 텍스트의 테두리 색을 검은색, fill(255)는 텍스트의 색을 흰색으로 지정한다. y1, y2, y3값을 증가시키면서 텍스트를 그려나간다. 각각의 텍스트는 "N", "B", "T"로 지정되어 있으며, 각각의 y좌표가 y1*270, y2*270, y3*270로 설정된다. pushMatrix()와 popMatrix()는 그래픽 변환 매트릭스를 저장하고 복원하는 명령어를 사용하여 그 아래의 그래픽 요소들에만 변환 적용이 가능하다.

그림 10-10. 'frameRate(), 텍스트, 기본도형 활용하여 움직이는 그림 표현', 학생작품(이채은) 2019.

'if' 구문과 'keyPressed()' 함수 활용한 인터랙션 그림

'if'**구문**(판단구문)은 프로그래밍에서 참(true) / 거짓(false) 조건을 검사하여 참이면 코드를 실행하고 거짓인 경우에는 코드를 건너뛰고 실행한다.

```
If (조건) {
  // 조건이 참일 때 실행되는 코드
} else {
  // 조건이 거짓일 때 실행되는 코드
}
```

keyPressed()함수는 프로세싱에서 자동으로 호출되는 함수인 **시스템변수**(system variables)로 사용자가 키보드에서 키를 누를때마다 반복적으로 실행이 되면서 상호작용이 가능해진다.

```
Void keyPressed( ) {
   //키 입력에 대한 동작 정의
}
```

(그림 10-11)은 **'if'구문**과 **'keyPressed()'**함수을 적용하여 **'키(key)'** 입력에 따라 그림이 변화하는 예시이다.

사용자가 'R', 'G', 'B' 키를 누르면 그림의 색상이 각각 빨강, 초록, 파랑으로 변화한다. 그 외의 키를 누르거나 누루지 않으면 색상은 검정으로 유지된다. **'key'변수**는 사용자가 누른 키의 값을 저장하고 **'keyPressed'**변수는 사용자가 키를 눌렀는지 여부를 나타낸다. 사용자의 '키' 입력을 감지하고 그에 따른 동작을 프로그램에 반영할 수 있다. 프로세싱의 다양한 '키'관련 함수와 조합하여 원하는 인터랙션 구현이 가능하다.

```
void setup() {
  size(400, 400);
}

void draw() {
  background(255);

  if (keyPressed) {
    if (key == 'r' || key == 'R') {
      fill(255, 0, 0);
    } else if (key == 'g' || key == 'G') {
      fill(0, 255, 0);
    } else if (key == 'b' || key == 'B') {
      fill(0, 0, 255);
    }
  } else {

    fill(0);
  }
  ellipse(width/2, height/2, 100, 100);
}
```

- 400,400 사이즈
- **배경을 흰색으로 설정**
- 만약, **'R'**키를 눌렀을때, 그림의 색상을 **빨강**으로 설정
- 아니면 만약, **'G'** 키를 눌렀을때, 그림의 색상을 **초록**으로 설정
- 아니면 만약, **'B'** 키를 눌렀을때, 그림의 색상을 **파랑**으로 설정
- **모든 조건이 맞지 않을때,** 그림의 색상을 **검정**으로 설정
- **중앙에 100 사이즈의 '원'그리기**

<실행창>

그림 10-11. if구문과 keyPressed()함수 활용한 프로세싱 스케치 예시

다음은 **'if구문'**과 **'keyPressed()'**함수를 활용한 학생작품이다.

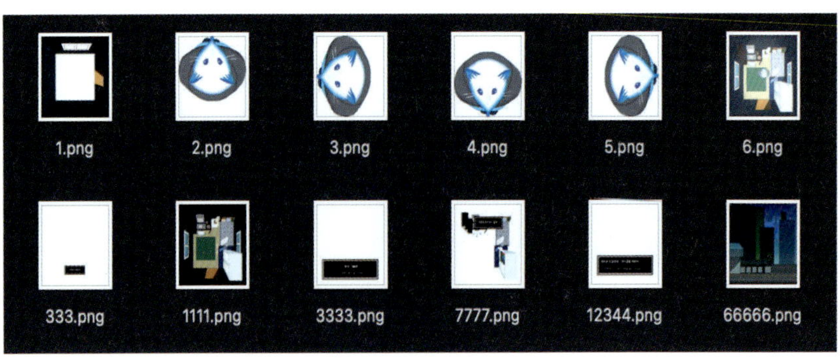

그림 10-12. 작업에 필요한 이미지, 영상 소스

프로세싱 작업에 필요한 이미지, 영상, 사운드 소스는 직접 제작하여 [data]폴더에 넣어둔다. 스케치는 영상 및 사운드 파일 작업을 위해 'processing.video' 'processing.sound' 라이브러리를 가져온다. 다양한 데이터 유형의 여러 변수를 선언하는데 **이미지를 나타내는** 'PImage'와 **이미지를 불러오는 함수** 'loadImage()'를 사용하여 이미지 로드가 가능하다. 이미지를 지정한 캔버스에 표시하기 위해 image()함수를 사용한다.

그림 10-13. if구문과 keyPressed()함수 활용한 프로세싱 스케치

'if()구문'과 'keyPressed()' 시스템 변수를 사용하여 스페이스바를 눌렀을 때, 스탠드가 켜져 방이 밝아진다던지, 's'키를 누르면 캐릭터가 잠을 자러 간다던지 등의 상황을 키에 따라 매칭이 되는 이미지(c1,c2,c3,d1,e,g,h,f)가 각 조건에 따라 수행된다. 'switch문'은 숫자로 변환이 안되는 화살표, 단축키와 같은 특정 키코드(keycode: UP, DOWN, RIGHT, LEFT)를 처리하기 때문에 캐릭터 이미지의 위치 이동에 활용되었다.

그림 10-14. 인터렉션이 가능한 프로세싱 학생작품(정은지), 2022.

10.2. 오픈소스 플랫폼

① 아두이노(aduino)

아두이노(Arduino)[139]는 상호작용하는 사물을 만드는 오픈 소스 피지컬 컴퓨팅 플랫폼으로 하드웨어와 소프트웨어가 함께 제공되어 사용자가 쉽게 프로토타이핑을 할 수 있도록 도와준다. 아두이노는 피지컬 컴퓨팅을 자신의 작업에 활용하고자 하는 예술가, 디자이너 그리고 여타의 일반인을 위해 전문직인 지식이 없어도 사용할 수 있게 설계되었다. 일명 통합 개발 환경(Integrated Development Environmenr, IDE)는 무료이며 아두이노 보드에 프로그램을 업로드하는 툴이다. 아두이노 IDE는 C++ 기반으로 작성되었으며, 사용자가 작성한 소스코드를 컴파일하고 업로드할 수 있다.

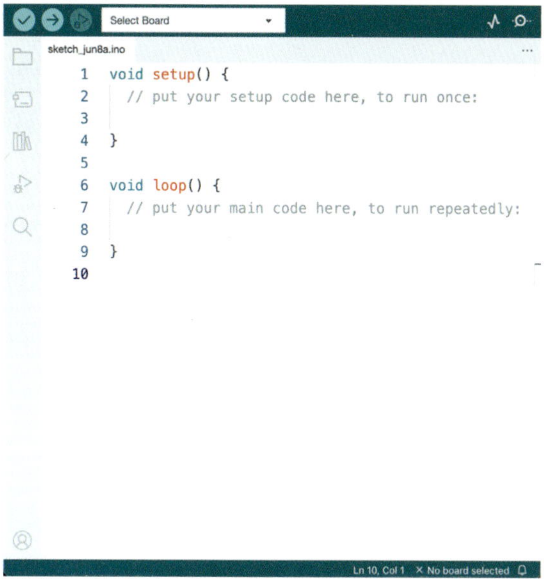

그림 10-15. 아두이노 통합개발환경(IDE)

아두이노는 프로세싱 언어를 기반으로 프로그래밍할 수 있으며, 프로그래밍에 대한 지식이 부족한 사용자, 또는 비전공자도 쉽게 배울 수 있으며 이미 개발된 라이브러리를 사용하여 쉽게 프로그램을 활용 및 적용이 가능하다. 오픈소스 하드웨어 및 소프트웨어로, 누구나 소스코드를 볼 수 있고 수정할 수 있다. 아두이노 커뮤니티에서는 다양한 튜토리얼, 예제 코드, 라이브러리 등을 제공하며, 사용자들이 쉽게 아두이노를 배울 수 있도록 도와준다.

아두이노 스케치는 setup(), loop()의 두 가지 주요 기능으로 구성된다. setup()함수는 아두이노 보드가 시작되거나 재설정될 때 한 번 실행되며 변수 초기화, 핀 구성 및 필요한 설정을 지정하는 데 사용하는 함수이다.

loop()함수는 setup()함수 다음에 반복적으로 실행되며 보드의 진행 중인 동작을 결정하는 주요 코드를 포함한다.

Arduino UNO R3

Arduino UNO R3 보드를 프로그래밍하려면 아두이노 보드용으로 특별히 설계된 소프트웨어 개발 환경인 Arduino IDE를 통해 C 언어 또는 C++ 기반의 아두이노 프로그래밍 언어로 프로그램을 작성하고 IDE를 통해 보드에 업로드한다. 전원이 들어가면 부트로더가 동작하며, 시리얼 통신을 통해 업로드된 프로그램을 메모리에 저장한다. 이후 프로그램이 실행하면 센서의 입력을 읽고 계산을 수행하고 엑추에이터를 제어한다. 그리고 다른 장치와 통신하고 다양한 입출력 핀을 이용하여 하드웨어를 제어한다. 즉, Arduino UNO R3 보드는 대화형 프로젝트 및 프로토타입을 만들기 위한 사용자 친화적이고 다양한 플랫폼을 제공하여 사용자가 다양한 센서 및 통신모듈을 통해 물리적 세계와 인터페이스 할 수 있도록 한다. 아두이노 보드에 탑재된 마이크로컨트롤러를 제어하는 방식으로 동작한다. 아래는 아두이노의 동작 원리이다.

- 마이크로컨트롤러(Microcontroller)

아두이노 우노(Arduino UNO)R3 보드의 핵심으로 프로그램을 실행하고 다양한 작업을 수행하는 중앙처리장치(CPU)가 포함되어 있다. 16MHz의 속도로 실행되며 프로그램 저장을 위한 32KB의 메모리가 있다.

- 전원 공급장치

USB연결 또는 외부 전원을 사용하여 전원을 공급받을 수 있다. USB을 통해 연결하면 컴퓨터에서 전원을 끌어와 사용이 가능하다. 또는 외부 전원 공급 장치를 보드의 전원 잭에 연결 할 수 있다. 보드에는 마이크로컨트롤러 및 기타구성 요소에 안정적인 5V 공급을 제공하는 전압조정기가 있다.

- 입력/출력 핀

일련의 디지털 및 아날로그 입력/출력(I/O)핀이 있다. 이 핀은 디지털 신호(HIGH 또는 LOW) 또는 아날로그 신호를 읽는데 사용할 수 있다. 14개의 디지털I/O 핀이 있으며 그중 6개는 PWM(Pulse Width Modulation)출력 핀으로 사용할 수 있고 다른 6개는 아날로그 입력핀이다.

- 통신인터페이스

UART(Universal Asynchronous Recevir-Transmitter), SPI(Serial Peripheral Interface) 및 I2C(Inter-Intergrated Circuit)를 포함한 다양한 통신 인터페이스를 지원한다. 이러한 인터페이스를 통해 보드는 다양한 센서, 액추에이터, LCD 디스플레이 등 다양한 하드웨어를 쉽게 연결 및 통신이 가능하다.

- 부트로더(bootloader)

Arduino UNO R3 보드에는 부트로더(bootloader)라는 소프트웨어를 내장하고 있다, 부트로더는 마이크로컨트롤러에서 실행되는 작은 프로그램으로 USB연결을 사용하여 아두이노 통합개발환경(IDE)을 통해 프로그램을 쉽게 업로드 할 수 있다. 시리얼 통신을 통해 프로그램을 업로드할 수 있도록 도와준다.

그림 10-16. 아두이노 우노(Arduino UNO) R3 보드

❷ 인터랙션 구현

사례 1

'Shadow Drawing'은 드로잉된 이미지가 **모터 제어에 의해** 일정하게 애니메이션되어 빛과 그림자의 상호작용을 통해 **물리적 움직임**을 표현한 설치 작업이다.

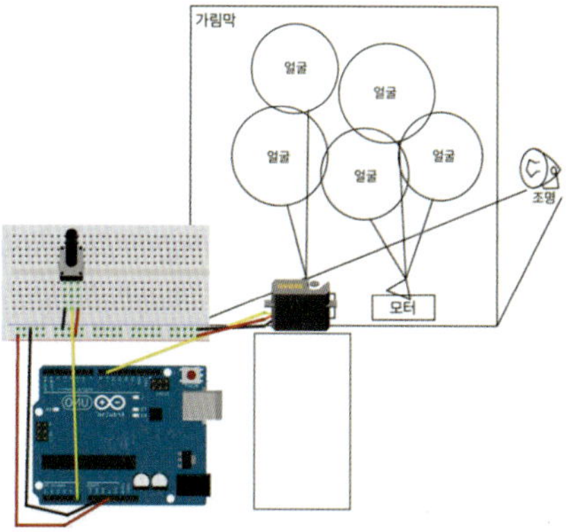

그림 10-17. Shadow drawing 설치 구상 및 아두이노와 모터 연결 회로도

(그림 10-18)은 Shadow Drawing의 아두이노와 서보모터를 제어하는 스케치이다. 이 코드는 **'Servo' 라이브러리**가 포함되어 있으며 서보를 나타내기 위해 **'myservo'**라는 **Servo**객체를 만든다.

> **setup()**함수에서 **attach()**함수를 사용하여 서보모터를 아두이노의 **9번 핀**에 연결한다. **loop()**함수에서 **analogRead()**함수를 사용하여 핀 **A0에서 아날로그 값**을 읽는다. (이 값은 0에서 1023까지 A0에 연결된 가변저항의 위치를 나타냄)
> **'map()'**함수를 사용하여 아날로그 값을 **0~120도 사이의 각도 값**으로 매핑한다. 여기서 map()' 함수는 입력 값, 입력 값의 범위 및 매핑을 원하는 범위를 매개변수로 사용한다.
> 마지막으로 **write()** 함수를 사용하여 서보 모터의 각도를 매핑된 값으로 설정한다. 이를 통해 가변저항의 위치에 따라 서보모터가 움직일 수 있다.

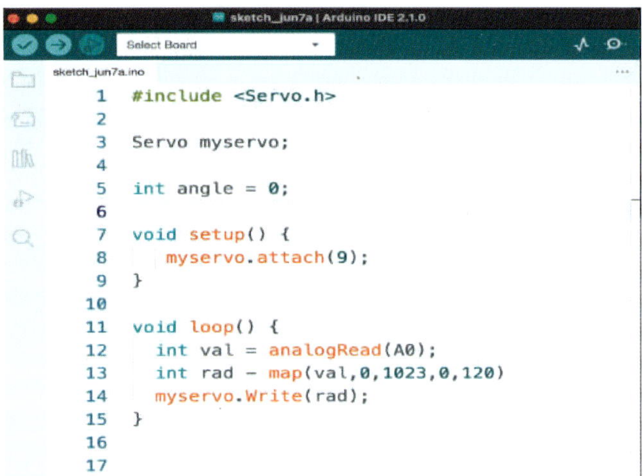

그림 10-18. 'Servo 라이브러리' 포함된 아두이노 스케치

즉, 이 스케치 (그림 10-18)를 사용하면 서보모터가 가변저항의 위치를 추적하므로 가변저항의 위치를 조정하여 서보의 각도를 제어할 수 있다.

그림 10-19. 'Shadow drawing' 학생작품(김채연,지현정), 2020

사례 2

'인공식물(Artificial Plant)'는 관람자가 다가가면 **초음파 센서에 의해 모터 제어**가 되어 식물의 움직임을 인공적인 모습으로 표현한 인터랙션 작업이다.

초음파 센서(Ultrasonic Sensor)

초음파 센서는 비접촉 방식의 거리측정을 위해 아두이노에서 일반적으로 사용되는 센서이다. 40kHz~200kHz 범위의 고주파 음파(초음파)를 사용하여 센서와 물체 사이의 거리를 인식한다. 즉 방출된 음파는 공기를 통해 이동하여 물체나 표면을 만날때까지 전파되고 물체에 부딪히면 센서 쪽으로 다시 반사된다. 파동이 센서에서 물체로 이동하고 다시 돌아오는데 걸리는 시간을 측정한다. 이는 **'거리 = 속도*시간'** 공식을 사용하여 거리를 계산하여 총 시간을 2로 나누면(음파가 왕복 이동) 센서에서 물체까지 거리를 결정할 수 있다. 아두이노 프로그래밍에서 초음파 센서는 일반적으로 음파가 이동히는데 걸리는 시간을 측정하기 위해 pulseIn()함수와 함께 사용한다. 여기서 지속시간은 적절한 계산을 사용하여 거리로 변환된다.

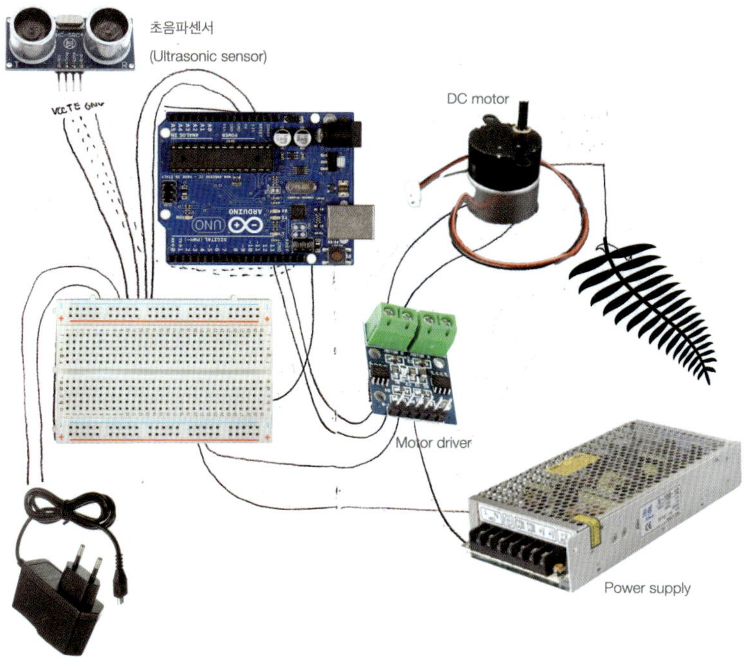

그림 10-20. 인공식물(Artificial Plant)의 아두이도와 센서 회로도

DC모터 드라이브 (DC(직류) motor drive)

아두이노에서 DC모터드라이브를 사용하면 DC모터의 속도와 방향을 제어할 수 있다. 'H-브리지'라고도 하는 DC모터 드라이브는 DC모터를 구동하는데 필요한 제어 신호를 제공하는 전자 회로이다. 이는 일반적으로 한 방향(시계방향)으로 모터 회전을 제어하기 위한 입력과 다른 반대 방향으로 모터 회전을 제어하기 위한 입력이다. 이러한 입력에 적절한 신호를 보내면 모터의 방향을 변경할 수 있다.

DC 모터의 속도 제어도 가능하다. PWM(Pulse Width Modulation)신호의 사이클을 조정하여 모터에 적용되는 평균 전압을 제어하여 전원을 빠르게 껴고 끄면서 속도를 제어할 수 있다.

DC모터드라이브를 아두이노에 연결하려면 일반적으로 아두이노 보드의 **'디지털(digital) 출력'** 핀을 사용한다. 이 핀은 HIGH(5V) 또는 LOW(0V) 신호를 제공하고 보드의 신호는 DC 모터 드라이브의 입력에 연결되어 모터의 방향과 속도를 제어한다.

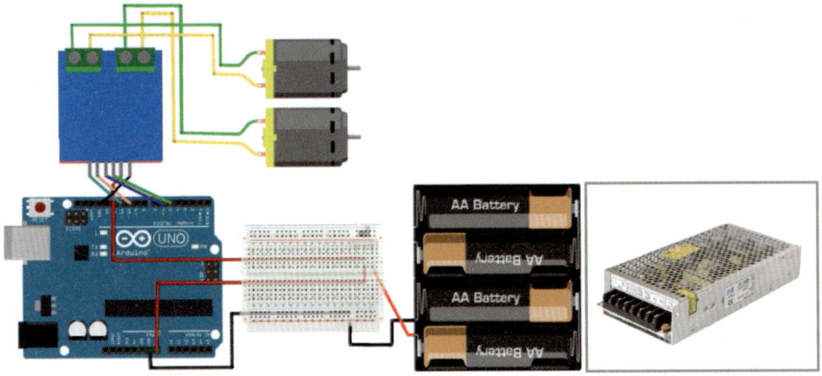

그림 10-21. 모터, 모터 드라이브와 파워서플라이의 연결 회로도

전원 공급 장치(Power Supply)

DC모터 드라이브는 DC모터에 필요한 전압과 전류를 제공하기 위해 별도의 전원 공급 장치가 필요하다. 이를 전원 공급 장치 또는 '파워 서플라이(power supply)'라고한다. 이 전원 공급 장치는 DC 모터 드라이브에 연결되어 아두이노에서 받은 제어 신호에 따라 모터에 적절한 전원을 전달하게 된다.

아두이노 보드는 USB 연결, 외부 전원 어댑터 또는 배터리를 포함하여 다양한 방식으로 전원을 공급받을 수 있으며 전원 공급 장치는 보드에서 지원하는 입력 전압 범위와 호환되어야 하는 것이 중요하다.

아두이노 보드의 일반적인 입력 전압 범위는 '7~12V' 또는 '5V'이다. 모터 또는 LED와 같은 센서를 보드에 연결하여 추가 구성 요소가 있는 경우 해당 전력 요구 사항도 고려해야 하며 전원 공급 장치는 연결된 모든 장치에 동시에 전원을 공급할 수 있는 충분한 용량을 가지고 있어야 한다.

```
//초음파센서 변수 선언 및 정의
int trig=13;
int echo=12;

//모터1, 모터2 변수 선언 및 정의
int L_motor_L = 10;                    // L_motor_L을 9번핀으로 설정합니다.
int L_motor_R =9;
int R_motor_L = 6;                     // R_motor_L을 6번핀으로 설정합니다.
int R_motor_R = 5;


void setup(){
  //초음파센서
  Serial.begin (9600);
  pinMode(trig, OUTPUT);
  pinMode(echo, INPUT);

  //모터1, 모터2
  pinMode(L_motor_L, OUTPUT);          // L_motor_L을 출력모드로 설정합니다.
  pinMode(L_motor_R, OUTPUT);
  pinMode(R_motor_L, OUTPUT);          // R_motor_L을 출력모드로 설정합니다.
  pinMode(R_motor_R, OUTPUT);
}

void loop(){
  //초음파센서
  delay(3000);
  digitalWrite(trig,LOW);  //trig에 0V출력
  //delay(3000);
  digitalWrite(trig, HIGH);  //trig에 5v출력
  //delay(3000);
  digitalWrite(trig, LOW);  //trig에 0v출력
  //delay(3000);
```

```
unsigned long d;

d = pulseIn(echo,HIGH)/2*0.034;  // cm - echoPin핀에서 펄스값을 받아옵니다.
//long distance= duration*17/1000;  //  duration을 연산하여 생성한 거리값을 distance에 저장합니다.
Serial.println(d);

if(d<=100){
  int spin=map(d, 10,0,0,255);

  analogWrite(L_motor_L, 250);              // L_motor_L에 0(0V)의 신호를 출력합니다.
  analogWrite(L_motor_R, 0);
  analogWrite(R_motor_L, 250);              // L_motor_L에 0(0V)의 신호를 출력합니다.
  analogWrite(R_motor_R, 0);
  delay(8000);
  analogWrite(L_motor_L, 0);               // L_motor_L에 0(0V)의 신호를 출력합니다.
  analogWrite(L_motor_R, 250);
  analogWrite(R_motor_L, 0);               // L_motor_L에 0(0V)의 신호를 출력합니다.
  analogWrite(R_motor_R, 250);
  delay(8000);
  analogWrite(L_motor_L, 250);              // L motor L에 0(0V)의 신호를 출력합니다.
  analogWrite(L_motor_R, 0);          } else if (d>100){
  analogWrite(R_motor_L, 250);           int spin=map(d, 10,0,0,255);
  analogWrite(R_motor_R, 0);             analogWrite(L_motor_L, 0);
  delay(8000);                           analogWrite(L_motor_R, 0);
  analogWrite(L_motor_L, 0);             analogWrite(R_motor_L, 0);
  analogWrite(L_motor_R, 250);           analogWrite(R_motor_R, 0);
  analogWrite(R_motor_L, 0);             delay(100);
  analogWrite(R_motor_R, 250);        }
  delay(8000);
  analogWrite(L_motor_R, 0);
  analogWrite(R_motor_R, 0);
                                    }
```

그림 10-22. 초음파센서와 모터 작동에 대한 아두이노 스케치

(그림 10-22) 초음파 센서를 사용하여 거리를 감지하고 감지된 거리에 따라 모터를 제어하여 모터가 시계방향으로 줄을 감고 반시계 방향으로 줄을 풀어 이동하는 기능을 구현한 아두이노 스케치이다.

> 초음파 센서에는 GND, **신호를 보내는 역할의** trig(트리거), **수신된 신호를 받는 에코**(echo)로 구성되어있다. trig(**크리거**)**는** 13**번**핀, echo(**에코**)**는** 12**번**핀으로 각각 설정한다.
> **10번, 9번** 핀은 좌측 모터의 앞뒤 방향을 제어하는 L_motor_L, L_motor_R으로 **6번, 5번** 핀은 우측 모터의 R_motor_L, R_motor_R 로 설정한다.
> setup()함수에서는 시리얼 통신을 설정하고 각각의 핀들을 **'출력'** 또는 **'입력'**으로 설정하여 loop() 함수에서는 **3초의 딜레이**(delay)를 주고 초음파 센서를 통해 거리를 측정한다.
> **'if구문'**으로 통해 거리가 100보다 작거나 같은 경우(d<=100), 거리 값을 기반으로 모터를 제어하여 움직이는 동작을 수행하고 거리가 100보다 큰 경우(d>100)에는 모터를 정지한다. 각 모터의 제어는 analogWrite()함수를 사용하여 PWM **신호를 출력**함으로써 모터의 속도와 방향을 조정한다.

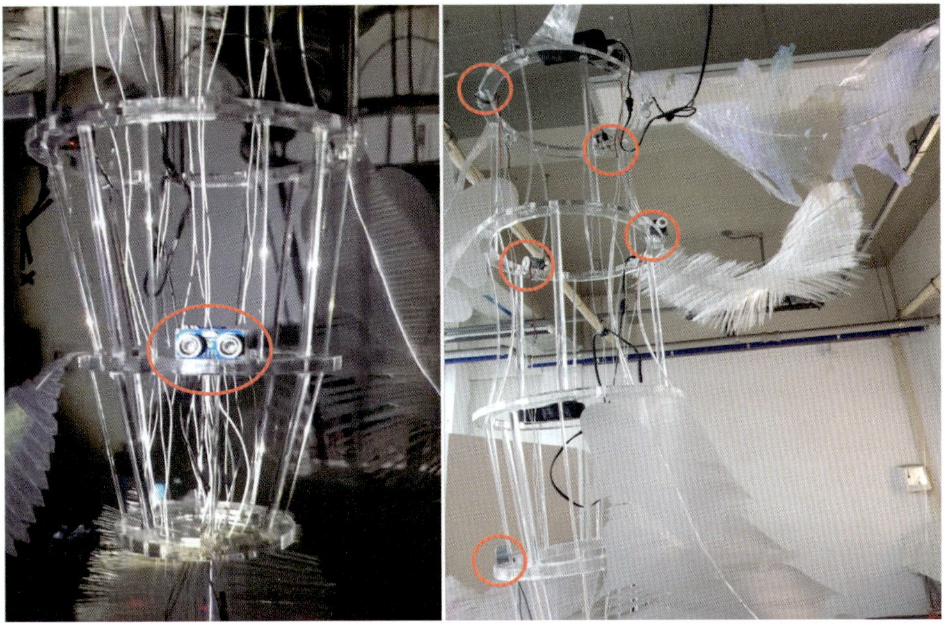

그림 10-23. 초음파 센서, DC모터가 장착된 모습

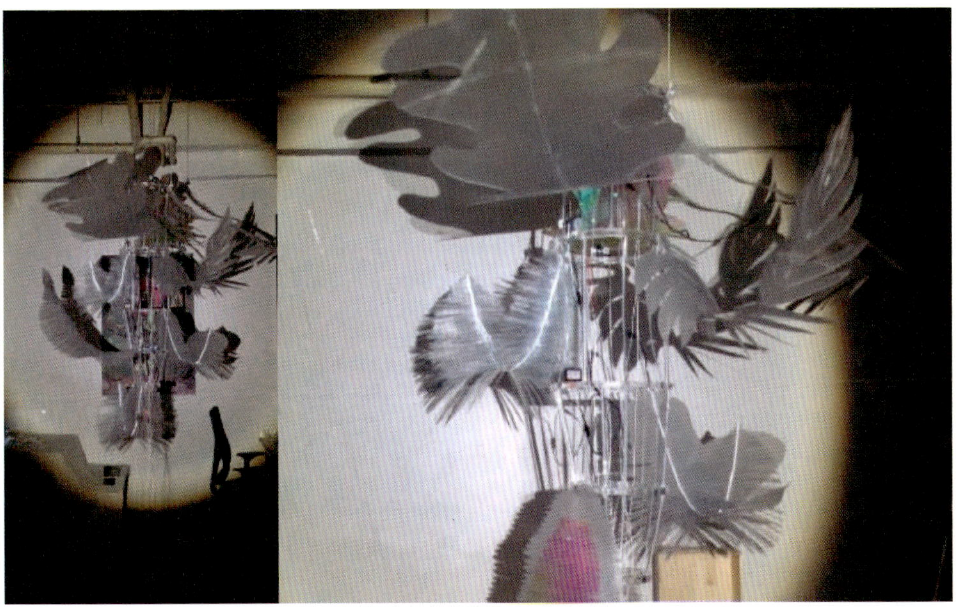

그림 10-24. 인공식물(Artificial Plant), 학생작품(김진주, 최령은), 2019.

사례 3

서상희의 <가상정원>(2016버전)[140]은 **조도센서를 활용한 사운드 인터랙션** 작품으로, 관람자가 식물에게 빛을 비추면 기계적인 사운드가 나는 형태이다. 관람자의 움직임과 빛의 양에 따라 생성된 사운드는 공간성을 갖게 되며 구성된 공간과의 상반된 분위기를 형성하게 된다.

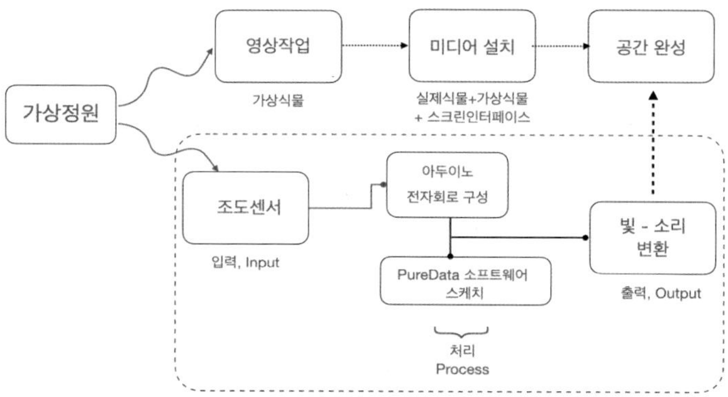

그림 10-25. 가상정원(2016버전) 제작 과정

● 조도 센서(Illumination Sensor)

조도 센서는 빛의 세기에 따라 저항 값이 변하는 전자 부품이다. 빛의 세기가 상대적이기 때문에 주어진 환경에 따라 조도센서의 아날로그 입력 값의 범위가 다르게 측정되는 단점이 있다. 식물에 빛의 데이터 값을 받아들이기 위해 보편적으로 많이 사용하는 조도 센서를 선택하였다. 식물-빛 센서 프로토타입(Prototype)으로 제작하여 그림 10-26과 같이 테스트가 이뤄졌으며 조도센서의 아날로그 입력 값의 범위가 평균적으로 '49~969' 값이 측정된다는 걸 확인 후 식물 매체에 적용시킨다.

그림 10-26. 아두이노와 조도센서 연결

아두이노 연동 : Firmata 프로토콜

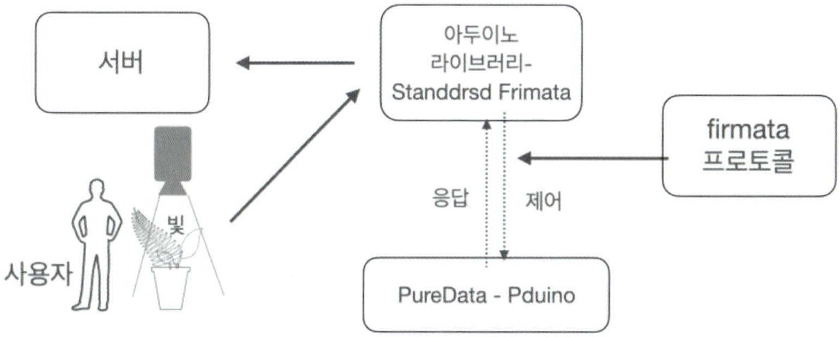

그림 10-27. 아두이노-PureData의 Frimata 원리

<가상정원>(2016버전)에서 사운드를 생성하기 위해 오픈소스 비주얼 프로그래밍 언어로 Pure Data(Pd)[141]를 활용한다. Pd와 아두이노가 양자 간에 데이터를 주고받으면서 연동하기 위해서는 호스트 컴퓨터와 마이크로컨트롤러 간 직접 통신을 할 수 있게끔 firmata 프로토콜을 이용한다. 그 구성 및 작동방식을 살펴보면 라이브러리와 Pd 패치들이 들어있고 아두이노의 frimata와 Pd에서 제공하는 frimata (Pduino)를 서로 연결하여 제어한다. 아두이노에서 받아들이는 빛의 값을 Pduino에 받아 Pd에서 작성한 노드에서 지정한 데이터 값 범위에 들어오게 되면 사운드로 변환하여 출력을 가능하게 한다.

Pduino을 통해 아두이노 보드와 연결을 한다. 보드의 시리얼 포트(serial port)를 설정한다.(보드는 com2 또는 3으로 설정) Pduino를 보면 디지털 입력 핀과 아날로그 입력 핀 두 가지가 있다. 조도센서는 아날로그 값을 출력하는 센서로 아두이노의 아날로그 아웃풋에 연결된 조도센서의 핀 번호(a1, a2, a4, a5)에 맞게 아날로그 핀의 스위치 연결하여 실행해

준다. 출력되는 소리는 진동하는 공기로 비물질적 현상이기 때문에 아날로그에 속한다. 그러나 출력하는 서버는 숫자로만 작동하는 디지털이다. 소리는 식물 매체와 상반된 이미지의 소리가 나도록 작업한다.

<가상정원> 2016년 버전에서 표현하는 소리는 특정한 음을 가지고 있는 것이 아니기에 빛의 값이 입력되면 MIDI용 컨트롤러 역할을 하는 'Pd 노브(knob)'를 지나 지정해둔 동적 입력 범위에 들어오는 MIDI 번호를 'mtof' 객체를 통해 주파수로 변환해준다. 변환된 주파수는 'osc~'에서 헤르츠 (Hertz) 값으로 받아 여러 값으로 연산되어 소리의 울림을 좋게 하기 위한 에코 역할의 'freeverb'를 거쳐 최종 출력 된다. 소리는 빛의 조도에 따라 세기, 진동수, 파형이 비례한다.

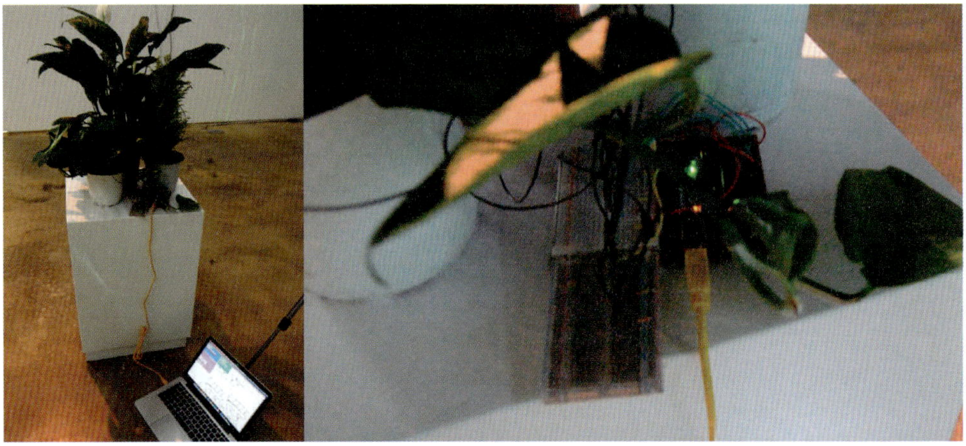

그림 10-28. 식물-아두이노-PureDate 연결

사례 4

기울기의 변화를 감지하는 기울기 센서(Tilt)를 통해 영상 재생의 온/오프로 제어되는 가상 식물의 성장을 묘사한 **인터랙션 작업**이다.

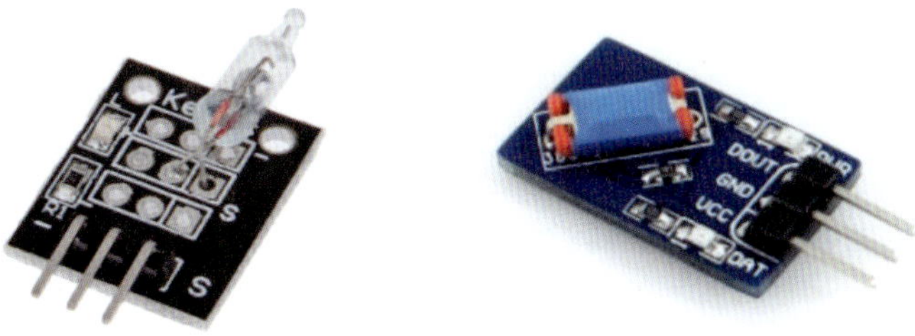

그림 10-29. 기울기(Tilt) 센서 모듈

기울기 센서(Tilt Sensor)

틸트 스위치 또는 경사계라고도 하는 기울기 센서(Tilt Sensor)는 방향 또는 기울기의 변화를 감지하는 장치이다. 센서가 일정 기준 각도 이상으로 기울어지면 신호를 출력하도록 설계되어있다. 기울기 센서의 작동원리는 특정 유형에 따라 다를 수 있지만 일반적인 유형 중 하나는 수은 기울기 스위치 내부에서 서로 다른 끝에 두 개의 접점이 있는 유리 또는 금속 튜브로 둘러싸인 작은 수은 구슬이 있다. 센서가 수평이거나 기울어진 위치에 있을 때 수은 비드가 두 접점을 연결하여 전류가 흐를 수 있도록 구성되어있다. 그러나 센서가 일정 각도 이상 기울어지면 수은 구슬이 접점에서 멀어져 회로가 끊어지고 전류 흐름이 차단된다.

```
int ledPin = 13;
int buttonPin = 3;

void setup()
{
  pinMode(ledPin, OUTPUT);
  pinMode(buttonPin, INPUT);
}

void loop()
{
  int val = 0;
  val = digitalRead(buttonPin);
  if (val == HIGH)
  {
    digitalWrite(ledPin, HIGH);
  }
  else
  {
    digitalWrite(ledPin, LOW);
  }
  delay(500);
}
```

그림 10-30. 기울기(Tilt) 센서 모듈, Led 연결한 아두이노 보드 및 스케치

기울기 센서 모듈을 아두이노와 연결하고 'ledPin'에는 LED가 연결된 디지털 핀을 나타내는 값을 13, 'buttonPin'에는 기울기 센서에 연결된 디지털 핀을 나타내는 값 3으로 할당한다. 'setup()' 함수에서 'ledPin'을 'pinMode()'함수를 사용하여 'ledPin'을 '**출력**(OUTPUT)' 핀으로 설정하고 'buttonPin'을 '**입력**(INPUT)' 핀으로 설정한다.

'if**구문**'을 활용하여 센서 값이 1 (HIGH) 이라는 조건이 (val == HIGH) '**참**'이면 Led를 켜고 (HIGH), 조건이 '**거짓**'이면 즉, 기울기 센서가 활성화되지 않으면 Led를 끈다(LOW). 'loop()'함수에서 반복되기 전에 0.5초 지연을 주는데(delay(500)) 이는 Led의 빠른 전환을 방지한다.

Led가 켜고 끄는 원리를 영상 재생을 켜고 끄는 방식으로 대체하여 기울기 센서가 활성화되면 영상이 재생되고 그렇지 않으면 영상이 멈추는 동작으로 연결한다. 영상은 식물이 화면을 가득 채울 때 가지 자라는 모습을 표현하였다. 관람자가 기울기 센서가 부착된 물뿌리개로 물을 주는 행동을 하면 영상 재생이 시작하고 영상 내에서 식물이 계속 자라난다. 멈추면 영상이 일시 정지가 되고 끝까지 물을 계속 주면 식물이 최대 성장에 도달한 다음 영상은 역방향 재생을 시작하여 식물이 다시 처음 상태로 축소되는 모습을 보여준다.

그림 10-31. 영상 시퀀스 드로잉

그림 10-32. '기울기 센서 활용한 학생작품(조윤정) 2017.

미주

132) https://en.wikipedia.org/wiki/Rigging_(computer_animation)

133) 네이버 지식백과

134) CG에서의 빛 표현 및 계산 방식 중 하나이다. https://namu.wiki/w/글로벌%20일루미네이션

135) 씬 뷰 안에서 머티리얼 표면에 나타나는 반사를 변경하는 이펙트이다. https://docs.unrealengine.com/4.26/ko/RenderingAndGraphics/PostProcessEffects/ScreenSpaceReflection/

136) 퀵셀브릿지(Quixel Bridge): 3D아티스트와 게임 개발자를 위해 설계된 소프트웨어 도구이다. 고품질 3D애셋을 가져오기위한 허브역할을 한다. https://quixel.com/bridge

137) 배경 메시 중 하나로 백드롭(backdrop)메시는 EnviroDome으로 지형평면이 있는 스카이돔 메시로 대규모 야외 한경 HDR(High Dynamic Range)이미지 적용에 적합하며 일부 프로젝트에서 월드 주변에 스카이돔 메시를 배치하면 아티스트가 구름, 별, 태양, 기타 천체와 하늘이 합성되는 방식을 제어할 수 있다.
https://docs.unrealengine.com/5.0/ko/hdri-backdrop-visualization-tool-in-unreal-engine/

138) 프로세싱 날개를 달다 p. 43

139) https://www.arduino.cc/

140) 서상희, 미디어 설치를 통한 자연 감성경험 공간연구, 경북대학교 박사논문, 2022

141) Pure Data는 오디오, 비디오 및 그래픽을 실시간으로 제작할 수 있는 오픈 소스 비주얼 프로그래밍 언어이다. https://puredata.info/